高等院校市场营销专业实践与应用型规划教材

市场调查与预测
（第2版）

王秀娥　夏　冬/主　编
姚海波　邵　颖/副主编

清华大学出版社
北　京

内 容 简 介

本书包括市场调查与市场预测两大部分,以实施市场调查与预测的过程为主线,系统阐述了市场调查与预测的基本概念与原理,介绍了当代市场调查与预测的前沿理论和实用方法,并结合企业管理实践,编排了大量实用的调查案例,按照市场调查中遇到的实际问题将各个知识点连在一起,从而强化了教材知识体系的逻辑性,把基础知识、基本技能的掌握和实践能力的培养统一起来。

本书实践性强,提供了丰富的课后习题和实训项目,适用于经济管理专业的本科教学,也可供市场营销、企业管理人员参考之用。

本书封面贴有清华大学出版社防伪标签,无标签者不得销售。
版权所有,侵权必究。举报: 010-62782989, beiqinquan@tup.tsinghua.edu.cn。

图书在版编目(CIP)数据

市场调查与预测/王秀娥,夏冬主编. —2版. —北京:清华大学出版社,2021.1
高等院校市场营销专业实践与应用型规划教材
ISBN 978-7-302-57249-7

Ⅰ.①市… Ⅱ.①王… ②夏… Ⅲ.①市场调查-高等学校-教材 ②市场预测-高等学校-教材
Ⅳ.①F713.52

中国版本图书馆 CIP 数据核字(2020)第 260556 号

责任编辑:贺　岩
封面设计:李伯骥
责任校对:宋玉莲
责任印制:杨　艳

出版发行:清华大学出版社
　　　　网　　址: http://www.tup.com.cn, http://www.wqbook.com
　　　　地　　址: 北京清华大学学研大厦 A 座　　　　邮　编: 100084
　　　　社 总 机: 010-62770175　　　　　　　　　　邮　购: 010-83470235
　　　　投稿与读者服务: 010-62776969, c-service@tup.tsinghua.edu.cn
　　　　质量反馈: 010-62772015, zhiliang@tup.tsinghua.edu.cn
　　　　课件下载: http://www.tup.com.cn, 010-83470332
印 刷 者:北京富博印刷有限公司
装 订 者:北京市密云县京文制本装订厂
经　　销:全国新华书店
开　　本:185mm×230mm　　　印　张:18.25　　　字　数:375 千字
版　　次:2012 年 1 月第 1 版　　2021 年 2 月第 2 版　　印　次:2021 年 2 月第 1 次印刷
定　　价:49.80 元

产品编号:078501-01

高等院校市场营销专业实践与应用型规划教材

编审委员会

主　　任　杜　琳
副 主 任　生奇志　王秀娥　叶　盛　刘　洋
委　　员　（按姓氏笔画排列）
　　　　　于英慧　王　贺　王丽娜　勾殿红　刘　颖
　　　　　刘庆军　李文国　陈　燕　岳文赫　赵丽丽
　　　　　柳　伟　姚海波　夏　冬　董乃群

总序

这是一个不断变化和发展的世界。今天,我国的高等教育已走进大众化时代,人才培养模式多样化已经成为必然的趋势。研究型与应用型人才教育相结合成为我国经济建设和社会发展需求最多的一大类教育方向。这样的巨变反映在高等教育教学中,要求我们必须不断变化和创新,以适应我国市场经济发展的新需求。

为了促进市场经济领域应用型人才培养,发挥院校之间相互合作的优势,我们组织编写了此套"高等院校市场营销专业实践与应用型规划教材"。本系列教材是适应高等教育教学目标的转变,满足市场经济人才培养目标的努力成果。经编委会近三年的基础调研与组织编写,本系列教材终于与大家见面了。

本系列教材具有如下特点:

1. 以适应新市场经济形势下人才需求为目标。本系列教材理论与概念简洁、精练,突出理论性与实用性、操作性相结合的要求。

2. 强化应用性和技能训练。在传统教材正文基础上,穿插案例、拓展知识及小训练项目,培养学生理论联系实际,运用知识解决实际问题的能力,因此将更适合地方院校的教学要求。

3. 突出案例教学。本系列教材理论方面反映最新技术与研究成果,跟进时代经济发展,将最新案例融入各知识点的学习之中。

4. 形式活泼,可读性强。文中采用多种表述形式,提供大量阅读资料及推荐资料资源,符合当代大学生阅读习惯。

5. 体现了院校之间的合作与交流。每一本教材都由几所院校的教师参加编写。编审委员会于沈阳召开计划会和审纲会,来自各院校的教师与行业专家在充分交流的基础上,确定了编写大纲。因此,本系列教材可以反映出各参编院校一些好的经验和做法。

6. 应用面广。本系列教材适用于高等院校市场营销专业教学,同时强化知识应用和技能训练的特点,使其同样适用于企业作为员工技能训练教程。

本系列教材编写过程中编审委员会进行了大量行业专访与基础调研工作。各主审在书稿编写过程中给予了很多有益的意见与建议,要求各位主编加强协调、认真负责、严把质量关,努力保证和提高教材质量。各位主编和编者也尽职尽责、通力合作。教材编写过程中得到各主编所在院校的鼎力支持,清华大学出版社在整个系列教材的编写过程中给予全面指导与协助,在此,特向上述单位和相关人员表示衷心的感谢!

"高等院校市场营销专业实践与应用型规划教材"编审委员会主任　杜琳

2010年10月于沈阳

前言 第2版

大数据时代的来临,企业进行市场调查与预测也需要引入大数据的思维和工具,新版《市场调查与预测》借鉴和吸收了国内外市场调查与预测的最新研究成果,既有理论性阐述,又有较强的实用性和可操作性,同时将大数据技术和市场调查与预测的现实紧密衔接,系统勾勒出现代市场调查与预测的知识架构。本书以适应市场调查与市场预测教学及实践为宗旨,系统阐述了市场调查与市场预测的基本理论、基本知识和基本方法,并注重知识的系统性及结构的严谨性,整体布局合理,理论与实践紧密结合,具有比较强的综合性、系统性和适用性。本书内容通俗易懂,为广大读者提供了一套完整的学习市场调查与预测的工具和方法。由于市场调查的技术方法很多,本书分为上下两章来阐述,第3章"市场调查技术方法(上)"主要阐述文案调查和访问调查两种调查技术;第4章"市场调查技术方法(下)"主要阐述观察法、实验法和网络调查法三种调查技术。本书主要作为普通高等教育经济管理类专业本科教材,也可作为相应专业高职高专教材以及非经济管理类本、专科选修课教材,还可作为企业经营决策和营销管理人员的参考读物。书中所精选的案例和引用的相关理论,基本反映了目前国内外市场调查与预测研究的新水平。每章包括学习要点、知识点、技能点、导入案例及小资料、案例分析、课外实训、课堂实训、复习思考、本章小结等板块。本书立足于经典的市场调查与预测的知识架构,并在前版架构基础上做了调整。增加定性调查与定量调查的内容,使市场调查的方法更加完整;增加大数据时代的市场调查,使读者对大数据时代市场调查方法的变革有清晰的认识,并在实际应用中做出适当的调整。

通过系统的理论知识学习可以掌握调查方案的设计、市场调查的实施及市场调查报告写作的全过程。本书共分11章,由多位老师共同合作完成。具体分工如下:第1、2、3、4章由沈阳理工大学王秀娥编写;第5、6、7章由辽宁医药职业学院夏冬编写;第8、9、10章由沈阳工学院姚海波编写;第11章由辽宁工程大学邵颖编写。全书由王秀娥修改定稿。

  本书在编写过程中,参阅了大量论著及文献资料,特向作者表示深深的谢意! 由于水平有限,难免有不妥之处,敬请广大师生批评指正。

编　者

2020 年 6 月 17 日

目录

第1章 市场调查基本理论 1

导入案例 1

1.1 市场调查的基础知识 2
    1.1.1 市场调查的概念与特征 2
    1.1.2 市场调查的分类 5
    1.1.3 市场调查的原则与作用 14
    1.1.4 市场调查的产生与发展 17

1.2 市场调查的机构与人员 25
    1.2.1 市场调查的机构 25
    1.2.2 市场调查人员 31

本章小结 37
复习思考题 38
课堂实训 38
课外实训 38
案例分析 39

第2章 市场调查的内容与调查方案设计 41

导入案例 41

2.1 市场调查的内容 42
    2.1.1 宏观环境调查 42
    2.1.2 微观环境调查 47

        2.1.3 市场营销活动调查 ··· 52
　　2.2 市场调查的程序 ··· 55
　　2.3 市场调查方案的设计 ·· 57
        2.3.1 市场调查方案设计的意义 ··· 57
        2.3.2 市场调查方案设计 ··· 58
　　本章小结 ··· 63
　　复习思考题 ·· 63
　　课堂实训 ··· 64
　　课外实训 ··· 64
　　案例分析 1 ·· 64
　　案例分析 2 ·· 66

第 3 章　市场调查技术方法(上) ··· 69

　　导入案例 ··· 69
　　3.1 文案调查 ··· 72
        3.1.1 文案调查的特点和功能 ··· 72
        3.1.2 文案调查资料的来源 ·· 73
        3.1.3 文案调查的方式 ·· 76
        3.1.4 文案调查资料的评估 ·· 77
　　3.2 访问法 ··· 78
        3.2.1 访问法的含义 ·· 78
        3.2.2 面谈访问法 ·· 80
        3.2.3 电话访问调查法 ·· 87
        3.2.4 邮寄调查法 ·· 88
        3.2.5 留置调查法 ·· 89
　　本章小结 ··· 90
　　复习思考题 ·· 91
　　课堂实训 ··· 91
　　课外实训 ··· 92
　　案例分析 ··· 92

第4章 市场调查技术方法(下) … 95

导入案例 … 95
4.1 观察法 … 96
    4.1.1 观察法的含义 … 96
    4.1.2 观察法的分类 … 96
    4.1.3 观察法的优缺点 … 99
    4.1.4 观察法的用途 … 100
4.2 实验法 … 102
    4.2.1 实验法的含义 … 102
    4.2.2 实验法的分类 … 102
    4.2.3 实验法的优缺点 … 103
    4.2.4 实验法的设计 … 104
4.3 网络调查法 … 106
    4.3.1 网络调查的兴起 … 106
    4.3.2 网络调查的常用方法 … 107
    4.3.3 网络调查的优缺点 … 109
    4.3.4 网络调查的应用范围 … 111
本章小结 … 112
复习思考题 … 112
课堂实训 … 112
课外实训 … 113
案例分析 … 113

第5章 抽样调查 … 115

导入案例 … 115
5.1 抽样调查的基本问题 … 116
    5.1.1 抽样调查的概念与特征 … 116
    5.1.2 抽样调查中的基本概念 … 118
    5.1.3 抽样误差的确定 … 119
5.2 抽样调查的程序 … 120

5.3 抽样调查方式 123
　　5.3.1 随机抽样 123
　　5.3.2 非随机抽样 129
本章小结 132
复习思考题 132
课堂实训 133
课外实训 133
案例分析 133

第6章 问卷设计技术 135

导入案例 135
6.1 问卷设计概述 138
　　6.1.1 问卷设计的含义 138
　　6.1.2 问卷的基本结构 139
　　6.1.3 问卷设计的原则 143
　　6.1.4 问卷设计的程序 145
6.2 问卷设计的技术 147
　　6.2.1 问题的类型 148
　　6.2.2 问卷问题的设计 149
　　6.2.3 问卷设计的注意事项 154
6.3 态度量表的设计 158
　　6.3.1 量表的类型 159
　　6.3.2 市场调查常用的几种量表 160
　　6.3.3 选择量表时应考虑的一些基本因素 166
本章小结 168
复习思考题 169
课堂实训 170
课外实训 170
案例分析 171

第 7 章 市场调查资料的整理与分析 ... 175

导入案例 ... 175
7.1 市场调查资料的整理 ... 176
- 7.1.1 市场调查资料整理的意义 ... 176
- 7.1.2 市场调查资料整理的基本原则 ... 176
- 7.1.3 市场调查资料整理的流程 ... 177

7.2 市场调查资料的分析 ... 185
- 7.2.1 市场调查资料静态分析 ... 185
- 7.2.2 市场调查资料动态分析 ... 187
- 7.2.3 统计分析软件 SPSS 简介 ... 190

本章小结 ... 192
复习思考题 ... 193
课堂实训 ... 193
课外实训 ... 193
案例分析 ... 194

第 8 章 市场预测基本理论 ... 201

导入案例 ... 201
8.1 市场预测的含义和作用 ... 202
- 8.1.1 市场预测的含义 ... 202
- 8.1.2 市场预测的作用 ... 203

8.2 市场预测的内容和种类 ... 204
- 8.2.1 市场预测的内容 ... 204
- 8.2.2 市场预测的种类 ... 206

8.3 市场预测的一般步骤 ... 207

本章小结 ... 209
复习思考题 ... 209
课堂实训 ... 209
课外实训 ... 210
案例分析 ... 210

第9章 定性预测方法 ... 212

导入案例 ... 212

9.1 定性预测方法的概念 ... 213
9.1.1 定性预测的优点 ... 213
9.1.2 定性预测的不足 ... 213

9.2 对比类推法 ... 214
9.2.1 产品类推法 ... 214
9.2.2 地区类推法 ... 214
9.2.3 行业类推法 ... 216
9.2.4 局部总体类推法 ... 216

9.3 集合意见法 ... 216
9.3.1 集合企业经营管理人员意见法 ... 217
9.3.2 集合业务人员意见法 ... 217
9.3.3 业务人员意见综合法 ... 218

9.4 德尔菲法 ... 218
9.4.1 德尔菲法的基本概念 ... 218
9.4.2 德尔菲法的运用 ... 219
9.4.3 德尔菲法的优缺点 ... 220

9.5 其他定性预测法 ... 221
9.5.1 购买意见预测法 ... 221
9.5.2 预购测算法 ... 221
9.5.3 消费水平预测法 ... 222

本章小结 ... 224

复习思考题 ... 224

课堂实训 ... 224

课外实训 ... 225

案例分析 ... 225

第10章 时间序列预测法和回归分析预测法 ... 227

导入案例 ... 227

10.1 时间序列预测法 228
10.1.1 时间序列预测法概述 228
10.1.2 平均预测法 230
10.1.3 指数平滑法 232
10.1.4 趋势延伸法 235
10.1.5 季节指数预测法 236

10.2 回归分析预测法 237
10.2.1 回归分析预测法概述 237
10.2.2 一元线性回归分析预测法 238
10.2.3 多元线性回归分析预测法 240

本章小结 241
复习思考题 241
课堂实训 241
课外实训 242
案例分析 242

第11章 市场调查报告的撰写 245

导入案例 245

11.1 市场调查报告的含义、特点及作用 246
11.1.1 市场调查报告的含义及形式 246
11.1.2 市场调查报告的特点 247
11.1.3 市场调查报告的作用 248

11.2 市场调查报告的结构 249
11.2.1 市场调查报告撰写的原则 249
11.2.2 市场调查报告的写作步骤 249
11.2.3 市场调查报告的格式 250
11.2.4 撰写市场调查报告的要求 256

11.3 市场调查报告的准备 259
11.3.1 访问委托人 259
11.3.2 了解读者 260

11.4 口头调查报告 260

11.4.1 口头调查报告的重要性及特点 …… 260
11.4.2 口头调查报告材料的准备 …… 260
11.4.3 口头调查报告的主要内容 …… 261
11.4.4 口头调查报告成功的基本要素 …… 261
本章小结 …… 262
复习思考题 …… 262
课堂实训 …… 263
课外实训 …… 263
案例分析 …… 263
综合练习 …… 267

参考文献 …… 271

市场调查基本理论

学习要点

知识点
1. 市场调查的含义和特点;
2. 市场调查的作用与原则;
3. 市场调查机构的类型及选择方法;
4. 市场调查人员应该具备的素质和能力。

技能点
1. 结合实例说明不同类型市场调查内容的差异;
2. 如何把自己训练成合格的市场调查人员;
3. 如何结合企业实际选择调查公司。

导入案例

开店前的市场调查

有一句话说得好:"没有调查就没有发言权。"不管开什么店,开店前需进行充分的调查,包括店铺所在地人口分布情况、附近聚集办公地点的单位性质、本区域消费能力和消费习惯,以及附近有无同类店铺,若有要调查其生意好坏,等等。越深入了解目标客户,在店铺定位时便越能投其需要与喜好。对于转让的店铺切勿轻率接手。有的人一看见某某店铺低价转让,觉得其门面不错,价格也不贵,便贸然接手,开店之后才发现目标市场太小,甚至出现"无人上门"的窘境,但为时已晚。若平时细心观察,便会发现某些品牌加盟店铺经常都写着"转租"二字,老板换了一个又一个,说明都没赚到钱,所以开店之前必须做深入的市场调查。开店之前的市场调查包括以下几个方面:

1. 店铺周围环境如何

环境的好坏有两种含义,一种含义是指店铺周围环境状况。比如,有的店开在公共厕所旁或附近,不远处便是垃圾堆、臭水沟或店门外灰尘飞舞,或邻居是怪味溢发的化工厂等,这便是恶劣的开店环境;有的环境是因为后天开发造成的,开店也需要考察下周围片区的未来开发情况。另一种含义指店铺所处位置的繁华程度。一般来讲,店铺若处在车站附近、商业区域、人口密度高的地区或同行集中的街上,这类开店环境会具有比较大的优势。另外,三岔路口、拐角的位置较好;坡路上、偏僻角落、楼层高的地方位置欠佳。

2. 交通条件是否方便

顾客到店后,停车是否方便;货物运输是否方便;从其他地段到店乘车是否方便等。交通条件方便与否对店铺的销售有很大影响。

3. 周围设施对店铺是否有利

有的店铺虽然开在城区干道旁,但干道两边的栅栏却使生意大受影响。因此在选择临街铺面时,要充分注意这点。如何选择呢?典型街道有两种:一种是只有车道和人行道,车辆在道路上行驶,视线很自然能扫到街两边铺面;行人在街边行走,很自然进入店铺。但街道宽度若超过30米,则有时反而不聚人气。据调查研究,街道为25米宽,最容易形成人气和顾客潮。另一种典型街道是车道、自行车道和人行道分别被隔开,其实这是一种封闭的交通,选择这种位置开店也不太好。

4. 服务区域人口情况

一般来讲,开店位置附近人口越多,越密集越好。目前,很多大中城市都相对集中形成了各种区域,比如商业区、旅游区、大学区等,在不同区域开店应注意分析这种情况。

5. 目标顾客收入水准

在富人聚集的地段开设首饰店、高档时装店便是抓住了目标顾客高收入这一特点。城市周边建设的各种商业别墅群或有档次的小区,都是富人聚集的地方。

总之,影响开店位置的因素有很多,也千差万别。为什么有的偏僻小巷的店铺年年生意兴隆,而有的繁华地段的店铺却经营艰难?都需要调查后而知,这正应了一句"没有调查就没有发言权"。根据市场调查的情况来分析该经营什么样的店,该怎么样经营,位置的好坏是相对的而非绝对的。生意的好坏不仅取决于店铺位置,还与店铺的经营人、经营内容、经营方式、服务、形象密切相关。开店,绝非跟着感觉走就万事如意,只有理性和感性合二为一,才能成功。

资料来源:中国加盟网 http://www.jmw.com.cn/rdgz/17586251.html 日伴清茶 2018-08-20

1.1 市场调查的基础知识

1.1.1 市场调查的概念与特征

市场不仅是企业生产经营活动的起点和终点,也是企业生产经营活动成功与失败的评判者。市场无时无刻不在发生变化,竞争在变化,消费者的需求在变化,政治经济形势也在不断地发生变化。如果没有及时的和经常性的市场调查,就不可能及时观察市场的这些变化情况,企业也就不可能及时采取适当的应变措施。市场经济发展初期,企业对市场调查只是简单的数据需求。而现在,随着经济体制改革的不断深入,以及国内企业的不断壮大和竞争的日益白热化,其对市场调查与预测的需求更细、更高,已扩大到咨询、决策的高度。

1. 市场调查的概念

市场调查(marketing research)还可称为市场营销调查、市场调研、市场研究等。关于市场调查的概念的论述很多,如美国市场调查营销协会给市场调查所下的定义是:市场调查是一种通过信息将消费者、顾客、公众与营销者连接起来的职能。这些信息用于识别和确定营销机会及问题,产生、提炼和评估营销活动,监督营销业绩。市场调查对于企业来说就是了解企业面临的市场的客观实际情况,是一种社会实践活动。从微观的企业市场营销角度来考虑,传统观念上的市场调查,就是对消费者的调查,包括对用户和消费者个人购买与使用商品的情况进行调查。现代观念上的市场调查,不仅包括对消费者进行调查,还包括对企业的营销环境和营销状况进行调查,如对经济形势、政策的调查,对企业的产品、销售渠道和广告等营销策略及其效果的调查。

美国著名营销学家菲利普·科特勒(Philip Kotler)认为:市场调查是为制定某项具体的营销决策而对有关信息进行系统地收集、分析和报告的过程。

我国台湾学者樊志育认为:狭义的市场调查主要是针对顾客所作的调查,即以购买商品、消费商品的个人或组织为对象,以探讨商品的购买、消费等各种事实、意见为动机。广义的市场调查包括从认识市场到制定营销决策的全过程。

在从事市场调查工作之前,要充分理解市场调查的内涵,在市场调查的所有定义中,系统性、客观性、信息和决策,每一个词都揭示了市场调查本质内容的一个方面。

(1)系统性。市场调查必须针对某一问题进行,目的明确;必须先行设计,经过认真的策划和实施;必须收集充分的、有代表性的数据,并加以精确计算。

(2)客观性。市场调查必须采用科学的方法;必须不带偏见,不受感情的影响;对事实、证据的阐述必须排除主观性,进行合乎逻辑的推断。

(3)信息。市场调查帮助提高对市场的理解水平,各种信息资料是扩展决策的基础。

(4)决策。市场调查帮助降低决策的风险程度;能帮助企业领导在仔细考虑备选方案后,作出合理的选择。

所以,我们说:市场调查是指采用科学的方法,有计划、有目的地系统收集市场资料,并运用统计分析的方法对所收集的资料进行分析研究,发现市场机会,为企业管理者提供科学决策所必需的信息依据的一系列活动过程。

2. 市场调查的特征

市场调查是对市场信息的数据进行计划、收集和分析,并把分析结果与管理者沟通的过程。通过市场调查,确定顾客的需求,才能生产出消费者需要的产品,保证企业获得满意的利润。市场调查又不同于企业的生产或销售活动,市场调查活动有其不同的特点和不同的表现。市场调查具有以下几大主要特点。

1) 市场调查具有系统性

首先,调查活动是一个系统,包括编制调查计划、设计调查、抽取样本、访问、收集资料、整理资料、分析资料和撰写分析报告等;其次,影响市场调查的因素也是一个系统,诸多因素互联构成一个整体。从调查方案的设计和实施过程来看都需要全面、系统的考虑,调查进行的每一个步骤都要有一个很具体的设想,同时要与其他环节环环相扣。

2) 市场调查具有社会性

市场调查是面向社会的调查活动,涉及社会经济生活的各个领域,调查主体与对象都具有社会性。调查的主体是具有丰富知识的专业人员;调查的对象是具有丰富内涵的社会人。市场调查可以用于测量社会个体简单的特性,如被调查者的身高、体重或性别、年龄、文化程度等基本情况;可以用于测量企业营销的环境现状与变动规律;也可以用于测量社会经济发展等复杂问题。

3) 市场调查具有时效性

市场调查是在一定时间范围内进行的,只有在一定时期内才具备有效性。随着时间的推移、经济的发展、政策的调整,市场在不断变化,顾客的需求也会发生变化。只有通过不断的市场调查,才可以发现一些新的机会和需求,并能引进新的商品去满足这些需求。通过市场调查可以及时感知企业及其外在环境的变化,掌握企业竞争者的动态,掌握企业产品在市场上所占份额的大小,并针对竞争者的策略,对自己的工作进行调整和改进,知己知彼,才能百战百胜。通过市场调查也可以发现企业的不足及经营中存在的缺点,并及时地加以纠正,修改企业的经营策略,使企业在竞争中保持清醒的头脑,永远立于不败之地。

4) 市场调查具有目的性

任何一种调查都应有明确的目的,围绕目的进行具体的调查,并根据调查的目的与调查对象的特点科学地选择不同的调查方法。市场调查为制定战略规划、政策或策略、经营管理决策提供信息支持。市场调查是一项由企业或受企业委托的市场调查代理公司有组织、有计划和有步骤进行的有关企业商业情报的工作,其目的性非常明确。每次进行市场调查,一开始总要预定调查的范围和通过调查应该达到的目标。没有明确调查范围和目标的市场调查是非常盲目的商业行动,除了给企业造成不必要的人力浪费与物力浪费之外,对企业的营销活动是没有任何意义的,自然也就算不上真正的"市场调查"。

5) 市场调查具有科学性

有效市场调查必须采用科学的方法,仔细观察,形成假设,预测并实验。通过大量观察可以消除偶然性,揭示研究现象的必然性。当然,调查人员也不要过分依赖某一种方法,要强调方法的适应性,通过多种手段,采用科学的方法收集的信息才有更大的可信度。

6) 市场调查具有局限性

影响市场的因素具有不确定性和多样性,市场调查也不可避免地会有错误、误差和疏忽。市场调查应该得到也常常可以得到比投入的费用高几倍价值的信息。但调查除了需要时间和费用外,还需要智力和努力,特别是在设计方案和实施过程中对智力和努力的要求更高。对方案的缜密设计和细心实施的目的就是避免较大的误差和疏忽。调查结果只应被当成另外一种证据,必须参考一般经验、普通的道理和其他信息来对它进行评价。人类的感性和判断总是必要的,对调查的结果要认真思考、理解,看是否与我们对问题的感性认识基本吻合。如果不相符,弄清原因所在,必要时还应作进一步的调查和分析。

1.1.2 市场调查的分类

市场调查是一个复杂的应用系统,市场调查的方式方法是多样的;调查研究的方案设计是多样的;调查地点可在被访者的家中、工作单位、购物场所,甚至可以在他们娱乐的地方;被访者回答问题时可能只需花几分钟,也可能花上几乎一个小时;每次调查的目的也各不相同。因此,可以对市场调查进行多种类型的划分。

1. 按调查样本产生的方式划分

按调查样本产生的方式不同,可将市场调查分为普查、重点调查、抽样调查、典型调查等形式。

1) 普查

普查就是对市场有关总体即所要研究对象的全体,进行逐一的、普遍的、全面的调查。通过市场普查可以取得被调查总体的全面、准确的统计资料,以掌握一定时点上某种市场现象的基本情况,并可以对所获得的资料加以分析研究,制定应对策略。但是,由于时间上、地域上、人员水平上、财力上的限制,普查主要用于收集那些不能或不宜通过正常调查取得的比较全面的、精确的统计资料。市场普查有两种形式:一种是组织专门的普查机构和人员,对调查单位进行直接调查;另一种是利用机关团体、企业内部的统计报表进行汇总。市场普查是范围广、规模大的全面调查,可以在全国、全省市范围或在某个部门、某个行业以及一个专门组织的范围内进行。目前,我国所进行的普查主要有人口普查、农业普查、工业普查、第三产业普查、基本单位普查等。

市场普查的特点有三个方面:首先,资料的准确性和标准化程度比较高。普查资料准确与否的关键在于严格规定普查的项目,普查的时间必须统一,并能迅速完成任务等。因为普查过程中参加的人员多、组织工作复杂,如果普查项目太多,时间又不统一或完成任务不及时,就可能使资料出现重复或遗漏,影响调查资料的准确性。其次,普查适用于了解现象重要的基本特征。普查是调查某一时点的市场情况,而市场上许多现象的变化都很快,如人口总量、人口分布及密度、性别构成、年龄构成、文化程度构成和职业构成等情况都始终处在变化之中,花费再多的力量也很难得到精确、及时的资料。因此,普查适合了解一些相对稳定的基本情况。最后,普查的费用比较高。由于普查是一种全面调查的方法,其涉及面广、工作量大,因此费用也比较高。进行市场普查工作量很大,调查内容有较强的时效性,因此需动员较多的人力、物力。同时,有些内容不宜进行市场普查。所以,这种方式在市场调查中很少使用。

2) 重点调查

重点调查是通过对重点单位进行调查,来达到对全局基本了解的目的。重点调查是从市场调查对象总体中选取少数重点单位进行的调查,并用重点单位的调查结果来反映市场的基本情况。所谓重点单位,是指其单位数在总体中的比重不大,而某一标志值在总体标志值中占绝大比重的单位。如1979年大中型企业环境保护基本情况调查和1985年全国工业污染源调查就是重点调查。为了掌握"三废"排放情况,选择了冶金、电力、化工、石油、轻工和纺织等重点污染源行业的工业企业进行了调查。

重点调查的重点单位,通常是指在调查总体中具有举足轻重的,能够代表总体的情况、特征和主要发展变化趋势的那些样本单位。这些单位可能数目不多,但有代表性,能够反映调查对象总体的基本情况。选取重点单位,应遵循如下两个原则:一是要根据调查任务的要求和调查对象的基本情况来确定选取的重点单位及数量。一般来讲,要求重点单位应尽可能地少,而其标志值在总体中所占的比重应尽可能地大,以保证有足够的代表性。二是要注意选取那些管理比较健全、业务力量较强、统计工作基础较好的单位作为重点单位。

重点调查的优点是花费力量较小,并能及时提供必要的资料,便于各级管理部门掌握基本情况,采取措施。重点调查涉及的对象较少,每个调查对象的调查项目就可以多一些,因而可以进行深入、细致的研究。但是,所获的资料毕竟是少数单位的情况,其精确度难免受到影响,对总体的推断不可能十分准确。因此,重点调查适用于内容比较集中、流量比较大宗的调查对象。重点调查虽然没有普查所具有的全面性和普遍的代表性,但可以通过对重点单位基本情况的调查估计,进而对全部调查单位的情况作出判断。

3) 抽样调查

抽样调查是一种非全面调查,是指从母体中抽取一部分子体作为样本,对样本进行调查,然后根据样本信息,推算市场总体情况的方法。这种方法可能产生一些误差,但它比普查花费的时间少、成本低,并且有些无法进行市场普查的内容也可以采用,无力进行普查的企业也能进行。同时,在经过普查的地方,还可以利用抽样调查对普查的资料进行核对和修正。所以,抽样调查是调查中常用的方法,已被广泛应用于企业的市场调查中。抽样调查的特点是用样本调查结果推断整体结果，会产生抽样调查误差，即抽样资料能否较为可靠、精确地描述抽样样本所代表的总体。抽样的误差产生于两个方面：抽样误差和资料收集误差。

4）典型调查

典型调查是在对市场总体有所了解的基础上，选择少量有代表性的单位进行周密、系统的调查研究，并以此估计总体状况的调查方法。"典型"是指具有代表性的个别事物，即对总体有代表性的单位。典型调查比较灵活，能够补充全面调查资料的不足，验证全面调查数据的真实性。可以对某些重大问题进行深入、细致的调查研究，了解问题的关键所在；也可以对一些新模式的运行、新政策的实施进行调查研究，以总结经验、修正完善。但是，典型单位是有意识地选取的，在很大程度上受人们主观认识的影响，可能存在某些片面性。

典型调查包括两种类型：一般的典型调查和划类选典。一般的典型调查，即对个别典型单位的调查研究。在这种典型调查中，只需在总体中选出少数几个典型单位，通过对这几个典型单位的调查研究，用以说明事物的一般情况或事物发展的一般规律。选择典型单位是做好典型调查的基础。典型不是人们随心所欲地选出来的个别事例，而应具有充分的代表性。典型单位可以是单个的，也可以是整群的。在一段时期内，典型单位可以是临时选定的，也可以是固定的。固定的典型有利于观察其动态发展趋势及规律性。但随着时间的推移，有些单位可能会失去代表性，这时，应及时选出新的有代表性的单位来做典型。第二种典型调查是具有统计特征的划类选典，即将调查总体划分为若干个类，再从每类中选择若干个典型进行调查，以说明各类的情况。

2. 按资料来源划分

按资料来源不同，可将市场调查分为文案调查法、实地调查法和网络调查法（见图1-1）。文案调查法又称资料查阅寻找法、间接调查法、资料分析法或室内研究法，是指通过已有的资料、数据、报告，已发表的文章等有关的二手信息，加以整理和分析的一种市场调查方法。它是利用企业内部和外部现有的各种信息、情报，对调查内容进行分析研究。文案调查要求更多的专业知识、实践经验和技巧。实地调查法与文案调查法不同，必须在制定严谨的、详细的调查计划的基础上，由访员直接向被访者收集资料，并对收集的资料和数据进行整理和分析，最后作出完整的报告。

网络调查法是通过互联网、计算机通信和数字交互式媒体，收集、记录、整理、分析和公布网民反馈信息的调查方法。这种资料搜集方法包括两种形式，一是通过网络来搜集网上公开的各种信息及统计调查的一些二手资料；二是在网上直接对调查对象进行访问、观察，收集资料。网络调查包括网络文案调查和网络实地调查，可以说，网络调查法是一种新兴的调查方法，是传统调查方法在网络上的应用和发展，是对传统调查方法的一个补充。

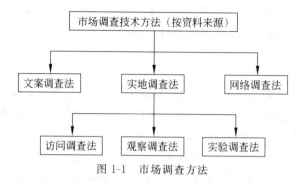

图 1-1　市场调查方法

随着现代信息技术的深入发展,新设备和新技术已广泛应用到市场调查中,多种市场调查技术方法得到正确使用,使调查资料收集的效率在不断提高。在市场调查中,收集市场信息资料所使用的技能和办法,称为市场调查技术方法。调查人员在收集信息资料时往往采用多种技术方法,或借用多种设备作为辅助调查的工具。如观察调查法中采用的观察技术,就是采用人身上最灵敏的器官——眼睛,或借用观察记录设备收集资料;访问调查法是由访问者向被访问者提出问题,通过被访问者的回答来获取资料的调查方法,其中的关键技术是访问者的询问方式方法、询问工具和技巧;实验调查法是通过实验的方式来获取市场信息的调查方法,其中的关键技术是实验方案的设计技术;网络调查法是借用现代信息技术收集资料,其中的关键就是各种信息技术的使用,及大数据的分析方法。随着新科技、大数据和新媒体的出现,网络调查法的广泛使用说明现代市场调查发展到了一个新水平,市场调查所获取的信息和数据的广度、深度、准确度、时效性、互动性和前瞻性都得到了前所未有的提升。

3. 按调查登记时间的连续性划分

按调查登记时间的连续性不同,可将市场调查分为一次性调查、定期性调查和连续性调查。一次性调查又称临时性调查,即从给定的总体中一次性地抽取样本,并且从样本中获得一次性信息的调查。定期性调查是指对市场情况或业务经营情况每隔一定时期进行的调查,一般指的是对一个(或几个)固定的样本进行定期的、反复的调查。连续性调查是指在选定调查的课题和内容之后,组织长时间、不间断的调查,以收集具有时间序列化的信息资料。连续性调查样本中的被调查对象(个人或者是公司)一般不随调查时间的变化而变化。如消费者固定样本组调查或其他固定组调查、连续的跟踪调查和品牌测量、零售研究、连续性的媒介研究等,都属于连续性调查的范畴。

4. 按调查的性质和目的划分

按调查的性质和目的不同,可将市场调查分为探索性调查、描述性调查、因果性调查和预测性调查。

1）探索性调查

是指在制定正式调查的调查方案的时候，为了准确定义调查问题，发掘问题的内在性质，获取关于所研究问题的研究思路、研究框架以及设计中的某些难点和灵感所进行的调查研究活动。探索性调查不是正式调查，而是为了制定正式调查的调查方案所进行的预备性调查。调查内容不是收集正式调查中所需要的原始数据，而是为了了解与所研究问题有关的某些方面的情况，旨在将其作为制定调查方案的根据。探索性调查的结果一般只是试验性的、暂时性的，或作为进一步研究的开始。

探索性调查具有灵活性、多样性的特点，适合调查那些我们知之甚少的问题。常用的方法有专家咨询、试点调查、个案研究、二手资料的分析、定性研究等。探索性调查的基本目的是提供一些资料以帮助调查者认识和理解所面对的问题，常常用于在一种更正式的调查之前帮助调查者将问题定义得更准确，以帮助确定相关的行动路线或获取更多的有关资料。

2）描述性调查

是指在收集、整理市场资料的基础上，描述某一总体或现象的基本特征的调查。现实中大多数的调查都属于描述性调查。在描述性调查中，可以发现其中的关联因素。要想使描述性调查的目的更加明确、研究的问题更加具体，就要描述某些事物总体的特征或功能。描述性调查就是通过调查对样本具体特性进行综合描述，进而找出样本总体特征的调查方式。如全国企业景气调查编制景气指数即为描述性调查，调查能及时、准确地反映宏观经济运行和企业生产经营状况，为各级党政领导宏观管理和决策提供参考依据，及时反映企业对政府及其职能部门的要求和建议，为企业生产经营服务。

描述性调查是对具体问题作如实反映的调查方法。描述性调查主要对问题进行说明，并提出一些相关的问题。描述性调查必须占有大量的信息情报，调查前需要有详细的计划和提纲，以保证获取的资料正确、可靠。描述性调查的设计要求清楚地规定调查的五个要素——"谁""什么""什么时候""哪里"和"怎样"这样一些问题的回答。描述性调查假定调查者事先已对问题有许多相关的知识，可以描述不同消费者群体在需要、态度、行为等方面的差异。描述性调查的特点是事先制定好具体的假设，事先设计好有结构的方案。常用的方法主要有二手资料的分析、抽样调查、固定样本连续调查、观察法等。

3）因果性调查

也称因果关系调查，是在描述性调查的基础上进一步分析研究问题的前因后果，找出各个因素之间的因果关系的一种调查。因果性调查是调查一个因素的改变是否引起另一个因素改变的研究活动，目的是识别变量之间的因果关系。如预期价格、包装及广告费用等对销售额有无影响。这项工作要求调查人员对所研究的课题有相当的知识，能够判断一种情况出现了，另一种情况会接着发生，并能说明其原因所在。推测原因的研究应当建立适当的因果次序或事件次序，推测原因与结果间的相关性，确认表面上合理的其他解释或原因性因素是否存在。管理部门常常根据一些假设的因果关系来作决策,通过正式的因果关系研究来验证其有效性。因果关系的特点是要处理一个或多个独立变量,要控制其他中间变量和间接变量。

4) 预测性调查

预测性调查是指通过收集、分析、研究现有的各种市场资料,运用数学方法,估计某种现象的变化趋势。市场营销所面临的最大的问题就是市场需求的预测问题,这是企业制定市场营销方案和市场营销决策的基础与前提。预测性调查就是企业为了推断和测量市场的未来变化而进行的研究,它对企业的生存与发展具有重要意义。

上述四种调查是相互联系、逐步深入的。探测性调查主要是发现和提出问题;描述性调查主要是说明问题;因果性调查主要是分析问题;预测性调查主要是估计问题发展的趋势。在调查的早期阶段,当调查人员还不能肯定问题的性质时实施探索性调查,当调查人员意识到了问题,但对有关情形缺乏完整的知识时,通常进行描述性调查、因果性调查。

5. 按市场调查数据收集方式划分

按照市场调查数据收集方式分为定性调查和定量调查。定性调查是用文字描述或反映事物质的变化或内在规律性的调查方法,是探索性研究的主要方法;定量调查是将数据定量表示的方法,并要采用一些统计分析的形式。在实际调查中,一些常用调查方法往往相互交叉并完美互补,不同的技术方法适用于不同的调查对象和调查目的,只有全面掌握各种调查技术和方法,才能根据市场调查的具体情况进行灵活运用。其中,定性调查和定量调查是市场调查的一个基本分类形式,探讨定性调查与定量调查的特点,了解二者之间的关系,是恰当使用定性调查与定量调查的前提和基础。

1) 定性调查

在市场调查各种方法中,定性调查最常被使用。定性调查通常围绕一个特定的主题取得相关的定性资料,如用来考察消费者的态度、感觉、动机、反应,或者用来了解问题的性质以及发展的方向。定性调查主要由熟悉情况和业务的调查人员根据个人的直觉、经验,对过去和现在的延续状况及最新的信息资料,对研究对象的性质、特点、发展变化规律作出研究判断。往往在定量调查之前,调查人员对调查对象进行定性研究判断,提出初步调查意见,然后对定性和定量资料进行综合分析,作为预测未来状况和发展趋势的主要依据。定性调查方式主要包括小组座谈(FGD)、深入访谈(IDI)、家庭入户访问(HVI)、观察法等。

(1) 定性调查的性质和目的

定性调查是根据社会现象或事物所具有的属性和在运动中的矛盾变化,从事物的内在规律性来研究事物的一种方法或角度。它以普遍承认的公理、演绎逻辑和大量的历史事实为分析基础,从事物的矛盾性出发,描述、阐释所研究的事物。进行定性调查时,应该观察受访者的表情、态度、意见背后所潜存的状况和问题,以及回答的理由等。定性调查主要回答"是什么"和"为什么"的问题,是对种类或者事物质的差异的分析,同时还可以深入探索背后的原因;定性调查一般是在调查人员自身对行业、产品、用户有一定了解的基础上,对信息进行加工和整理,并由此来推断事物之间的关系;定性调查的目的是对潜在的理由和动机求得一个初步的或定性的理解。

(2) 定性调查的优点

进行定性研究,要依据一定的理论与经验,直接抓住事物特征的主要方面,将同质性在数量上的差异暂时略去。通过定性调查,可以获知定量调查所无法调查到的事物性质、范围和内容,所以,定性调查具有无比的优势。在市场调查中常用在以下三个方面:

① 在了解消费者的态度、感觉、动机、反应等方面,定性调查的作用无可替代。以最常见的定性调查方式,如配有单面镜的座谈会,坐在单面镜后的客户研究人员发现:消费者的很多反应都是问卷上见不到的。

② 可以有效配合定量调查。为了使搜集的资料在广度和深度上扩展范围,定性调查使用在每次正规的定量调查的前后阶段,定性调查既是准备,又是补充。

③ 定性调查时间短、成本低。由于定性调查的"样本规模"较小,在某些消费者认同度较高(如手机功能)的问题研究中,定性调查的这一优势往往有助于企业抢得市场先机。

(3) 定性调查的缺陷

任何调查方法都有自身的不足,定性调查也不例外。定性调查的不足表现在以下三个方面:

① 定性调查的代表性不如定量调查。如很难有把握地断定参加座谈会的消费者或专家能够代表他们所属的总体,代表性无法推算。

② 定性调查不能提供比较具体详细的信息,也不能表现市场机会或细分市场间的细微差异。

③ 定性调查对访谈者和受访者的要求比较严格,双方的条件有任何不足都可能影响调查的质量。

2) 定量调查

定量调查是搜集用数量表示的资料或信息,并对数据进行量化处理、检验和分析,从而获得有意义的结论的调查过程。定量调查数据收集方式比较多,如定点街头访问(CLT)、街头拦截访问、邮寄访问、电话访问、神秘顾客调查、市场普查、留置问卷调查法、CAPI/CATI 访问等。CAPI (Computer Assisted Personal Interview)即计算机辅助个人访问,相对于传统的纸质问卷应该算是数据收集方式的一种进步。原始的电话调查方式发展到今天已经成为 CATI 系统 (Computer Assisted Telephone Interview),即计算机辅助电话访问。作为一种借助计算机和电话等终端设备进行调查的方式,该系统可以使调查者以更短的时间、更少的费用,得到更优质的访问数据,并且这些数据可直接被各种统计软件使用。

(1) 定量调查的性质和目的

定量调查是确定事物某方面量的规定性的科学研究的重要步骤和方法之一。定量调查中经常采用假说的形式,使用任意采样并用样本来推断结果,这种手法经常用在人口普查、经济力调查等大型的研究中。常见的例子有:大型问卷、咨询表系统等。定量的意思就是以数字化符号为基础去测量,调查目的是对事物及其运动的量的属性作出回答。它通过对研究对象的特征,按某种标准进行量的比较来测定对象特征数值,或求出某些因素间的量的变化规律。定量调查除了能告诉我们"是什么"以外,还能告诉我们"是多少",一般运用数字或者实证模型来说话,对事物差异程度可以达到一个量化的分析。定量分析的目的将数据定量表示,并将结果从样本推广到所调查的总体。

(2) 定量调查的优势及局限性

定量研究在社会学中的运用越来越普及,定量调查法的优势是调查结果可以量化且精度高,推导出来的结论通常是十分精确的,具有逻辑的严密性和可靠性,受调查人员主观影响小等。当然,定量调查法也存在局限性:

① 定量调查的最后结果通常是含有大量数据的报告,如果对这些数据不善加利用的话,定量调查的结果就只能是数据的堆砌,毫无意义可言;

② 在细节的描述和深度的挖掘上,定量调查不具优势;

③ 定量调查的费用通常较高。

3) 定性调查与定量调查的关系

定性调查和定量调查都属于社会学方法,定性调查与定量调查通常前后相继、交叉进行,定性调查和定量调查的联系不仅表现在调查内容侧重有所不同,也表现在二者功能上的互补关系。如问卷是定量调查的工具,但在问卷设计的过程中,为了完善问卷的内容、措辞乃至结构,普遍的做法是进行数次试访,显然试访的结论不是用来推断总体的,而是属于定性调查。在进行定量调查之前,调查者须借助定性调查确定所要调查的现象的性质;在进行定量调查过程中,调查者又须借助定性调查确定现象发生质变的数量界限和引起质变的原因。对定量调查而言,定性调查能发挥互补的机能。因此,定性调查往往实施于大规模的总调查之前,也可以说是准备性的调查工作之一。进行总调查前,应该大概把握调查对象的特性或观念,有时也要预先设定有效的假设,因此必须借助有效的准备调查。相比较而言,定量调查因为采用高深的数学知识,所以显得比较科学;而定性调查较为粗糙一点。但是定性调查方法应用面比较广,适合于一般投资者和经济工作者,因为它在数据资料不充分或者调查者数学知识比较薄弱的情况下比较适用。所以,定性调查和定量调查的关系密切,定性调查是定量调查的基本前提,定量调查是定性调查的进一步深化。

在实际调查中,定性调查与定量调查常配合使用。定性与定量调查虽然决策力稍有不同,但是在调查中却具有同等重要的地位,两者之间也经常相互配合,以求得调查效果

的最优化。定性调查与定量调查合理组合应用,有三种情况:

(1) 先定量后定性

调查者对于市场或者产品是比较了解的,定量先行作为一个探索性的调查,发现一些规律和情况;定性后执行,有针对性地设计深访或者座谈会,起到深入挖掘的作用。

(2) 先定性后定量

当对一个市场或者行业不太了解的时候,可以采取先定性后定量的方法,此时,定性是探索性的调查,再根据定性调查得到的信息去设计问卷,获得更加系统和全面的量化认知。

(3) 定性与定量同步分工、同时执行、相互配合

定量获取系统的、全面的量化认知;定性则进行深入挖掘或搜集定量无法搜集到的信息。一方面,在定量测量中加入定性的测量方法,这种比较常见,就是在定量问卷中对于重点题目和内容采用开放题的方式去回收答案,获得更加丰富多样的信息和解释;另一方面,也可以在定性测量中加入定量的测量方式,常见于执行小组座谈会时,让用户填写的会前问卷,回答一些关键的问题,这样有助于更加准确地把握定性结论的方向。定性和定量内容也可以共同解释和描述同一个问题,使得调查内容更加完整、内涵更多。

定性调查与定量调查虽然地位相当,但二者有很大的区别。具体表现如下:

① 定性调查与定量调查着眼点不同。定性调查着重事物质的方面;定量调查着重事物量的方面。

② 定性调查与定量调查在调查中所处的层次不同。定量调查是为了更准确地定性。

③ 定性调查与定量调查依据不同。定量调查的依据主要是调查得到的现实数据资料,定性调查的依据则是大量历史事实和生活经验材料。

④ 定性调查与定量调查的调查环境不同。定性调查主要是在自然环境下进行,定量调查多在实验室条件下进行。

⑤ 定性调查与定量调查的调查工具和方法不同。定性调查主要是将调查者本身作为调查工具,运用观察、访谈等方法获得描述性的资料;而定量调查则是用量表、调查表、数据库等工具进行测量,得到的资料可测量和统计。定量调查主要运用经验测量、统计分析和建立模型等方法;定性调查则主要运用逻辑推理、历史比较等方法。定性调查中调查者与调查对象密切接触、互相影响,调查者通过与调查对象的交往互动;定量调查中调查者与调查对象相互独立、彼此分离。

⑥ 定性调查与定量调查的调查计划内容不同。定性调查事前没有明确的调查方案和调查假设,调查计划是根据调查工作开展情况形成的;定量调查在调查开始时就有明确的调查假设和问题,调查计划是结构性的。

⑦ 定性调查与定量调查学科基础不同。定量调查是以概率论、社会统计学等为基础,而定性调查则以逻辑学、历史学为基础。定性调查主要是一种价值判断,它建立在解

释学、现象学和建构主义理论等人文主义的方法论基础上;定量调查是一种事实判断,它是建立在实证主义的方法论基础上的。实证主义源于经验主义哲学,其主要观点是:社会现象是独立存在的客观现实,不以人的主观意志为转移;定量调查结果在评价过程中,主体与客体是相互孤立的实体,事物内部和事物之间必定存在内在的逻辑因果关系,量的评价就是要找到、确定和验证这些数量关系。

⑧ 定性调查与定量调查结论表述形式不同。定量调查主要以数据、模式、图形等来表达;定性调查结论多以文字描述为主。

虽然定性调查对数学知识要求比较低,但是两种调查方法没有孰优孰劣之分,不能把两者截然分开,定量调查其结果依赖于统计,希望通过对相对较多的个体测量推测由大量个体构成的总体的情况。定性调查更多地侧重问题的选项而非变量的分布,没有或缺乏数量分析的纯定性调查,结论往往具有概括性和较浓的思辨色彩。例如,对一种包装的测试结果,有人认为属于高档,有人认为属于中档,这属于定性调查的结果;而如果是有80%的人认为属于高档,有20%的人认为属于中档,那就是定量调查的结论。总之,定性调查是定量调查的基础和指南,但只有同时运用定性和定量调查,才能在精确定量的根据下准确定性。

【小资料1-1】

1.1.3 市场调查的原则与作用

1. 市场调查的原则

市场调查是通过收集、分类、筛选资料,为企业生产经营提供正确依据的活动,并且是一种复杂的认识市场现象及其变化规律的活动。在调查中必须坚持以下原则。

1) 客观性原则

客观性原则要求市场调查收集到的市场信息和有关资料必须真实、准确地反映市场现象和市场经济活动,不能带有虚假或错误的成分。坚持市场调查的客观性原则,能保证市场调查收集上来的资料具有真实性。坚持客观性原则,首先必须对市场现象、市场经济活动作如实的描述,不能带有个人的主观倾向和偏见,保证市场调查资料客观地反映市场的真实情况;其次坚持客观性原则,在市场调查中力求市场调查资料的准确性,尽量减少错误;市场调查的客观性还强调了职业道德的重要性,调查人员自始至终均应保持客观的态度去寻求反映事物真实状态的准确信息,正视事实,接受调查的结果。调查人员的座右铭应该是："寻找事物的本来面目,说出事物的本来面目。"调查人员应当采用科学的方法去设计方案、定义问题、采集数据和分析数据,从中提取有效的、相关的、准确的、可靠的、有代表性的、当前的信息资料,调查获取的材料和数据必须真实、客观、准确、精确,依据这样的调查资料才能作出科学的决策。

2) 时效性原则

调查的时效性原则也比较突出。市场调查的时效性表现为应及时捕捉和抓住市场上任何有用的情报、信息,及时分析,及时反馈,要充分利用有限的时间,尽可能多地收集所需要的资料和情报。当今已经进入信息时代,时间意味着机遇、意味着金钱。丧失机遇,会导致整个经营策略和活动失败;抓住机遇,则为成功铺平了道路。随着经济组织在市场上的竞争愈加激烈,在生产经营活动中企业需要掌握准确、及时的市场信息,对消费者的需求变化及市场变化迅速作出反应,及时调整和开发产品,以适应社会和市场,唯有如此才能在竞争中赢得发展的先机。进入调查工作阶段,要充分利用有限的时间,收集到所需的数据资料和信息,遇有意外事件要采取相应措施,避免调查工作的拖延。

3) 科学性原则

市场调查的科学性原则是指市场调查的整个过程要科学安排,要以科学的知识理论为基础,要应用科学的方法。为减少调查的盲目性和资金的浪费,对所需要收集的资料和信息及调查步骤要科学规划。对于调查所得的数据要进行科学分析,切忌主观臆断。只有坚持科学性原则,才能在错综复杂的市场环境中避免或减少调查失误,为决策提供科学依据。在调查内容的确定上要科学设计,使调查内容能以简洁、明了而又易答的方式呈现给调查对象。市场调查中无论是收集信息资料过程,还是整理分析信息资料过程,都要采用科学方法。只有掌握了科学的市场调查方法的人,再以科学的态度去从事市场调查活动,这样的市场调查才会起到它应该起的作用。

4) 经常性原则

市场调查不能一次了事,市场调查工作要成为一项经常性的活动。国际、国内市场情况无时无刻不在发生着变化,顾客对产品的需求在变化,当地经济以及其他影响市场的因素也在变化。如果没有经常性的市场调查工作,就不可能及时了解市场的变化情况并采取有关应变措施。有些企业只有在发展新产品或开辟新市场时才进行市场调查,不但使新产品的销路难以打开,产品也会因此逐渐变成滞销产品而无法销售。因此,具有远见卓识的企业管理人员应该选派专人,设立专职负责市场调查的工作部门或组织系统,订立合理的规章制度,让企业本身的市场调查工作不是时断时续,而是结合营销业务的实际需要经常性地发挥应有的作用。当然,不同时期进行市场调查的范围、方法和组织规模各有不同,应视实际需要而定。

5) 经济性原则

市场调查的经济性原则是指市场调查工作必须要考虑到经济效果,要以尽可能少的费用取得相对满意的市场信息资料。市场调查是一件费时、费力、费财的活动,不仅需要人的体力和脑力的支出,还需要利用一定的物质手段,以确保调查工作顺利进行和调查结果的准确。在调查内容不变的情况下,采用的调查方式不同,费用支出也会有所差别。同样,在费用支出相同的情况下,不同的调查方案也会产生不同的效果。由于各企业财力的情况不同,因此需要根据自己的实力去确定调查费用的支出,并制定相应的调查方案。在满足市场调查目的的前提下,尽量简化调查的内容与项目,不要加大调查的范围和规模,造成人力、物力、财力和时间上的不必要的浪费。市场调查工作和各项工作一样,都要提高经济效益,做到少花钱多办事。所以,市场调查也要讲求经济效益,力争以较少的投入取得最好的效果。

2. 市场调查作用

市场调查就是为管理和决策部门提供相关的、准确的、可靠的、有效的市场信息,为管理部门决策提供参考依据,为制定长远性的、战略性的规划提供参考依据。市场调查在企业的经营活动中有着重要的作用,对推动经济发展、增强决策的科学性、提高企业的竞争力和适应力都具有十分重要的意义。市场调查是国民经济各部门制订计划及企业实现生产目的的重要一环,哪个企业信息掌握得迅速、准确、可靠,产品更新换代快,生产计划安排得当、适销对路,哪个企业就能在竞争中取胜。市场调查研究是企业取得良好经济效益的保证。市场调查对于企业来说有重要作用,具体表现如下。

1) 市场调查能为科学的决策提供信息依据

不管是在宏观经济管理还是微观经济管理中,都要作出各种决策。决策是各项经济活动的依据。正确的决策能够使经济活动取得成功;不适当的或错误的决策,则会使经济活动造成损失或失败。而正确决策的前提之一,就是对经济作出科学的调查和预测。现代企业能够长期生存和发展的关键是善于把握市场机遇并作出正确的经营决策。信息是一切经营管理决策的前提,也是经营管理的组成部分。任何一家企业只有在对有关市场情况有充分的了解的基础上,才能有针对性地制定战略或修订策略,即使是政府部门制定有关政策也不例外。市场调查能够提供正确的市场信息,使人们了解国内外先进的经验和最新的科研成果,改进企业的生产技术,提高企业的管理水平,了解整个经济环境对企业发展的影响,了解国家的政策法规变化,预测未来市场可能发生的变化,了解市场可能趋势及消费者潜在购买动机。只有坚持不懈地进行市场调查,不断收集和反馈消费者及竞争者的信息,才能结合自身企业的现状作出正确的决策。

2) 市场调查能帮助企业开拓新的市场

生产与消费是紧密联系的,企业生产的目的就是满足人民不断增长的物质和文化生活的需要。通过市场调查活动,企业不仅可以了解其他地区对产品的需求,甚至可以了解国外市场的需求情况。随着企业之间的竞争越来越激烈,以及市场需求的不断变化,企业生产什么产品、生产多少产品都必须根据消费者的需求来进行。各生产部门为了满足生产和生活消费需求,就必须努力提高生产能力、提高产品质量、调整产业结构,不失时机地扩大生产,组织充足的货源投放市场。企业需要不断地开拓新的市场,以保住自己的市场份额。通过市场调查,可以发现一些新的商机和需求,以便开发新的产品去满足这些需求。新市场的开发依赖于市场调查所提供的各类信息。企业只有竭力保持住自己的现有市场,不断地开发潜在市场,才能使自身在激烈的市场竞争中立于不败之地。

3) 市场调查能使企业在竞争中占据有利地位、赢得竞争优势

通过市场调查还可以及时掌握竞争者的动态,了解竞争对手的经营状况与策略,对方产品或服务的优势、劣势以及在市场上所占份额的大小,以便针对竞争者的情况,及时调整和改进自己的经营策略。知己知彼,方能百战不殆。只有掌握了对手的经营策略、产品优势、经营力量、促销手段及未来的发展意图等信息,才能达到在竞争中取胜的目的。行业竞争状况及竞争对手的调查能帮助企业了解目标行业的市场,并能开展有针对性的营销活动。拥有调查提供的最新的、广泛的信息和分析,企业就能够作出有远见的决策。市场调查对于增强企业在市场上的竞争力将起到不可忽视的作用。

4) 市场调查是市场营销活动的重要环节

市场调查是企业整个营销活动的基本出发点,市场调查在营销系统中扮演着重要的角色,营销的各个环节所需要的信息都是通过调查获得的。通过市场调查,企业可以识别目标市场的需求,发现市场机会,确定产品组合和营销组合,监测市场环境的变化。通过市场调查还能够让产品、服务提供者了解消费者对其的评价以及消费者的期望值。市场调查是市场营销领域的一个重要元素。市场调查对于企业的营销决策至关重要,但是具体到某项决策,企业应该怎样进行全面的调查,需要考虑各方面的因素。营销中产品策略、定价策略、分销策略、广告和推广等策略制定,通常都需要了解与考虑产品质量和顾客满意度,通过开展市场调查,可以更为客观和准确地判断顾客的真正需求。同时,只有全面衡量各项因素,才能制定出正确和客观的市场调查方案。

1.1.4 市场调查的产生与发展

1. 市场调查的产生

市场调查是伴随着商品生产和交换的发展而出现的,市场调查最早在美国形成。但作为一门应用学科,市场调查是从 20 世纪初才开始建立的。

第一次调查是 1879 年由美国广告代理商艾尔(N.W.Ayer)所作的一次系统的市场调查。此次调查的目的是为农业设备制造商制定广告方案。专门的学术研究大约是在 1895 年,美国明尼苏达大学的一位心理学教授哈洛·盖尔(Harlow Gale)使用邮寄问卷的调查方法进行市场调查。之后不久,美国西北大学的沃尔特·迪尔·斯克特(Walter Dill Scott)采用实验和心理学方法来研究广告的效果。1911 年,美国科蒂斯出版公司聘请柏林担任该公司商业调查部经理,把市场调查理论和实践结合起来,最终形成《商业机

会》一书。该书成为市场调查这门学科的先驱者。20世纪30年代是市场调查发展很重要的一个时期,美国市场营销协会成立,出版了一批理论著作,如《企业市场调查技术》等,市场调查的理论体系初步形成。

1923年以后,美国成立首家调查公司。1929—1939年美国政府对美国所有经济领域进行了调查,此后每5年进行一次调查。20世纪30年代,问卷调查法得到广泛使用,此时市场调查人员已了解如何有效地抽样,以及如何设计更好的问卷。尼尔森(A.C. Nielsen)于1922年开展调查业务,并首先提出了"市场份额"的概念以及其他服务,为后来成为美国最大的市场调查机构奠定了基础。几乎在同一时间,市场调查作为一门正式课程在大学校园得到普及,课程汇集了实践和学术领域共同开发的知识。20世纪30年代末,人们已不再满足于对应答者的简单分析,开始根据收入、性别、家庭地位等方面的差异,对被调查者进行分类和比较,简单的相关分析开始得到运用。

在西方国家,抽样调查被普遍接受也有一个过程。在市场调查的发展历史上有一个典型的事件,该事件发生在1936年美国总统大选前夕。当时,市场调查在美国刚刚起步,该届总统大选的候选人有两位,即兰登和罗斯福。当时有一本杂志叫《文学文摘》,随杂志发了1 000万张预选票做调查,最后收回237万张,统计结果是预测兰登获胜。同时,有一位名叫乔治·盖洛普的市场研究人员,他运用了与上述不同的方法——科学抽样的调查方法,在全美国选取了1 000个样本,他的分析结果是罗斯福获胜。最后的大选结果是罗斯福获得1 800万张选票,而兰登只获得700万张选票。这件事使得盖洛普所采用的这种调查方法在全球引起了轰动。从此,抽样调查在西方得到普遍认可,盖洛普用他的名字创办的市场调查公司也长盛不衰。

20世纪40年代,罗伯特·默顿(Robert Merton)首先使用了小组访谈的方法;同时随机抽样的重要性也得到广泛的认识,抽样方法和调查过程等方面取得了很大的进步。

第二次世界大战后,随着世界经济的逐步复苏以及第二次技术革命的兴起,社会生产力空前发展,劳动生产率得到极大提高,社会产品日益丰富,消费者需求不断提高,市场竞争日趋激烈,企业开始意识到消费者的潜在需求成为企业迫切需要掌握的信息。进入20世纪50年代,市场调查多侧重于对市场状况的一般性调查。随着世界市场的发展变化以及市场调查理论的日益丰富,市场调查也开始向市场销售问题的多方面调查发展,如消费者需求预测,消费者对产品的质地、款式等的要求信息的调查,等等。在这一时期,市场调查方法也日趋多样、完善,如随机抽样法、回归分析法、市场趋势分析法、态度测定法等。20世纪60年代计算机技术的快速发展,大大提高了研究人员快速分析、储存和检索大量信息的能力。随着计算机技术的深入应用,出现了计算机软件包,促使市场调查资料的收集及分析更趋精确、迅速,市场调查方法日趋进步。行为科学在市场调查中被广泛利用。根据20世纪90年代初的统计,美国所有大公司中约73%的公司设有正规的市场调查和研究部门,负责调查、预测和咨询等工作,并且在进入每一个新市场前,都要对其进行调查。

2. 市场调查在中国的发展

中国的市场调查是从20世纪80年代中期兴起和发展起来的，其发展过程大体可以分为四个发展阶段：萌芽阶段、起步阶段、成长阶段和成熟阶段。

1) 萌芽阶段(1979—1984年)

我国长期以来实行计划经济体制，绝大多数企业只管按国家制订的计划生产，根本不必担心生产过剩和销售问题。而广大消费者，无论商店里供应的物品是好是坏，除了被动接受外别无选择。在这种情况下，市场调查在企业中自然没有什么价值，企业也根本不可能投资搞市场调查。中国最早运用市场调查方法是在20世纪50年代，那时由中央政府组织各地统计机构开展了全国范围的职工家庭生活调查工作。70年代，亦曾运用抽样调查的方法，在中国59个城市、24个县城抽选13.9万户职工家庭，就收入等基本情况作过一次性调查。80年代一些外商登陆我国投资建厂或设立办事机构，外商登陆我国之前的第一个任务就是了解我国的经济发展及有关行业或产品的基础资料信息，而我国没有这样的机构为之提供所需的服务。而且，当时这一领域也是一块"禁地"，搞不好会涉及法律方面的责任。

2) 起步阶段(1984—1992年)

真正意义上的商业市场调查始于20世纪80年代中期。随着中国改革开放的不断深入，一批外资企业开始涉足中国内地市场，外国的产品也逐渐进入中国市场。这些在国际上一直依赖市场研究开拓市场的外资企业，自然首先想到和要做的，就是要在中国进行市场研究，寻找自己产品进入中国的途径、方式和打开消费者消费行为大门的"钥匙"。于是，境外一些市场研究机构，纷纷受委托进入中国开展市场调查。为了进行数据收集，它们开始在中国国内寻找合作伙伴，并把初级的实地调查方法带到中国。作为拥有国民经济各个行业统计信息资料最全面的部门，国家统计局1984年9月在天津召开全国统计工作会议，研究如何推进统计改革，进一步开创统计工作新局面的问题。同年年底，经国家有关部门批准成立了"中国统计信息咨询服务中心"，作为国家统计局的一个司级的事业单位，面向国内外客户提供统计信息资料和市场调查与咨询服务业务，第一个作为国家政府部门从事市场调查与咨询服务业务的机构终于成立了。

3) 成长阶段(1992—2001年)

如果说20世纪80年代中期至90年代初期是我国市场调查起步阶段，那么自90年代初邓小平"南方谈话"后至2001年市场研究企业分会的成立则为我国市场调查的成长阶段。在市场经济的浪潮中，中国的市场调查业快速成长。北京、上海、广州等城市纷纷成立了专业性的市场调查公司。据有关报纸1997年的报道，全国已有市场调查机构800余家。上海神州市场调查公司和上海复旦市场调查中心等一批市场调查机构就是在这个时期相继成立和发展起来的。统计系统是最早从事市场调查与咨询服务业务实践的单位,汇聚了一批具备统计等相关专业经验的人才。许多具有统计系统背景的公司脱颖而出,其中包括北京华通、中怡康、美兰德、精诚兴、赛诺、上海恒通,以及曾在国家各级统计局从业的人员创办的市调公司,如丰凯兴、华联信、格兰德、贝斯特等。全国各地均有统计系统的市场调查与咨询服务公司,它们是活跃在我国市场调查与咨询服务业中的一支具有拓荒者意义的队伍,也是国外市场调查与咨询公司在中国从事这一行业不可或缺的依托。此外,一批民营市场调查与咨询公司相继出现,如零点、新华信、新生代、勺海等。与此同时,大批的海外市场调查与咨询公司纷纷登陆我国本土,从绝对数量来说,海外公司在国内不多,但其技术、资金、人才优势却不可同日而语。据统计,全球前二十位的市场调查与咨询公司已有近半数进入了中国市场,其中,Gallup、MBL、Nielsen、RI、Millward Brown、Taylor Nelson Sofres、NOP、IPSOS、NPD 等在中国市场有很大影响,它们的到来大大加快了中国市场调查与咨询服务业的进程,并左右着中国市场调查与咨询服务行业新的格局。

4) 成熟阶段(2001 年至今)

2001 年,中国加入世界贸易组织(WTO),这也是中国市场化改革取得阶段性成就的重要标志,这对国内的市调公司而言既是挑战也是机遇。经过 20 年的发展,我国的市场调查与咨询服务业已从低端的单一数据采集业务发展到提供中高端的研究甚至营销咨询服务;从最初仅仅集中在北京、上海、广州三地,发展到具有一定数量的遍布全国各地不同规模的市场调查与咨询服务公司,并形成了比较完备的覆盖中国城乡任何区域的全国性的调查执行网络;从各行其是,发展到全行业统一与国际接轨,执行 ESOMAR(欧洲民意与市场研究协会)全球性的服务与质量准则;从入户访问、街访、座谈会等以纸问卷为主的面访方式,发展到使用 CATI/CAPI/e-survey/peoplemeter 等先进仪器和技术的快速、准确的调查手段;行业内的合并、合资、重组的情况方兴未艾。一批在行业内处于领先地位的公司已初步形成,它们引进国外的先进技术,发展成为行业的"领头羊"。例如,华通公司的"快速电话调查系统"、中怡康公司的"全国千家家电销售监测系统"等。

中国的市场调查业已经度过了初生的危险期,正在健康地成长。尽管它仍然少不了蹒跚学步,但是后起直追的步态却也惊人。它的成长应该归功于中国市场经济的发育,归功于企业管理机制的转变。而且,随着改革力度的不断加大和加入 WTO 后企业生存竞争压力的加剧,在今后几年内,中国的市场调查业将会出现专业化、多元化、产品化和实用化等趋势。就已经存在的市场调查行业来看,其范围之广、内容之细,已超出人们的想象。

3. 大数据时代的市场调查

从某种意义上说,市场调查行业是否兴旺是社会经济是否繁荣发达的标志。如今,"大数据"已经成为全球的互联网热词,大数据被用来描述和定义信息量以指数级攀升而产生的海量数据。企业在运营的过程中产生了大量有关市场和客户的数据,如果能够有效地利用这些数据,挖掘其中的商业信息,并将这些信息用于决策和战略的执行,将会成为企业保持未来市场竞争优势的一大利器。

1) 大数据概述

目前人类社会进入大数据时代,数据收集处理的思维、方法发生了前所未有的变化,但大数据本身与企业的小数据市场调查活动并不冲突,而是相得益彰。在大数据时代,许多企业都在探索如何把通过各种途径抓取过来的数据,转化成有意义、可执行的数据。与此同时,大数据时代市场调查的新方法、新手段也带来新的问题:一是如何智能化检索及分析文本、图形、视频等非量化数据;二是如何防止过度采集信息,充分保护消费者隐私。虽然目前仍然有一定的技术障碍,但不可否认的是大数据时代市场调查有着无限广阔的应用前景。

大数据(big data)又称巨量资料,指无法在可承受的时间范围内,用常规软件工具进行捕捉、管理和处理的数据集合,是需要新处理模式才能具有更强的决策力、洞察发现力和流程优化能力的海量、高增长率和多样化的信息资产。在维克托·迈尔-舍恩伯格及肯尼斯·库克耶编写的《大数据时代》中,大数据指不用随机分析法(抽样调查)这样的捷径,而采用所有数据进行分析处理。IBM 提出大数据的 5 个特征即 5V:Volume(大量)、Velocity(高速)、Variety(多样)、Value(有价值)和 Veracity(真实性)。从学科的角度看,大数据承袭了更多统计学的特质,通过对数量巨大的数据做统计性的搜索、比较、聚类、分类等分析,找到数据之间的关联,因而更关注数据的相关性,这种关联可能是简单的正向相关,可能会通过进一步的调查认定是因果关系,甚至可能通过相关性发现之前都不存在的新关系。大数据时代革命性的调查方法为市场调查人员提供了以"隐形人"身份观察消费者的可能性,超大样本量的统计分析使得调查成果更接近市场的真实状态。大数据思想就是一种在极短的时间内从庞大的、富有价值且类型多样的数据资源中发觉有用的数据资源的能力。同时,也是一种科学的数据分析方法,为人们开辟了全新的探索世界的途径。大数据时代新的市场调查方法使"无干扰"调查真实还原消费过程成为可能,智能化的信息处理技术使低成本、大样本的定量调查成为现实,这将推动消费行为及消费心理调查达到一个新的高度,帮助企业更为精准地捕捉商机。大数据时代下,企业的市场调查可以更加高效、快捷地服务于企业日常生产、营销、战略管理等各方面的决策活动。

2) 大数据时代市场调查的特点

大数据时代做市场调查最重要的是能采集到一手的海量数据,还是非常精准的、高质量的数据,通过各种数据采集器进行数据抓取和数据监测,整合成一个巨大的数据库,在此基础上通过数学建模对搜集到的海量数据进行分析,以获得有用的数据资料。在操作层面上,相比以往的调查方法,大数据调查研究法有以下令人关注的新特点:

(1) 大数据去除了抽样设计的环节,直接对调查对象整体进行分析。大数据条件下可以直接跨越样本数量障碍,对数据整体进行分析,提升了信息的真实性,并且调查方法更具科学性。在社会调查中,由于难以对整体进行直接的测量,会选取样本进行调查,抽样框架的设置、样本的代表性和样本大小都会对结论产生影响。对于人群的整体认识而言,大数据无疑提供了一个完美的解决方案,并将误差降到最低。从调查的角度讲,大数据的"大"通常指的是统计总体,而非样本,即应用全面调查而非抽样调查方式进行数据收集。这样就避免了抽样调查常见的样本代表性误差。既然数据收集方式发生了根本性的变化,随之数据分析的方法、侧重点也有许多不同。最有代表性的表现是,大数据对于数据的精确性并不会过多关注,由于处理的数据十分巨大,这些在传统调查中看似应剔除的数据,或者无法处理的数据,反而会使大数据的结论更加贴近实际。

(2) 基本不介入调查对象的行为,以观察者的视角了解调查对象。不介入调查对象的日常行为,呈现出调查对象真实客观的行为轨迹。作为消费者,我们的行为在大数据的网络中无处藏匿,电脑上的 Cookie 会精确地记录你在何时何地浏览过什么商品,手机上的 LBS 可以实时定位,更高层次的数据甚至记下了人们的眼球在电脑屏幕上的运动轨迹。大数据可能比你更了解你的消费习惯。

(3) 作为互联网时代的产物,与社会化媒体、搜索引擎等互联网应用的联合使得大数据备受瞩目。大数据的即时性有利于监测和解决瞬息万变的市场问题。近年来,论坛、博客、微博、微信、抖音等信息载体和交流平台得到了迅速发展,催生了一种新型媒体即社会化媒体。由于社会化媒体传播迅速、受众广、互动性强、表达形式灵活多样,越来越多的企业意识到社会化媒体能帮助它们获取用户对产品和服务的认知及反馈,发掘消费者的潜在需求,从而帮助公司研发或改善产品和服务,并塑造公司和品牌形象。借助对社会化媒体的跟踪和分析,市场调查者能够直接获取从传统市场调查中无法获得的大量真实信息。

(4) 基于云计算的智能化发展,收集、分析大数据的成本低、效率高。市场调查的关键是洞察消费者需求,基于云计算的数学分析模型可以将碎片化信息还原为完整的消费过程信息链条,更好地帮助营销人员调查消费行为及消费心理。这些碎片化的信息包括消费者在不同时间、不同地点、不同网络应用上发布的消费价值观信息、购买信息、商品评论信息等。基于云计算的智能化分析,一方面,可以帮助市场调查人员对消费行为及消费心理进行综合分析;另一方面,云计算成本低、效率高的特点非常适合消费品企业数据量庞大的特性。基于云计算的数学分析模型,智能化的信息处理技术使低成本、大样本的定量调查成为现实,这将推动消费行为及消费心理研究达到一个新的高度,帮助企业更为精准地捕捉商机。

(5) 通过网络平台进行市场调查获得大数据将会是未来市场调查发展的一个新方向。网络调查优势明显提升,无论是 IBM、Google、Facebook,还是中国的阿里巴巴,都是基于强大的网络平台来进行大数据的采集、分析和研究。通过网络平台获取海量的非结构化数据,从大量的音频、视频、搜索记录等数据中抽取特殊数据用作市场的决策和分析,包括影像背后语义分析、语境分析、消费者态度和心理分析,得出的结果通过可视化的方法让用户能够理解、分析、判断。这些数据都是用户主动披露的,与传统访问形式的被动挖掘相比,信息的真实性更高。市场调查则会充分利用这数据,深入地找出影响每一类用户路径的关键原因,从而"对症下药",将其转化为真正的消费者。

事实上从行业角度来看,如今随着大数据的发展,企业对市场调查的需求同时也呈现出一个平行的上升趋势——企业需要借助市场调查,通过对"小数据"的分析来解答由"大数据"发现的疑问。随着市场调查理论和计算机技术的发展,大数据领域系统的研究逻辑等问题逐渐成熟时,会令社会科学乃至市场调查领域迎来更瞩目的发展。

3) 大数据时代的市场调查方法的变革及存在的问题

大数据与市场调查二者定义的角度不同,因此两者并不矛盾,而且可以相互影响、相互促进。即使身处大数据时代,并不意味着企业不需要进行市场调查,某种程度上应该说需要更多、更广、更深入的市场调查。大数据本身与企业的市场调查活动并不冲突,而是相得益彰。大数据时代下,企业的市场调查可以更加高效、快捷地服务于企业日常生产、营销、战略管理等各方面的决策活动。

(1) 大数据的收集依赖于信息技术,特别是互联网技术的应用。大数据的"大"首先在于海量数据,所涉及的数据量规模巨大到无法通过目前主流软件工具,在合理的时间内整理成为帮助企业经营决策的信息;大数据的"大"在于种类繁多,不仅包含了结构化的数据,还包含了很多半结构化和非结构化的数据。因此大数据只有依赖于先进的信息化技术以及信息处理模式才能成为真正具有更强决策力、洞察发现力和流程优化能力的海量、高增长率和多样化的信息资产。目前现代信息技术广泛地渗透和改变着人们的生活、学习和工作,信息产业正逐步成为全球最大的产业,新时代信息网络将会是未来社会的神经系统。现代信息技术是借助以微电子学为基础的计算机技术和电信技术的结合而形成的手段,对声音的、图像的、文字的、数字的和各种传感信号的信息进行获取、加工、处理、储存、传播和使用的能动技术。现代信息技术包括微电子技术、光电子技术、通信技术、网络技术、感测技术、控制技术、显示技术等,利用现代信息技术收集与分析数据资料比较常用的方法如下:

① 利用终端信息技术和设备收集系统数据。目前在服务行业中的快速消费品领域,POS 系统的安装与使用已被广泛推广。消费者通过扫描商品条形码即可在系统中反馈商品名称、规格、进价、零售价、购买地点、厂家信息等,企业可以根据这一系统反馈的信息来掌控市场动态,及时调整商家的促销方案和策略。利用终端信息收集系统进行数据分析,这一新的调查方法是传统定量调查的引申,极大提高了数据统计与分析的效率和针对性。

② 利用移动客户端收集消费者动态信息。随着 5G 网络和智能手机的普及,市场调查可以通过移动终端寻找突破口。商家通过产品上提供的二维码,可以及时跟进用户动态、产品使用率、产品渗透率、回购率以及顾客的意见反馈。企业可以在第一时间进行问

卷调查，并且通过提供一定的奖励，鼓励消费者认真填写电子问卷，并推广企业的链接提高产品知名度。利用移动客户端，企业可以预先向线上消费者进行促销活动的推广，了解消费者对促销活动的反馈，进行该活动的评估和预测，及时调整策略进行线下推广。

③ 利用新型社交媒体进行市场调查。对于21世纪的新生代消费群体，Facebook、Twitter、QQ、微博、微信、email等社交平台已经成为不可或缺的社交工具，企业要抓住消费潮流，进行第一手资料的收集和第二手资料的挖掘。目前企业倾向于利用电子邮件、微信朋友圈等进行定量调查，通过合理的调查方案，有利于企业在低成本下获得更加真实的调查结果。企业可通过对消费者发布的微博信息、评论，微信朋友圈的信息转发量、信息传递内容和速度来统计分析消费者当前的消费潮流和消费理念，这为企业管理者进行市场预测和分析提供了最新的数据支撑。

④ 利用互联网进行定量调查和定性分析。网络调查较传统的调查方法而言，更具便捷性和经济性。目前86.7%的企业都建立了公司官网，消费者通过查询企业的门户网站可参与问卷调查，企业通过推送市场调查链接让消费者更加深入了解其产品和服务。网络调查对消费者而言提供了便利性，对企业而言提高了调查的效率，降低了企业的人力和物力成本。企业通过门户网站进行调查能加强与消费者的互动，有利于提高用户的满意度。

(2) 大数据的使用对于很多企业仍然存在信息壁垒。目前应用大数据最为广泛的仍然在电商、计算机领域以及一些关系国计民生的重点行业。中小企业、初创企业使用大数据的壁垒仍然较高。从长期来看，对于这些企业而言，强化市场调查意识，积极开展多样化、多层面市场调查活动对于生产、营销等领域仍然有必不可少的作用。

(3) 大数据不适合的领域。鉴于大数据的特点，其数据来源分布较广，而对于较小地域范围、对象范围的数据收集来说，不见得一定有效。因此，针对一些专项调查、深入调查，无论大数据发展到怎样的程度，无论什么类型的企业，仍然非常有必要继续应用以抽样调查为主要方式的市场调查。

(4) 大数据与抽样调查小数据需要进行整合分析。市场调查的最终目的是了解市场现状及其发展趋势，为市场预测和营销决策提供客观的、正确的资料。因此，市场调查要利用云计算的数学分析模型将消费者碎片化的信息进行整合还原，这是大数据下市场调查数据整理和分析的基本要求。如果数据失去了分析，于人于国于产业都是无益的。在大小数据集之间如果要进行整合的话，有以下三种分析链条：一是通过抽样调查探索规律，这个过程中需要分析人员充分投入自己的思想和判断，然后使用现在的大数据，将这种规律程序化；二是大数据发现新的规律，通过抽样数据验证其规律的可靠性；三是大数据发现可能性，不断调整规则、影响规则，进而确认规则，最终实现大数据程序化。这三种链条都有存在的可能性，产业界像乐购、ZARA、亚马逊真正在做的智能推送的前提是实验、抽样调查。所以,大数据分析需要会编程的人和会分析、会思考的人结合在一起。

(5) 大数据时代下市场调查可能存在的问题。大数据时代下要对所有的调查信息进行量化,新的手段和方法也不可避免地产生新的问题。如:不同平台之间的数据无法做到打通;数据量过大,合适的运算方法和硬件条件还不够完善;如何做到利用大数据分析消费者行为的同时,保护消费者的隐私不被侵犯等。由于网络中部分搜索和文本、图形、视频等非量化信息不能进行数据的统计,这影响了调查数据的完整性。同时,传统的市场调查,消费者可以根据自己的个人爱好和性格认知选择性地参与调查,有利于保护消费者的隐私权,而大数据下数据的过度采集,大部分建立在消费者不知情的情况下,严重侵犯了消费者的个人隐私,引起消费者反感。尤其是通过对潜在数据价值的预测,可能影响消费群体原有的消费行为,改变消费群体的消费观和价值观。许多人都有这样的经历:网页会根据用户之前一段时间网上消费或浏览的商品信息推送同类商品的广告;资讯会按照阅读习惯对各类信息进行分类排序;推销电话的铃声会经常性不定时地在某一时刻响起,并且推销员清楚地知道接听者的姓名、对于某些产品的需求,甚至消费偏好。这些情况天天都在各地以相同或相近的方式重复发生着,有人感到的确方便了生活,也有人担心隐私受到了侵犯。

大数据重视对数据"潜在价值"的探究,数据的真实价值就像漂浮在海洋的冰山,第一眼只能看到冰山一角,而绝大部分则隐藏在表面之下。大数据是一种资源,也是一种工具,大数据改变了我们的生活方式和生产方式。市场调查是市场营销的重要环节,大数据背景下如何高效率地进行市场调查,对于企业而言尤为重要。大数据时代的来临,企业要懂得充分利用数据的价值,大胆创新,通过实践找到有效的调查模式,更好地推动自身和市场的发展。

【小资料 1-2】

1.2 市场调查的机构与人员

1.2.1 市场调查的机构

1. 市场调查机构类型

随着中国商品经济的发展,市场调查工作日益受到重视,专业的市场调查公司也逐渐增多。很多企业有自己的智囊团,也聘请专业的调查公司、咨询公司做顾问。对于一些规模较小的企业来说,与其专门设置一个市场调查部门来主管有关的市场调查工作,还不如将这些业务委托给专业的市场调查代理机构去完成,这或许更符合经营中的成本与效益理论。不管市场调查工作是企业自己完成,还是委托市场调查机构完成,参与调查工作的人员的素质都是市场调查能否达到预期目标的一个决定因素。

中国的市场调查业始于计划经济向市场经济转轨时期,完全是市场自发行为。低投入、高回报、高利润使得有关部门、学术研究机构、媒体、民营企业、合资企业纷纷创建市场调查机构。各类机构在无行政主管部门进行常规管理的环境中,各自为政、无序竞争。许多调查公司要想生存下去,就必须由被动求生转向主动发展。这就要求调查公司要主动去做出特色,走专业化发展的道路。调查公司的专业化包括几个方面:一是区域的专业化,这使某些公司由于对某一区域特别熟悉而降低了成本;二是功能上的专业化,这也使某些公司由于越来越细的分工而降低了成本、提高了质量;三是行业上的专业化,这使那些对某一行业特别熟悉的公司转变成专门行业的专业化调查机构。市场调查机构的规模有大有小,其隶属关系及独立程度也不一样,名称更是五花八门,但归纳起来,常见以下几种形式的市场调查组织机构:国有型(如央视、环亚)、外资型(如尼尔森、盖洛普、华南、华通现代)、学术型(如人民大学舆论所、北广调查统计研究所)和民营型(如零点、大正)。

1) 国有调查机构

中国最大的市场调查机构为国家统计部门,国家统计局、各级主管部门和地方统计机构通过统计报表和专业调查队伍专门调查等手段收集和管理市场调查资料,便于企业了解市场环境变化及发展,指导企业的微观经营活动。国家统计局在对从事涉外调查的机构进行资格认定等方面进行管理的同时,还设有调查处、研究室和情报所。国家统计局城市社会经济调查司负责组织实施价格调查、城镇住户调查、城市基本情况调查,收集、整理和提供有关调查的统计数据,对有关统计数据质量进行检查和评估,组织指导有关专业统计基础工作并进行统计分析。农村社会经济调查司组织实施全国农业普查、农林牧渔业统计、农村基本情况统计和农村住户调查,收集、整理和提供有关调查的统计数据;开展退耕还林状况、畜禽生产消费统计监测;对有关统计数据质量进行检查和评估;组织指导有关专业统计基础工作并进行统计分析。除政府统计机构外,中央和地方的各级财政、计划、银行、工商、税务等职能部门也都设有各种形式的市场调查机构。经济主管业务部门附属的市场调查组织,如商业、轻工业和银行等系统,分别设有信息中心(处、站)或调查室等,从本系统、本部门业务发展需要出发,对自己所经营的商品、业务范围内的产销情况、供应渠道、消费需求等进行专业性调查,提供相应的市场信息。

2) 外资调查机构

外资市场调查与咨询公司如盖洛普、AC 尼尔森、国际市场研究集团(Research International,RI)等,直接服务于大型跨国公司对中国市场调查的需求。受中国内地市场潜力所吸引,由海外总部接全球性的委托单实施中国市场调查,是外资市场调查与咨询公司的重要客户来源。这类机构项目质量的控制和全球性调查项目的要求相符合;项目操作的规范性较强,公司各部门分工明确,如同一项目实地资料的收集和后期分析是由不同部门负责的;业务量较为稳定,研究人员素质较高,公司在调查方面的培训能力很强。但调查项目的报价很高,往往超出国内客户的心理承受能力,对于客户较为特殊、针对性强的地域性项目优势不明显。总之,外资市场调查与咨询公司在中国的发展既取决于其总部的发展计划是否适合中国市场,也取决于国内市场接受外资公司的客户群能否稳定增长。

3) 学术型调查机构

新闻单位、高校、科研院所的学术型调查机构也都开展独立的市场调查活动,定期或不定期地收集和发布一些市场信息。如以信息起家的英国路透社,在全球设立了众多的分社和记者站,目前已成为世界上最大的经济新闻提供者,经济信息收入成为该社的主要资金来源。这类公司进行定期的数据收集工作,并且为企业和广告公司以及其他市场调查公司提供数据服务。如国内的央视调查咨询中心,专门提供报纸阅读率调查的数据;央视索福瑞收视率调查公司,专门提供收视率调查的数据;IMI市场研究所,专门提供城市消费者消费行为与生活方式方面的数据。国内市场调查机构,主要集中于高校,高校市场调查做得比较好的机构是中国传媒大学和中山大学等。

4) 民营调查机构

此类市场调查与咨询公司大多以股份制的方式创办,投资人和经营人一体化。它们的数量最多,在传媒上出现的频率也高。比较成规模的有华南、零点、勺海等。民营型的市场调查机构对客户的反应迅速、服务意识较强;采用项目主任负责制,即除了统计分析等技术性很强的环节外,一个项目从设计到报告撰写都由一位研究人员负责。这样有利于最大限度地激发个人的积极性和责任心,但也使调查项目的质量与项目主持人的个人素质密切相关。对某些难度较大的调查项目,民营公司往往能比外资公司、国有公司做得更好,因为它获得信息的手段较前两类灵活得多。报价方面也具有较强的竞争力,这是由其运营成本较低决定的。而在调查的实地支出、访员劳务上三类市场调查与咨询公司没有大的差异。民营调查机构企业规模不大,在执行多城市项目时竞争力较差;人员流失现象严重,市场开拓的难度较大。

在中国,市场调查公司的主要业务是为特大型企业提供以顾客研究为主的数据采集与分析服务,少数公司也可以为这些客户提供一定条件范围的市场战略咨询,或者在数据分析方面为专业的管理咨询公司提供协作服务。

【小资料1-3】

2. 如何与市场调查机构合作

1）选择专业调查机构前的准备工作

当企业缺乏必要的市场调查部门组织，或对有效实施市场调查感到力不从心时，可以考虑借助企业外部的专业性市场调查机构来进行市场调查。委托专业性的市场调查机构进行市场调查的优点有：第一，专业调查机构调查的客观性较大，调查代理能更客观地进行调查研究，提供不受企业内已有分歧影响的独立观点；第二，调查公司具有专业技能，当需要采用特殊的定性调查时，代理机构通常能够提供心理学家或行为科学家的专业服务，这些专门人员往往是用户自己单位中所没有的；第三，调查公司具有长期积累的经验，能利用其多年积累的丰富经验，提供更好的调查和分析技术。

当然，委托调查还有一些不足：首先，委托单位和调查机构间需要进行深入的沟通协调。沟通在企业市场调查机构中非常重要，企业和市场调查机构如果没有深入的沟通，很容易偏离方向。其次，调查的信息保密性不高，对于受委托的调查机构来讲，应严守职业道德，时刻为用户着想，为用户提供满意的服务。最后，委托调查过于标准化和按例行事，缺乏灵活性。

在选择市场调查机构之前，需要注意对调查公司的选择。为了正确选择调查公司并保证调查效果，需要进行市场调查的企业一般会向社会上多个调查机构发出招标书，并主动与外部专业调查机构沟通，希望调查机构提供具体的调查活动。企业人员最好能够与这些调查机构的负责人和主要调查人员进行面谈，或拜访调查机构的老顾客，以便全面地了解其服务质量。

企业必须有明确的调查方向和目标。一般来说，企业要对自己遇到的困难有明确的认识，同时需要了解哪些信息是自己已经有的，哪些信息需要外力帮助和支持，这些信息能够有针对性地解决哪些问题，只有明确了方向、目标和需求之后，与市场调查机构才能有良好的沟通。如目前本企业面临的环境和需要进行调查的问题，明确本次调查结果的用途；聘用调查公司调查是长期合作还是短期合作；在调查时间上有何要求，提交调查报告的最后期限；调查预算为多少，以及调查资料是归企业独家享用，还是与调查机构共享等。企业为了使各个专业调查公司进一步了解本公司面临的问题，还应向其提供有关资料和调查建议。

2) 选择市场调查机构必须考虑的因素

市场调查机构的专业特长各有不同，天下没有包医百病的医生，也没有无所不能的市场调查机构，各市场调查机构对行业的认知深度也各不相同，企业在选择市场调查机构时必须作出正确的判断。另外，要看市场调查机构的工具，如能够使用什么样的模型和方法来简单明了地解决和阐释问题，这直接决定了市场调查机构的创新能力和规范性。企业在选择市场调查机构时，必须了解和考虑以下几个方面的因素：

（1）是否明确本次调查的任务和目标，是否认同调查机构对问题的解释，所选择的调查方法是否具有有效性和创造性。

（2）调查机构的信誉。调查了解专业调查机构在同业的声誉和知名度，其职业道德及公正原则的情况，限期完成工作的能力等。

（3）调查机构的业务能力。是指调查机构内专业人员具有实务能力的高低，包括能否提供有价值的资讯，是否具备创新观念、系统观念、营销观念和观念沟通能力。

（4）调查机构的经验。包括调查机构创建的时间长短、主要工作人员的服务年限、已完成的市场调查项目性质及工作范围等。

（5）市场调查机构所拥有的硬件和软件条件。硬件条件包括信息收集、整理和传递工具的现代化程度；软件条件包括调查人员的素质及配备情况。

（6）调查机构收费合理性。包括调查机构的收费标准和从事本项调查的费用预算等。但是，最便宜的不一定是最好的。在招聘调查公司时既要比较价格，也要比较质量，这样才能得到有竞争力的投标。

对于委托调查的企业来讲，一旦委托调查机构进行市场调查后，应给予信任和授权，并提供充分的协助，以使调查能顺利进行。由于大多数调查公司对各种专业内容并非十分了解，企业人员应拿出大量的时间和精力协助专业调查公司进行调查。在聘请外部调查公司协助进行调查时，要与该公司的人员建立相互协作的关系。企业营销人员除了应向调查人员提供本行业的基本信息外，还应有专人密切关注调查工作的每一步骤。只有在有效协作的基础上，调查工作才会取得圆满的结果。

3. 委托企业在评价市场调查机构调查方案中应重点关注的要素

在与市场调查机构的沟通过程中，调查机构通常都会提供非常漂亮的建议书，会有很多的图表、模型，大量的专业术语。作为委托方，如何评价这些专业公司的方案呢？委托方在下列问题上常常陷入误区。

1）调查覆盖面和调查进度的取舍

企业往往希望在一次调查中花较少的钱、办更多的事。预算有限，很多调查公司为了达成合作，往往在保证覆盖面的前提下，减少每个子调查项目的有效样本量。企业往往缺乏统计常识，无原则地降低样本量，导致调查分析结果的精度太低、偏差太大。

2) 抽取样本的代表性

抽样的方法很多，往往是容易实施的抽样方法，成本低，但其代表性差。实施难度大的抽样方法，成本高，但是代表性强。如何在两者之间取舍，是企业和调查公司经常遇到的问题。其实，这也是一个成本和精度的问题。

3) 对调查中缺省值的处理

在调查中，会出现受访者对某些问题无法回答，也就是说，在调查数据中出现缺省回答。这些缺省值如何处理，是统计分析中常见的问题。在使用多元回归、结构方程模型等分析方法中，一个常见的取舍是：当某个问题的缺省率超过10%（最多不超过20%）的时候，该问题对应的变量就不应该纳入模型进行分析计算，而应该单独分析。

4) 建立的统计模型须通过相应的统计检验

在市场研究过程中，研究公司将会用到非常多的数据模型。但是这些模型能否使用，一般都有前提条件，必须符合这些前提条件，通过这些模型计算出来的结果才有统计意义，否则就是完全的数字游戏。没有通过这一检验关口的模型，往往不是一个好的模型。

5) 如何评价项目小组的实力

一个项目成功与否，项目经理往往起到关键的作用。好的、能干的项目经理，往往能够有效地指挥手下人干活，并且与研究公司其他部门关系良好，能够准确了解委托方的目标意图。在中小型市场研究公司里，项目经理往往是全能的，对调查设计、调查实施、数据处理和分析、报告撰写都熟悉。在大型市场研究公司里，则存在分工。如果项目经理没有能力，或者不能尽职尽责地对待某个项目，那么在项目调查执行环节，或者数据处理分析环节，就有可能出现问题，导致最终的调查结果不能反映实际情况，不能帮助委托方解决问题。委托方必须和项目经理进行沟通，了解他过往的项目经验，询问他对整个项目实施全过程的熟悉程度。如果经验不足，或者对项目全过程不熟悉，最好要求研究公司选派合格的项目经理主持该项目。

如今，企业在市场调查上投入的资金越来越多。如果在上述问题上不能找到正确答案，不仅会浪费市场调查投入的资金，而且由于这些调查成果是企业进行决策的基础，还可能带来更多的资源浪费。

4. 市场调查机构应该遵守的职业道德

专业调查机构在接受委托后，应迅速了解委托企业的经营环境。对现有资料加以消化，提出市场调查建议书。内容包括：市场调查的重点及可能结果，提供市场报告的时间，市场调查预算及收费条件，企业应有的协助等。在委托企业接受市场调查建议书后，即可实施调查。在提出市场报告后，还应注意随时为委托企业提供调查后服务，以求取得长期合作的机会，并树立良好的信誉。尤其要遵守如下职业道德规范：

(1) 保持受委托的关系，永远寻求并保护委托人的最佳利益；

(2) 视所有调查信息，包括处理过程和结果，为委托人独有的财产；

(3) 在发布、出版或使用任何调查信息或数据之前，要获取委托人的允诺或批准；

(4) 拒绝与那些寻求调查发生偏差以得到某些确定结果的委托人发生任何联系，拒绝接受他们的项目；

(5) 固守调查研究的科学标准，不隐瞒任何事实真相；

(6) 保护被调查者的隐私权和匿名权，事先承诺不暴露他们的身份；

(7) 绝不允许委托人去识别调查者的身份以报复那些作反向回答的人；

(8) 认识到拒绝调查者或他人识别委托人的身份在适当时候是合法的；

(9) 在完成调查项目之后，要将所有的数据、报告或其他委托人买来的资料退还给委托人。

市场调查机构通常受到企业委托后，都会确定研究目的和调查方案，但是市场调查机构不是专门帮企业搞情报的，严格说来，市场调查机构不能与"私家侦探"混为一谈。目前国内市场研究行业普遍遵循欧洲民意与市场研究协会制定的"ESOMAR"规则，该规则明确规定了市场调查机构与企业合作的"保密原则"。比如，市场调查机构要替企业保密、替被访者保密。然而，很多企业却在选择市场调查机构时，为了想了解市场调查机构的实力，就要求市场调查机构提供做过的同类项目的调查报告，这是违背市场调查的规则的。如某区域有企业要作一项市场研究，邀请了当地几家市场调查机构参加投标，在市场调查机构递交了项目建议书后，为了综合评估各个公司的实力，企业要求市场调查机构提供它们做过的同类项目的市场研究报告，有一家市场调查机构就将曾经做过的一个客户的报告打印出来提供给该企业，最后成功得到了项目。企业需要慎重对待这个问题，有一些原则是大家都要遵守的，像上面这家市场调查机构根本就不合格。

【小资料1-4】

1.2.2 市场调查人员

1. 市场调查人员的素质要求

市场调查人员是指为本组织或受托为其他组织从事市场调查、市场研究、信息分析及相关活动的人员。市场调查人员是调查工作的主体，其数量和质量直接影响市场调查的结果。市场调查也和其他工作一样，具体负担工作的"人"的素质会对工作的效果产生直接的影响。一项规范的市场调查，从前期计划、项目设计、抽样控制到实地调查数据的处理分析，都有极其严密的过程。这一系列的工作都需要调查从业人员精通数学、统计学、市场营销学、计算机及心理学等各方面的知识，具备良好的职业道德。不管市场调查工作是企业自己完成，还是委托市场调查代理公司完成，参与调查工作的人员的素质都是市场调查能否达到预期目标的一个决定因素。

在决定整个市场调查质量的诸多因素中，市场调查员的表现无疑是极为重要的。若要确保调查员的工作质量，在调查员的考录、挑选、培训与管理工作过程中，市场调查机构必须根据调查工作量的大小及调查工作的难易程度，配备一定数量并有较高素质的工作人员。根据市场调查行业的分工特点，市场调查人员可以划分为初级市场调查员、助理市场调查师、市场分析师三个层次。就我国目前市场需求情况看，每个层次的人员都存在着不同情况的缺失。

作为能够独当一面的项目负责人——市场分析师的水平，不仅决定着调查的科学准确与否，而且关系着调查公司的生死存亡。这个层次的人员有较高调查水平的要求，如是否掌握科学的分析方法、设计的问卷是否准确。助理市场调查人才的欠缺主要体现在行业经验和理论基础上。他们来自统计、信息数据分析等专业，但是一般招聘单位要求有具体的从业经验，并对所要从事调查分析的行业的特点和属性完全了解。

初级市场调查人员最重要的是敬业精神和职业素质技巧，作为工作在调查第一线的"执行者"，由于是直接和调查对象接触，所以能够取得调查对象的信任和理解的职业素质技巧是调查成功的第一步。为了保证调查的"一手"数据的准确性，还要求从业者有认真的工作态度和敬业精神。发达国家一般采用的典型调查员是35～54岁的已婚妇女，要求具有中等以上的文化水平和中等以上的家庭收入。在实地的问卷调查中，如果调查员与调查对象的共同特征越多，访问的成功率也就越高。国内因为生活方式的差异和调查业本身的不成熟，专职调查员还不多，聘用大学生为兼职调查员的情况比较常见。尽管具体的要求会随不同的调查项目的不同而有所变化，但是对调查员的一般要求是基本相同的，通常需具备以下条件和素质：

1）品德素质

要求调查人员具有客观公正、勤奋耐劳、严谨认真、平易近人、开拓创新的思想道德品质。只有品德端正，别人才能尊重你，才能成为工作上值得信任的伙伴。品德问题也许是任何行业在挑选员工时都必须予以重视的问题。在调查员的挑选过程中，坚持品德第一的标准仍然是最需要强调的。调查员要具有强烈的社会责任感和事业心；具有较高的职业道德修养；工作中能实事求是、公正无私；工作认真细致；具有创新精神。下面是一些极容易被调查员忽略，但对调查质量可能产生重大影响的缺乏职业道德的现象：不按抽样规则进行抽样，如在执行时偷工减料图方便，随意入户；将问卷交由被访者自己填写；未按规定随便放弃已抽好的样本；擅自将问卷转让给其他未受培训者去完成；未能遵守先调查后送礼品的规定，或擅自私吞礼品，等等。对于这些调查员易犯的毛病，管理者最好先将其要求印好分发给每个调查员，并声明违者必究，以引起调查员的注意，使其养成良好的职业习惯。

2）心理和身体素质

市场调查的确是一件既辛苦又困难的工作，因为在你的调查过程中会听到对方太多的"不"，会遭到对方太多的白眼，会吃到人家太多的闭门羹。这就要求调查人员具有肯吃苦、善交际、机敏、谈吐适度的素质及优秀的团队精神。调查工作充满各种挑战，工作中的挫折、现实环境的压力均是无法避免的。没有良好的心理素质，没有开朗的性格是无法进行调查的。有许多调查人员在受到持续的挫折后，逐步对自己失去了信心，甚至掉队转行。调查人员必须具备良好的心理素质，性格开朗，乐于和陌生人交谈，头脑灵活，能够随机应变，但为人要忠诚可靠，肯吃苦。良好的工作心理状态，还表现为调查工作中优秀的心理承受力、心理伪装能力和随机处理事务的能力。只有具备良好的心理素质，才能在具体的调查工作中产生良好的效果。

3）业务素质

要求调查人员有较高的文化素质和必要的市场调查知识，并且知识广博，有较强的信息收集、鉴别能力以及语言表达和写作能力。调查人员在工作中需要同各行各业、各种层次类型的人接触。而调查过程中无论是测试性调查，还是与被调查方的直接接触，都需要与对方有共同的话题作为切入点，认知感是使被调查方解除戒备的唯一途径。要找到使被调查方有认知感的话题，尤其是些专业性比较强的话题，需要调查人员对相关专业知识有一定的了解。这种知识对于调查员来讲仅仅是广、博，而不一定要求深、精，广泛的知识结构主要是为适应各类人群的共同话题，这在调查工作中会有非常实际的作用。市场调查和分析人才依托自己的市场学知识，通过自己掌握的调查工具和手段，对所关注的行业进行调查，并依据调查的结果进行分析，因此需要扎实的专业知识，如社会学、心理学、应用数学（计算机）、经济学、统计学、地理学、建筑学等专业的知识，在知识结构方面要比较全面，还要有一定的研究能力。

由于市场调查涉及面广、情况复杂，因此，调查员在每次调查过程中都有可能遇到一些事先不曾预料到而个人又无力解决的困难。因此，对市场调查工作人员最起码的要求除了要具备良好的工作态度和工作作风之外，还需具备有关商业情报资料工作的基本知识和必要的营销业务能力。否则，企业本身的市场调查工作无从开展，难以起到应有的作用。以上三点是做好一名优秀的市场调查员的基本素质，还有很多的技巧与能力需要市场调查员在实践中去积累、体会。

2．市场调查人员的能力要求

1）语言能力

调查人员在调查访问时的口吻、语气和表情对调查结果有很直接的影响，因此谈话特别需要讲究技巧。一个优秀的调查员必须具有清晰的思路、流利的语言，以及简明扼要的口头表达能力。此外,在一些普通话普及率不太高的地区,特别是一些农村偏远地区,当被访者中有老年人时,更应注意考查调查员的方言水平。要耐心倾听,不视机械式调查工作为苦,且能循循善诱以使受访者合作。

2)应变能力

应变能力包括利用各种情报资料的能力、对调查环境较强的适应能力以及能够分析、鉴别、综合信息资料的能力。调查员一般要求能在复杂多变的社会环境里,独自一人解决随时可能遇到的各种意外问题,这样才能保证整个项目高效率、按计划完成。

3)交际能力

调查员应该能够与被调查者建立友善关系,应具备能联络陌生人的性格。实施工作是很辛苦的,因此要求有完成任务的体力和耐力。谈话的技巧和倾听的技巧是十分重要的。注意仪表和举止。一般来讲,调查人员穿着整洁、举止端庄、平易近人,就容易与被调查者打成一片;反之,则会给被调查者以疏远的感觉,使之不愿与调查人员接近。由于调查员通常必须走家串户地进行入户调查,因此,一个诚实、清爽的"不像坏人"的外表,往往不仅会影响被调查者的合作态度,甚至会影响调查员能否入户成功。特别是在一些社会治安较差的地区,这一点尤为突出。因此,良好的外在仪表,也是我们在挑选调查员时所必须予以重视的。仪表大方端正,态度亲切、平易近人,以外向性格为佳。如果调查员的外形不令人愉快或不平常,比较特殊,那么收集到的数据可能是有偏差的。

总之,一个合格的市场调查人员应该是勤学好问、有思想、有知识并具有创造性的,他们必须善于倾听、善于思考,并善于提出问题、分析问题和解决问题。同一项调查,由于调查员的素质、性格、思想、观念不一,往往会直接影响调查结果。因此,在选择调查员时应考虑调查的性质、收集数据的具体方法,尽量选择能与被调查者相匹配的调查员。

【小资料1-5】

3. 市场调查人员的培训与考核

1)市场调查人员的培训

人的素质和才能是有差异的,先天不足是可以通过后来的教育、培训来弥补的,要达到调查工作需要的理想标准,就要不断地通过各种途径,利用各种方法提高调查人员的素质和能力。在实际调查中,调查任务是通过组建一支良好的调查队伍来完成的。对调查员的培训有两种情况:普通培训和专业培训。普通培训是指对调查员进行诸如自我介绍、入户方式、应变能力、工作态度、安全意识、报酬计算标准、奖惩条例、作业流程以及纪律与职业道德等内容的培训。对于新近录用的调查员,不管他们是否曾为其他机构和个人工作过,都要进行严格的普通培训。对于在本调查机构已经工作了一段时间的调查员,并通过多次实践积累了丰富的经验,那么只需进行每次调查前的专业培训即可。对调查员进行训练,其目的是为了提高他们的访问技能、处理问题的能力以及端正他们的访问态度。因此,在普通培训中主要包括下列三个方面:

(1) 态度训练。其目的是为了让调查员明确访问工作对市场调查客观性、科学性的重要作用。通过训练,促使他们在今后的访问实践中做到认真、细致、一丝不苟地按照要求完成所有任务。组织调查人员学习市场经济的一般理论,国家有关政策、法规,充分认识市场调查的重要意义,使他们有强烈的事业心和责任感,端正工作态度和工作作风,激发调查的积极性。此外,规章制度也应列入培训的内容,调查人员必须遵守组织内部和外部的各种规章制度,这是调查得以顺利进行的保证。

(2) 技能训练。目的是为了提高调查员与陌生人打交道的能力,以有效地完成访问任务。性格修养方面的培养主要包括对调查员在热情、坦率、谦虚、礼貌等方面进行培训,使其具有开放性格,以自然开朗个性与受访者讨论各种问题;调查中的技能表现在调查员的态度和行为准则,及时把握受访者的心态等能力;指导教师详细讲述在调查过程中受访者可能反应的种种心态,以及如何能够进入交谈状态并使受访者产生信任、吐露心声。

(3) 理论知识培训。调查基本知识介绍,如问卷的结构、问题的类型、各类问题的提问及记录方式,各种访问方法的特点和注意事项。不仅需要讲授市场调查原理、统计学、市场学、心理学等知识,还需要加强问卷设计、提问技巧、信息处理技术、分析技术及报告写作技巧等技能方面的训练。目的是让调查员对市场调查的基础知识有基本的了解,在进行访问时,能够从调查的角度出发,正确地处理所出现的问题。

专业培训是指针对某一份具体问卷所涉及的诸如如何甄选被访对象、如何统一理解或向被访者解释某些专业概念与名词、如何跳问问题、如何做好笔录、如何追问,以及如何自查问卷等技术性问题的培训。专业培训可以提高调查工作的效率。专业问卷都会因为调查员对某一产品认识深度的差异,或对某些特殊问题理解的不一致而出现调查误差。若条件允许,专业培训最好由来自厂商的技术专家与事务所的方案设计者共同完成,这样才能最大限度地保证培训效果的准确性与高效性。

调查员培训是确保整个调查工作质量的重要基础。但是,倘若没有一套行之有效的管理办法,要确保整个调查任务得以优质、高效地完成,也是不现实的。建立并储备一支相对稳定的业余调查员队伍,建立、健全一套行之有效的调查员晋级制度,都是很好的管理办法。

【小资料1-6】

2）市场调查人员的考核

调查人员须具备较高的心理素质和谈判技巧，能准确使用各种调查方法展开市场调查，能对市场调查结果进行基本数据计算并进行总体描述说明，能用文字描述所进行的市场调查的基本过程，能发现并反馈市场调查中的明显问题，能用比较准确的语言与被访者进行交流、展开调查。考虑到因调查员工作质量与效率问题而必须承担的合同违约风险与商誉损失，适当强化对调查员的物质激励是必要的，强化市场调查质量监督与外在约束机制。物质刺激发挥内在激励作用的前提，是拥有一套能够明辨是非优劣的考核监督制度与强有力的外在约束机制。作为一种经济行为，物质刺激对于绝大多数业余调查员来说，尽管并非唯一的，但仍然是一种相当有效的管理手段。市场调查人员的考核一般由企业人力资源部负责组织绩效考核的全面工作，在具体实施过程中，被考核者的直接上级是考核评估的主要责任人。通过考核对个人绩效进行管理和评估，提高个人的工作能力和工作绩效，从而提高组织整体的工作效能，最终实现组织战略目标。考核内容包括以下几个方面：

（1）市场调查人员工作态度的考核。市场调查人员工作态度指标是指调查人员在完成工作任务过程中为提高组织效能，保持良好组织运行状态和不断发展所作出的行为表现。具体包括：自愿执行市场调查工作之外的任务活动；必要时为成功地完成任务而坚持付出额外的努力；帮助他人并与他人合作；遵从组织规则和程序；认同、支持和维护企业目标。

（2）市场调查人员工作业绩的考核。市场调查人员工作业绩是调查人员在工作中所取得的成绩，其考核指标可以列入市场调查人员绩效考核表，如调查计划完成率、考核期内调查计划完成率、调查费用是否控制在预算之内、市场调查报告提交的及时性、市场调查报告是否在计划时间内完成、考核期内调查报告被领导认可的实际数量、市场调查报告质量、领导满意度评价情况；所采用调查方法的科学性、合理性；调查数据处理情况；调查报告中所反映的问题是否符合公司情况；针对调查发现的问题提出的建议或方案的可行性等。

（3）市场调查人员工作能力的考核。调查人员工作能力主要是对调查人员按要求完成调查工作所必需的专业知识、技能及其他条件的考核。其考核指标有：专业技能，即处理本职位所需要的各项专业工作能力，以及解决工作上发生的专业问题的能力；调查能力,即对工作所需信息多渠道收集、整理能力;问题解决能力,即对日常工作发生的问题进行分析并提出应对方案的能力;创新能力,即掌握市场调查专业发展的最新趋势,并应用在工作改善及革新方面的能力。

常用的市场调查人员考核方法主要是目标考核法、量表法、工作述职法。除了这三种方法外,还有直接主管领导评价考核、关键人员绩效指标、平衡计分卡、自评与直接主管考评相结合、末位淘汰法、强制分布排序法、全员岗位考评法、胜任力考核、职能与业绩综合考核法等。企业最常用的三种考核方法对应着三项考核内容:业绩、能力和态度。

通过考核了解员工的工作能力、工作绩效,为公司人员的晋升、薪资调整、培训发展等提供依据。考核频率包括月度考核和年度考核两种。考核者根据被考核者在考核期内的工作表现和考核标准,对被考核者评分,员工本人将自己的述职报告于考核期间交于人力资源部,人力资源部汇总并统计结果,填写调查人员考核总结表,在绩效反馈阶段将考核结果告知被考核者本人。

本章小结

(1)市场调查的含义。市场调查是指采用科学的方法,有计划、有目的地系统收集市场资料,并运用统计分析的方法对所收集的资料进行分析研究,发现市场机会,为企业管理者提供科学决策所必需的信息依据的一系列过程。

(2)市场调查的特征:①市场调查具有系统性;②市场调查具有社会性;③市场调查具有时效性;④市场调查具有目的性;⑤市场调查具有科学性;⑥市场调查具有局限性。

(3)市场调查的原则:①客观性原则;②时效性原则;③科学性原则;④经常性原则;⑤经济性原则。

(4)市场调查的作用:①市场调查能为科学的决策提供信息依据;②市场调查能帮助企业开拓新的市场;③市场调查能使企业在竞争中占据有利地位,赢得竞争优势;④市场调查是市场营销活动的重要环节。

(5)市场调查机构的类型:国有型、外资型、民营型、学术型。

(6)市场调查人员的素质要求:品德素质要求调查人员具有客观公正、勤奋耐劳、严谨认真、平易近人、开拓创新的思想道德品质。心理和身体素质要求调查人员具有肯吃苦、性格外向、善交际、机敏、谈吐适度的素质及优秀的团队精神。业务素质要求调查人员知识广博,有较强的信息收集、鉴别资料能力以及语言表达和写作能力等业务素质。

(7)市场调查人员的能力要求包括语言能力、应变能力、交际能力。

复习思考题

(1) 如何理解市场调查的含义?
(2) 市场调查有哪些原则和作用?
(3) 你是怎样理解市场调查的特点的?
(4) 市场调查有哪些类型和基本要求?
(5) 市场调查的科学性可以从哪些方面来说明?
(6) 大数据时代市场调查有哪些特点?

课堂实训

中国洗发水市场上可谓品牌众多,目前国内洗发护发行业的龙头老大是宝洁公司,它占据着中国洗护发市场的霸主地位,旗下的四大品牌飘柔、潘婷、沙宣、海飞丝与联合利华旗下的清扬、力士、夏士莲构成国内洗护市场的第一军团。宝洁和联合利华两家公司一直在洗护用品市场上竞争,同时宝洁公司在洗发水市场也实行内部竞争的方式,力图占领整个中国市场。近几年来,潘婷、海飞丝、飘柔的品牌知名度和美誉度皆超过力士。洗发水各大品牌不断推出新产品,提出新的销售卖点。如果国内老品牌百雀羚想以天然草本概念占领大学生细分市场,百雀羚应如何开发产品来满足广大大学生消费者对洗发水的需求?

实训主题:结合资料,讨论百雀羚公司应该怎样展开市场调查。百雀羚洗发水如何才能占领大学生市场。

实训目的:掌握市场调查及其作用。

时间:45分钟。

组织:(1) 每4名同学为一组,事先可作模拟调查。
(2) 然后由任课教师与同学一起进行评论。

环境与设备:事先在同学间进行洗发水使用情况的调查,按照案例的要求进行主持人的分工和现场调查的准备工作。

课外实训

以小组为单位走访一家市场调查公司,了解该公司曾经为哪些企业提供过市场调查研究项目,起了什么作用。了解该公司的人员结构、素质、规模和主要业务,并写一份考察报告。

任务：了解调查机构的规模、主要业务、人员结构、素质等。

目的：通过走访考察各种市场调查机构，了解调查机构的性质、人员素质及能力要求。

要求：训练观察能力和思考能力。

组织：(1) 形成小组，确定任务，做好实地考察的准备工作。

(2) 小组长组织实地考察。

(3) 以小组为单位完成简要的市场实地考察报告。

(4) 实地考察结束后，在全班展开课堂讨论与交流。

(5) 以小组为单位，分别由组长和每个成员根据各成员在实地考察中的表现进行评估打分。

(6) 教师根据各组的实地考察报告与在讨论中的表现分别给各组评估打分。

案例分析

品牌有没有销售力，"三定调查"是发动机

做品牌为什么必须经过周密详细的调查？调查过程中能了解很多问题，诸如：品牌有什么优势或特色？消费者凭什么选择我们的品牌？选择过程中会有哪些困难？我们怎样做才能化解这些困难？这些问题搞清楚了，客户的疑问提前解决了，与潜在客户的沟通就会更加顺畅，自然就能快速提高销售力了。无论怎么做品牌，品牌营销就是在调查的基础上唱好"三出戏"，品牌首先要"出众"，与众不同、特色鲜明；其次是品牌要"出名"，要让更多人能够"搜到"或"想到"这些品牌；最后是"出谋"，要站在消费者的角度为消费者"出谋划策"，帮助消费者选择适合他的产品或服务。那么，我们怎么做调查呢？调查的原则和顺序是，先做定向调查，以明确品牌的方向；然后做定性调查，以进一步明确品牌的定位；最后是定量调查，以明确品牌的各项支撑点，诸如具体的定价、包装尺寸、终端布局等。这一过程简称"三定调查"。定向、定性和定量调查并非完全割裂开，而是一个大概的程序。比如，价格问题必须从战略高度来解决，但若具体到数字，则要考虑到市场行情和消费者的感受；再如，品牌定向和品牌定位往往紧密相连，很难严格划分，具体要看行业，才能确定。

品牌塑造更多的是一次实践，需要科学的指导，但一次成功的实践胜过一千打纲领。所以说"三定调查"是品牌塑造的发动机，"三定调查"做扎实、做到位了，才能做好品牌，否则品牌落不了地，找不到支撑点，必然会完蛋。那么，"三定调查"会触及哪些问题呢？结合远卓品牌策划公司的实战经验，以下简单列举四类问题。

第一类问题，客户是怎么来的？例如，经过公司销售团队的系统努力而产生的客户占

多少？公司品牌直接吸引来的客户占多少？偶然成交的客户占多少？要提高销售额，主要是增加新客户，还是增加现有客户的消费额？客户会不会为我们做转介绍？做或不做的原因是什么？

第二类问题，优势有没有充分展示？例如，客户或潜在客户怎么看待我们的品牌？客户能不能快速感知到我们品牌的优势？有没有系统的阐释和展示？客户选择我们品牌的原因有哪些？

第三类问题，如何去竞争？例如，谁是最大的竞争对手？他们提供哪些东西，哪些是我们没有的？针对他们的优势，我们采取了哪些措施来减弱对方的优势，同时强化自己的优势？这些措施在使用过程中，有没有用？如果没用，又是为什么？客户是只向我们采购，还是同时也向竞争对手采购？采取什么策略才能让我们成为其主要供货商？

第四类，优势或资源的持续性问题。例如，过去为什么能发展？核心优势或资源在哪里？当前的瓶颈在哪里？未来怎么发展？机会在哪里？支撑点在哪里？如何抓住机会点？如何强化优势？尤其是如何挖掘免费资源，充分利用免费资源持续强化优势，以持续提升品牌竞争力等。

除了上述问题，需要我们调查的还有很多，方式也很多，这里只是抛砖引玉，谈谈"三定调查"的重要性和大概思路，实际操作时，调查是一个永不停止的过程，即使在制定出众、出名或出谋的具体策略时，也要根据实际出现的问题去补充调查。

资料来源：搜狐财经 http://www.soh.com/a/67461478_194706　作者：谢付亮 2016-04-03

问题：

1. 结合案例说明"三定调查"之间的关系。
2. 你认为案例中列举的问题应该采用哪些市场调查方法？

市场调查的内容与调查方案设计

学习要点

知识点

1. 市场调查的内容;
2. 市场调查方案设计的意义;
3. 市场调查方案设计的基本内容和方法。

技能点

1. 具有设计市场调查方案的能力;
2. 培养对调查方案执行的能力。

导入案例

做好市场调查是开发市场必须具备的前提条件

很多业务员干了很多年,看到同事一年一个台阶而自己却业绩平平,总是在想,自己每天也兢兢业业,起早贪黑走访市场,为什么最终结果却是竹篮打水一场空呢?其实,细细想来很简单,很多业务员市场调查没有要领,像黑熊掰苞米一样,到最后只剩下一个。要成为一名优秀的业务员,必须做好市场调查方案设计和销售商选择工作,并做好下面几个基础工作。

一是走访市场的过程中,一定要做好详细的记录。市场上有多少销售商,销售商公司的名字是什么,是不是经过工商税务登记过有合法的经营权利;销售商销售的品牌都是哪家公司生产的;所有销售商销售产品的数量是多少,列出排名。

二是分析销售商。销售商的人品怎样;销售水平如何;有没有团队;有没有服务能力;销售商的地理位置如何;销售商能不能在该区域做成第一名;等等。

三是总结分析不要流于日记式的记录形式,在调查基础上要有充分的数据作为依据,杜绝模棱两可的态度与数据,要对所负责区域逐点调查并分析对比,调查内容包括销售量升降的原因,销售商对产品的态度,对市场的信心等。

选择销售商一般从下面的十个条件入手:一是销售商的思想是否与时俱进,能否跟上公司发展的步伐;二是人品是否诚信,是否具有一定规模;三是区域内是否拥有丰富的客户资源,是否拥有合理的、固定的服务地点,是否能做到或者保持市场第一名的地位;四是销售商能否亲临一线销售,用户投诉是否处理及时;五是团队是否有狼性精神;六是服务态度是否优良;七是服务技能是否达标;八是产品摆放是否合理,产品整洁性能是否达标;九是宣传是否到位;十是地理位置是否很好。所有这些内容都需要周密的市场调查,并对销售商进行详细调查之后做出恰当选择。

选择好了销售商以后,就进入关键的一环了,接触、交流、成交。在此就不一一重复了,而对销售商的选择关键是要设计一个科学合理、完整可行的销售商调查方案并对销售商进行深入调查。

资料来源:中国营销传播网,作者:姜秀权,2018-07-11

2.1 市场调查的内容

企业的经营决策正确与否,关系到企业的兴衰存亡,正确的决策源自科学的市场调查。市场调查工作通过科学、系统、客观地收集、整理和分析与市场相关的资料、数据、信息,可以帮助企业的管理人员制定有效的市场决策,以便及时采取适当的应变措施。市场调查的内容很多,既包括政治法律、经济、社会文化、科学技术、人口、自然等环境的调查,也包括市场规范、总体需求量、市场的动向、同行业的市场分布占有率等;既包括现有用户和潜在用户的人数及需求量,市场需求变化趋势,竞争对手的产品在市场上的占有率,扩大销售的可能性和具体途径等,也包括对消费者及消费需求、企业产品、产品价格、销售渠道等的调查。任何企业的营销活动都与社会的各个方面有着千丝万缕的联系,市场现象非常复杂,调查的内容也十分广泛,只有按照合理的内容来进行调查,才有可能以较少的投入取得较满意的效果。本节只阐述调查三个方面的内容:宏观环境调查、微观环境调查和市场营销活动调查。

2.1.1 宏观环境调查

任何企业、任何产品都处在一个特定的宏观经济环境中,市场环境的变化直接影响市场需求的变化,如政治法律环境、经济形势、社会文化、科技环境、人口及自然地理情况等方面。因此,政府和企业都特别重视宏观环境的调查。

1. 政治法律环境调查

政治环境调查,主要是调查本企业或组织所经营的业务和服务项目有关的政策、法律信息,了解对市场影响和制约的国内外政治形势以及国家管理市场的有关方针政策,了解国家是鼓励还是限制企业所开展的业务，有什么管理措施和手段。当地政府是如何执行有关国家法律法规和政策的，对企业的业务有何有利和不利的影响。政治因素是指国家的政体、政局、政策等的状况。国际市场的政治环境由于国别不同情况就复杂得多，主要可以从以下几个方面进行调查：

（1）国家制度和政策。主要了解其政治制度、对外政策，包括对不同国家和地区的政策等。鉴于有些国家政权不够稳定，因此，只有了解并掌握这些国家的政权更迭和政治趋势，才能尽可能地避免承担经济上的风险和损失。

（2）国家或地区之间的政治关系。随着国际政治关系的变化，对外贸易关系也会发生变化，如设立或取消关税壁垒，采取或撤销一些惩罚性措施，增加或减少一些优惠性待遇等。

（3）政治和社会动乱。由于罢工、暴乱、战争等引起社会动乱，会影响国际商品流通和交货期，给对外贸易带来一定的风险，但同时也可能产生某种机遇。通过调查，有助于企业随机应变，把握市场成交机会。

法律是体现统治阶级意志、由国家制定或认可，并以国家强制力保证实施的行为规范的总和。法律因素是指与市场有关的法规、条例、标准、惯例、法令等。世界上许多发达国家都十分重视经济立法并严格遵照执行。对企业来说，法律是评判企业营销活动的准则，只有依法进行的各种营销活动，才能受到国家法律的有效保护。因此，企业开展市场营销活动，必须了解并遵守国家或政府颁布的有关经营、贸易、投资等方面的法律、法规。尤其重要的是经济合同法、商标法、专利法、广告法、环境保护法等多种经济法规和条例，这些都对企业营销活动产生了重要的影响。随着外向型经济的发展，许多国家都制定了各种适合本国经济的对外贸易法律，其中规定了对某些出口国家所施加的进口限制、税收管制及有关外汇的管理制度等。这些都是企业进入国际市场时所必须了解的。近几年来，我国在发展市场经济的同时，也加强了市场法制方面的建设，陆续制定、颁布了一系列重要的法律法规，如公司法、广告法、商标法、经济合同法、反不正当竞争法、消费者权益保护法、产品质量法、外商投资企业法、物权法等，这些都对规范企业的活动起到了重要作用。

2．人口环境调查

人口环境调查包括人口规模及增长率、年龄结构、地理分布、家庭状况等方面的调查。人口的数量和质量决定市场需求的规模和营销战略与策略的选择。有关人口数和家庭人口之组成，可参考所在地域街道办事处和派出所存档的户籍人口数和人口普查资料。

1）人口规模

人口规模的大小是计算需求量时必须考虑的因素。人口数量多，对商品的需求量就大，尤其是日常食品和日用工业品，其需求也随着人口的增加必然增加，这类商品需求量与人口规模成正比。人口的增长速度及其变化也将对市场需求构成产生影响。家庭状况是影响消费需求的基本因素，包括家庭人口数、家庭成员年龄、收入水平等。家庭的大小也会对未来的商品销售产生较大的影响。

2) 人口密度

人口的密度与市场需求有密切关系。比如,沿海地区和内地、城市与农村,在消费需求构成、购买习惯和行为等方面都有着许多差异。在对人口密度进行调查时,应该注意地理区域流动的变化情况,人口流动会引起购买力的流动,从而引起市场需求的变化,这对于处在政治、经济、文化中心或地处交通枢纽的城市来说尤为明显。一个地区的人口密度,可以用每平方公里的人数或户数来确定。一个地区人口密度越高,则选址商店的规模可相应扩大。白天人口密度高的地区多为办公区、学校文化区等地。对于这些地区,应根据其消费需求的特性进行经营。比如,采取延长营业时间、增加便民项目等以适应需要。人口密度高的地区,商业设施之间的距离近,可增加购物频率。而人口密度低的地区吸引力低,且顾客光临的次数也少。

3) 人口结构

人口构成在性别、年龄、职业、文化程度、民族等的不同,其消费取向会有很大的差异。

(1) 年龄结构。不同年龄的消费者对商品的需求不一样。按照国际通行标准,中国人口年龄结构已经开始进入老年型。2019年年末,中国大陆总人口(不包括港、澳、台湾及海外华侨人数)140 005万人。从年龄构成看,16~59岁的劳动年龄人口89 640万人,占总人口的64%;60岁及以上人口25 388万人,占总人口的18.1%,其中65岁及以上人口17 603万人,占总人口的12.6%。反映到市场上,老年人的需求呈现高峰。这样,诸如保健用品、营养品、老年人生活必需品、老年人文化生活需求等市场将会兴旺。

(2) 性别结构。人口的性别不同,其市场需求也有明显的差异。据调查,0~62岁年龄组内,男性略多于女性,其中37~53岁的年龄组内,男性多于女性10%左右,但到73岁以上,女性多于男性20%左右,反映到市场上就会出现男性用品市场和女性用品市场。如我国市场上,妇女通常购买自己的用品、家庭生活用品及杂货、衣服等,男子则主要购买耐用品、大件物品等。

(3) 家庭结构。家庭是社会的细胞,许多商品都是以家庭为基本单位进行消费的,如住房、家具等,因此,家庭总数和平均人口数对于家庭用品的需求有很大的影响。近年来,随着我国人民生活条件的改善,我国家庭也出现了由过去几代同堂的大家庭向三口之家的小家庭发展的趋势。家庭是购买、消费的基本单位。家庭的数量直接影响到某些商品的数量。目前,世界上普遍呈现家庭规模缩小的趋势,越是经济发达地区,家庭规模就越小。欧美国家的家庭规模基本上户均三人左右,亚非拉等发展中国家户均五人左右。在我国,"四代同堂"现象已不多见,"三位一体"的核心家庭则很普遍,并逐步由城市向乡镇发展。家庭数量的剧增必然会引起对炊具、家具、家用电器和住房等需求的迅速增长。随着单亲家庭以及成年后独自居住的人群不断增加,简易家具、小型号家用电器等产品受到欢迎。

(4）民族结构。如民族构成,各民族由于其历史、文化和信仰不同,形成了各自比较鲜明的民族习惯,对饮食、服装等商品的需求也就不同。我国自身也是一个多民族国家,除汉族以外,还有 50 多个少数民族。民族不同,其生活习性、文化传统也不相同。反映到市场上,就是各民族的市场需求存在着很大的差异。因此,企业要注意不同民族市场的调查,尊重民族习惯,重视开发适合各民族特性、受其欢迎的商品。因此,在对消费者进行调查时,应注意这种因民族不同而产生的消费习惯的差异。

3. 经济环境调查

经济环境调查首先调查宏观经济状况是否景气,其直接影响老百姓的购买力。如果企业效益普遍不好,经济不景气,你的生意就难做;反之,生意就好做,这就叫作大气候影响小气候。因此,掌握大气候的信息,是做好生意的重要参数。经济景气时宜采取积极进取型经营方针,经济不景气时也有挣钱的行业,也孕育着潜在的市场机遇,关键在于你如何把握和判断。

经济环境还要包括一个地区的经济发展水平,即工农业生产、财政、金融、商业的发展情况,基础设施完善程度,国民生产总值和人均收入水平,产业结构及其调整。主要包括社会购买力以及影响购买力水平的因素,表现指标有消费者收入、消费者支出、消费者信贷及居民储蓄。消费者收入主要是指消费者的实际收入调查,因为实际收入与名义收入并不是完全一致的,而决定购买力的是实际收入。消费者支出调查主要是对支出结构或需求结构变化的调查,消费者支出主要取决于消费者的收入水平,要注意调查两个指标:可支配的个人收入和可随意支配的收入。当消费者的收入一定时,储蓄数量越大,现实支出数量就越小,从而影响企业的销售量,居民储蓄越多,潜在购买力越强;消费者信贷也是影响购买力的一个重要因素,如目前我国房地产市场受信贷因素影响巨大。

4. 社会文化环境调查

文化一般是本国或本民族人民在生活习惯、价值判断和行为模式等方面的一种长期而稳定的积淀。社会文化环境在很大程度上决定着人们的价值观念和购买行为,它影响着消费者购买产品的动机、种类、时间、方式以及地点。社会文化环境调查,就是对一个国家、地区或民族的传统文化、风俗习惯、审美观念、价值观念、宗教信仰、道德规范及社会时尚和居民受教育程度等方面的调查。无论国家或企业,都必须对上述情况有一个基本的了解,掌握必要的数据,才能洞悉市场的变化趋势,正确制定宏观调控措施和微观经营策略。

企业经营活动必须适应所涉及国家(或地区)的文化和传统习惯,才能为当地消费者所接受。社会文化对消费者的影响在不同国家间的影响极为重大。成长中的孩子从家庭或其他相关环境中获取一系列价值、概念、偏好和各种行为规范。在文化因素上,还有一个不容忽视的方面,即宗教信仰及传统的风俗习惯,市场调查活动应尊重当地的宗教信仰，否则，会引起当地人的反感，导致调查活动的失败。如在销往中东地区的各种用品中不能含有酒精，这是因为该地区绝大多数的居民笃信伊斯兰教，严禁饮酒。日本对荷花的见解与中国认为荷花"出淤泥而不染"的见解完全不同，认为它是一种妖花，对其持有偏见。所以，在一些服装或其他相关产品上印上荷花图案就会引起日本人的误解。对于少数民族居住地区，应摸清民族特点，尤其是节日情况，有利于抓住特点和节日时机开展营销企划，进行活动宣传。在营销工作中要尊重当地的风俗习惯。

5. 自然环境调查

自然环境调查包括自然物质环境和自然地理特征的调查。自然物质环境是自然界提供给人类的各种形式的物质财富，如矿产资源、森林资源、土地资源、水力资源等。这些资源分为三类：一是可再生资源，如空气、水等；二是有限可再生资源，如森林、粮食等；三是有限不可再生资源，如石油、锡、煤、锌等矿物。自然资源是进行商品生产和实现经济繁荣的基础，与人类社会的经济活动息息相关。由于自然资源的分布具有地理的偶然性，分布很不均衡。因此，企业到某地投资或从事营销必须调查当地的自然资源情况。

自然地理环境的调查包括对地区条件、气候条件、季节因素、使用条件等方面进行调查。一个国家或地区的地形地貌和气候，是企业开展市场营销所必须考虑的地理环境因素，这些地理特征对企业有一系列影响。例如，气候（温度、湿度等）与地形地貌（山地、丘陵等）特点，都会影响产品和设备的性能与使用。有些国家地域辽阔，南北跨度大，各种地形地貌复杂，气候多变，企业必须根据各地的自然地理条件生产与之相适应的产品，才能适应市场的需要。气候会影响消费者的饮食习惯、衣着及住房。地理环境决定了地区之间资源状态分布、消费习惯、结构及消费方式的不同。因而，产品在不同的地理环境下适用程度和需求程度会有很大的差别，由此引起销售量、销售结构及销售方式的不同。

各个国家和地区由于地理位置不同，气候和其他自然环境也有很大的差异，它们不是人为造成的，也很难通过人的作用去加以控制，只能在调查的基础上去适应这种环境。例如，我国北方寒冷与南方炎热的气候，都会对产品提出不同的环境适应性要求。北方地区对防寒保暖用品需求大，如羽绒服、电暖气、热空调、棉手套等；南方地区则对降温用品需求较大，如空调、电风扇、遮阳伞、凉棚等。平原地区道路平坦，需要交通运输工具具有良好的刹车性能；山区丘陵地带道路崎岖，需要交通工具具有较大的马力。

6. 科技环境调查

科技环境调查包括对新发明、新成果、新技术、新工艺、新材料等的研究开发、应用状况和发展趋势的调查。科学技术革命导致新兴产业的出现，为企业提供新的市场机会。科技创新和改良导致大量新产品的出现，科学技术的发展提供了新的营销技术手段，提高了营销运作与管理的水平。科学技术的发展，使得产品更新换代速度加快，产品的市场寿命缩短。例如,在美国,由于汽车工业的迅速发展,美国成了一个"装在车轮上的国家",现代美国人的生活方式,无时无刻不依赖于汽车。电视机已经使人们习惯于待在家里,计算机和互联网进一步使在家办公成为可能。展开科学技术进步所产生的效果调查,科学技术的发明和应用情况的调查,科学技术的进步使人们的生活方式、消费模式和消费需求结构发生深刻变化的调查,这些调查将有利于企业的管理程序和市场营销活动。科技环境调查可以帮助及时了解新技术、新材料、新产品、新能源的状况,国内外科技总的发展水平和发展趋势,本企业所涉及的技术领域的发展情况、专业渗透范围、产品技术质量检验指标和技术标准等。

【小资料 2-1】

2.1.2 微观环境调查

微观环境调查包括对企业自身、竞争对手、消费者、供应商、公众等的调查。但不是每项市场调查都必须全面涉及,而是应根据不同的调查目的确定拟调查的对象和内容。市场竞争的激烈和消费者需求的不同导致企业不可能抓住所有的消费者,因此必然需要市场细分。在消费者调查中也应该针对细分市场中的目标消费群体重点调查。这里列举微观环境中最重要的三个要素即消费者调查、经销商调查、竞争者调查等方面的内容。

1. 消费者调查

消费者调查属于基础性研究,无论对生产企业还是服务企业都十分必要。企业的生产、经营活动都离不开消费者,都应以满足消费者需求为中心。企业在选择目标市场并在产品定位研究之后要进行目标市场调查,调查市场需求量、目标消费者属性及消费者行为特征。

消费者调查包括两个方面的内容:一是消费者需求调查;二是目标消费者调查。重点了解消费者的数量、特点及分布,明确企业的目标消费者,掌握目标消费者的购买行为及影响购买行为的因素。如果消费者是某类企业和单位,应了解这些单位的基本状况,如进货渠道、采购管理模式、联系电话、办公地址,某项业务负责人具体情况和授权范围,对某种产品和服务项目的需求程度,购买习惯和特征。如果是消费者个人,应了解消费群体种类,即目标消费者的年龄范围、性别、消费特点、消费标准,对某种产品和服务项目的需求程度、购买动机、购买心理、使用习惯。在充分调查研究的基础上,进一步评估潜在市场的吸引力,评估企业在该市场的竞争力,制定相应的营销策略,并科学预测未来市场供求发展趋势。

1) 消费者需求调查

需求通常是指人们对外界事物的欲望和要求,人们的需求是多方面、多层次的。表现在:有维持机体生存的生理需求,如衣、食、住、行等;也有精神文化生活的需求,如读书看报、文娱活动、旅游等;还有社会活动的需求,如参加政治、社会集团及各种社交活动等。市场需求也可以理解为居民在一定时期的消费目标。按照标志不同,还可分为物质需求(包括生产资料和生活资料)、精神文化需求、社会活动需求、商品需求、劳务需求、欲望需求及有支付能力的需求等。市场容量的大小制约着企业生产、经营的规模。没有需求,也就谈不上具有市场容量,当然就无法进行生产。需求变化,生产也会随之发生变化。所以,针对消费者需求所进行的调查是市场调查内容中最基本的部分。消费者需求调查是挖掘消费者真实的需求和偏好,消费者需求调查研究内容非常广泛,涉及营销的许多方面。因此,许多跨国公司与国内的大企业每年都会进行消费者需求调查,了解消费者对产品或广告的认知、消费者使用和购买习惯、消费者满意度评价、消费者媒体习惯、消费者对市场推广活动的态度等一系列指标。

在一般情况下,市场需求都表现出一定的弹性。它受价格、质量、产品创新和配套推销活动的影响。可以称市场需求为市场需求潜量。市场需求潜量是指在一定环境条件下,一定时期内,某一行业在某一产业营销费用下,该行业所能达到的最大销售量或销售额。企业只有及时了解需求的变动,才能把握市场的走向,作出正确的决策。有支付能力的需求还只是一种潜在需求,要把这种潜在需求转化为一种现实需求,还需要很多条件。市场需求量是市场可能拥有的最大消费某种产品的数量及本企业可能拥有的比例。如果你要生产或经销某一种或某一系列产品,应对这一产品的市场需求量进行调查。也就是说,通过市场调查,对产品进行市场定位。比如,企业经销某种家用电器,就应调查一下市场对这种家用电器的需求量,有无相同或相类似的产品,以及市场占有率是多少。了解市场对该产品或服务项目的长期需求态势,了解该产品和服务项目是逐渐被人们认同和接受,需求前景广阔,还是逐渐被人们淘汰,需求萎缩。

2) 消费者购买行为调查

消费者购买行为产生需要一个过程,这个过程分为几个阶段,即确认需求、收集信息、评估与判断、确定满意方案、购买决定及购后评价。消费者购买行为调查是指对于产品购买者在购买动机、购买行为模式、购买决策过程等方面所进行的调查活动。所谓购买动机,就是为满足一定的需要,而引起人们购买行为的愿望和意念。人们的购买动机常常是由那些最紧迫的需要决定的,并由不同的消费心理所引起,购买动机又是可以运用一些相应的手段诱发的。消费者购买动机调查的目的主要是弄清购买动机产生的各种原因,以便采取相应的促销手段,引起其购买行为的产生。消费者购买动机包括:

(1) 模仿与从众动机。由于消费者所处的地理环境、风俗习惯、宗教信仰、传统观念以及种族的不同所存在的不同心理需要。

（2）偏爱动机。由于心理素质、文化程度、业余爱好、职业习惯和生活环境的影响，从而产生对某种商品的特殊爱好。

（3）求廉动机。即注重经济实惠、价廉物美、货价相等的心理需要。

（4）求新动机。即对新事物、新构想的求知心理及追求新颖、奇特的心理需要。

（5）求便动机。即要求购买方便、迅速，服务周到、热情，商品易携带、维修和使用的心理需要。

（6）求美动机。要求商品美观、使人赏心悦目或产生舒适感的需要。

（7）求名动机。为保证商品的质量以及体现一定的社会和经济地位而产生的挑选名牌、以商品品牌来决定购买的心理需要。

3）影响消费者购买行为因素调查

消费者行为因素是市场调查中较难把握，而又带有不确定性的因素。它受多方面因素的影响，如消费者心理、性格、宗教信仰、文化程度、消费习惯、个人偏好和周围环境等。这些因素都可以在一定程度上促成消费者的购买行为。消费行为调查就是要了解这些主客观因素及发展变化对消费者购买行为的影响。消费者购买行为是消费者购买动机在实际购买过程中的具体表现，消费者购买行为调查就是对消费者购买模式和习惯的调查，即通常所讲的"3W1H"调查，即了解消费者在何时购买(when)、何处购买(where)、由谁购买(who)和如何购买(how)等情况。

消费者何时购买的调查。消费者在购物时间上存在着一定的习惯和规律。某些商品销售随着自然气候和商业气候的不同，具有明显的季节性。如在春节、"五一"、中秋节、国庆节等节日期间，"双十一"购物节等电商活动日，消费者购买商品的数量要比以往增加很多。应按照季节的要求，适时、适量地供应商品，才能满足市场需求。

消费者在何处购买的调查。这种调查一般分为两种：一是调查消费者在什么地方决定购买；二是调查消费者在什么地方实际购买。对于多数商品，消费者在购买前已在家中作出决定，如购买商品房、购买电器等，这类商品信息可通过电视、广播、报刊等媒体所做的广告和其他渠道获得。而对于一般日用品、食品和服装等，具体购买哪种商品，通常是在购买现场，通过商品陈列、包装和导购人员介绍而临时作出决定的，具有一定的随意性。目前通过电商购买的方式，使得决定购买和实际购买行为在家中便可完成。此外，为了合理地设置商业和服务业网点，还可对消费者常去哪些购物场所进行调查。

谁负责家庭购买的调查。对于这个问题的调查具体可包括三个方向：一是在家庭中由谁作出购买决定；二是谁去购买；三是和谁一起去购买。有关调查结果显示：对于日用品、服装、食品等商品，大多由女方作出购买决定，也主要由女方实际购买；对于耐用消费品，男方作出决定的较多。当然，在许多情况下也要同女方共同商定，最后由男方独自或与女方一同去购买。对于儿童用品，常由孩子提出购买要求，由父母决定，与孩子一同前往商店购买。此外,通过调查还发现,男方独自购买、女方独自购买或男女双方一同购买对最后实际成交有一定影响。上述三个方面的调查能为商店经营提供许多有价值的信息,如了解到光临某商场或某柜台的大多为年轻女性,就可着意营造一种能够吸引她们前来购物的气氛,并注意经销商品的颜色和包装等;如果以男性为主,则可增加特色商品或系列商品的陈列和销售。

消费者如何购买的调查。不同的消费者具有各自不同的购物爱好和习惯。如从商品价格和商品牌子的关系上看,有些消费者注重品牌,对价格要求不多,他们愿意支付较多的钱购买自己所喜爱的品牌;而有些消费者则注意价格,他们购买较便宜的商品,而对品牌并不在乎或要求不高。通常普通的快速消费品和部分耐用消费品每一年都应该进行一到两次大规模的消费者行为研究,才能满足企业决策的需要。

【小资料 2-2】

2. 经销商调查

经销商的调查和选择有利于企业终端营销工作。经销商调查主要包括经销商的管理水平怎样,是否有一套管理制度并规范执行,经销商是否自己经常主动召开一些促销会议和活动,经销商是否经常主动地与厂家联系,经销商与零售商和分销商的关系怎样,经销商对厂商的态度,等等。企业通过对以上几个方面的仔细调查,可将几个方面的资料进行综合评分来选择经销商,在评分的权重上要多偏向于经销商的资信、网络及与企业合作等几个参数。只有这样,企业的产品才能快速占领终端并开展各项活动,使产品在终端有效率地实现销售。一般来说,主要调查经销商的以下内容。

1) 资信调查

企业要仔细考察所选经销商的资金实力和信誉度。常见的办法是对其开户行的了解,以了解其资金运行情况;与员工的交谈,以了解工资是否按时发放;与其他产品的业务代表的交流,以了解付款是否及时;税务的调查,以了解交税是否及时,是否长期欠税;每月是否有固定日期付各经销企业的产品款;门市部的状况等;企业的市场研究和开发部门可研制表格来评分,给经销商评定资信等级,以便于以后的资信管理。

2) 经营范围调查

包括:经营商品的品种和主要品牌,是否经营同类产品和主要对手的品种,有多少畅销的品种在经营。一般来说,畅销品种对经销商的其他品种有很大的推动作用。

3）仓储及设施调查

包括：经销商仓储的面积、容积、通风效果、防潮程度、仓储的管理水平等，是否有运输设施，运力怎样等。

4）销售网络调查

包括：经销商的终端市场覆盖率，对县级市场和批发市场的分销能力，销售网络是否有业务员分片管理和开拓等。一般来说，经销商对终端网络有扎实的人员分片管理，终端的覆盖率较高且与终端关系较好。

5）销售人员的调查

包括：领导集体的文化程度、事业心、责任感，经销商的经理的个人素质和事业心尤为重要。调查领导集体是否制定了近期、远期目标，是否经常开展公司的内部培训，是否有利于企业员工学习和职业生涯的设计等。另外，经销商的业务代表工作是否积极、踏实等。

3. 竞争者调查

任何产品在市场上都会遇到竞争对手。竞争可以是直接竞争，也可以是间接竞争，不论是何种竞争，不论竞争对手的实力如何，要想使自己处于有利地位，必须对竞争对手进行调查，以确定企业自己的竞争策略。首先要了解行业竞争状况，调查需比较分析各个行业重点企业的运营情况，包括生产、销售和效益情况及各自的经营策略和竞争优势，以及各个企业的核心竞争优势；其次要跟踪竞争对手调查，就是针对本行业内的竞争对手或先进企业，对其生产、经营、管理、开发等方面进行跟踪与监测，做到知己知彼，并据此对自己的战略战术作出相应的调整与改进。调查包括竞争对手的数量与规模、分布与构成、竞争对手的优缺点及营销策略，以做到心中有数。当然，竞争不仅来自于同行业间最类似的产品，还来自于诸如供应商、客户、替代品、新加入的竞争者等多方面的威胁。有些行业新技术不断涌现，产品更新换代快，因而替代品威胁成为主要的竞争压力，就应将其列为竞争调查的重点。在竞争者调查中，可以设置一些能够量化的指标，确定指标权重，然后根据各指标比较结果描绘出自己相对于竞争对手的优势和劣势。通过竞争对手的情况调查，以便于公司正确地进行市场策略的定位，并在市场中更好地与竞争对手展开竞争，在竞争中建立自己的优势。

想要调查竞争对手，有以下几个间接的途径：一是通过竞争对手的经销商来了解竞争对手的渠道策略、经销政策、产品及价格，同时了解经销商对竞争对手的评价。当然，经销商也不可能随便就把竞争对手的信息告诉你，所以要加强感情沟通。二是调查竞争对手的终端管理，了解竞争对手的终端陈列、促销、促销人员素质等相关信息。这个简单，你可以作为消费者直接到卖场去现场"考察"就有了结果。三是多收集竞争对手发布的广告，从上面可以了解到竞争对手的广告发布策略、广告诉求等相关信息，最好的办法是直接找到竞争对手发布广告的媒体公司，了解竞争对手的广告发布频率等情况。以上只是一些间接的办法。如果条件允许,你甚至可以直接在竞争对手内部发展自己的"内线",但前提是不能触犯《不正当竞争法》。通过以上的途径进行调查,相信你会收集到许多有价值的竞争对手的信息。

2.1.3　市场营销活动调查

市场营销的基本组合要素是产品、渠道、价格、促销,俗称4P,市场营销活动调查也要围绕营销组合活动展开。其内容主要包括产品调查、价格调查、渠道调查和促销调查等,现分述如下。

1. 产品调查

产品是企业发展和利润增长的关键,要想保持竞争力,企业必须不断创新,设计新产品来满足市场需求。产品调查包括新产品的开发、测试,现有产品的研发和改造等。首先需要了解消费者对产品的使用(试用)的感受,针对产品外观、功能、包装、设计、价格等各个属性分别进行评价,并在此基础上通过定量分析,寻找产品属性间的最佳组合,估计产品的预期市场占有率和现有产品的市场份额等。

(1) 产品实体调查是对商品本身各种性能的质量优劣程度所作的调查,具体包括产品的规格,产品的颜色及图案、味道、式样、原料、功能等方面的调查。产品性能调查包括产品的有用性、耐用性、安全性、维修方便性等方面的调查,这些都是人们在购买商品时经常考虑的因素。通过调查可以了解哪些问题是最主要的,哪些是生产经营中应该强调的重点。例如,某企业在对淋浴器市场进行调查中了解到,淋浴器的安全性是消费者购买淋浴器时所考虑的最重要的因素。因此,该企业将提高产品质量作为整个工作的中心环节来抓,很快使产品质量达到国内一流水平,并在广告中加以强调产品的安全性,使该企业商品盛销不衰。

(2) 产品生命周期调查。产品生命周期包括引入期、增长期、成熟期、衰退期四个阶段。任何产品从开始试制、投入市场到被市场淘汰,都有一个诞生、成长、成熟和衰亡的过程,这一过程称为产品的生命周期。不同行业和不同产品的生命周期不同,因此就需要在不同的时期采取有针对性的营销策略,在总结即将过去的一年的营销工作的基础上,需要根据产品所处的生命周期确定出未来一年的营销战略方向。企业应通过对销售量、市场需求的调查,进而判断和掌握自己所生产和经营的产品处在什么样的生命周期,以作出相应的对策。测算产品生命周期的主要指标时需要对产品销售量、销售增长率调查及产品普及率等展开调查。

(3) 企业产品品牌调查。品牌调查是企业了解品牌现状和态势的重要手段。品牌调查是通过一系列指标测试完成的,包括品牌知名度、品牌忠诚度、品牌定位及品牌联想等,具体指标还包括品牌形象、品牌购买率、品牌渗透率、品牌形象标识、品牌流失与品牌满意度等。调查结果可以为企业进行品牌诊断、品牌建设与品牌规划提供重要的参考依据。

【小资料2-3】

2. 价格调查

从宏观角度看,价格调查主要是对市场商品的价格水平、市场零售物价指数和居民消费价格指数等方面进行调查。居民消费价格指数与居民购买力成反比,当居民货币收入一定时,价格指数上升,则购买力就相对下降。从微观角度看,包括:国家在商品价格上的控制和具体规定;企业商品定价是否合理,如何定价才能使企业增加盈利;消费者对什么样的价格容易接受以及接受程度;商品需求和供给的价格弹性有多大及其影响因素。

3. 渠道调查

渠道调查是针对销售渠道的形式、渠道上的经销商和渠道中的产品经销状态进行的调查研究,包括工业品和民用品的渠道结构、渠道特征、渠道宽度与长度、渠道管理模型及渠道动态发展等。其调查结果可以指导企业评价和选择最适合的渠道形式,评价和选择最适合的经销商,了解已采用的销售渠道,渠道上的经销商和渠道中产品经销的情况。为了选好中间商,有必要了解以下几方面的情况:

(1) 企业现有销售渠道能否满足销售商品的需要。

(2) 企业是否有通畅的销售渠道。如果不通畅,造成阻塞的原因是什么。

(3) 销售渠道中各个环节的商品库存是否合理,能否满足随时供应市场的需要,有无积压和脱销现象。

(4) 销售渠道中的每一个环节对商品销售提供哪些支持。能否为销售提供技术服务或开展推销活动。

(5) 市场上是否存在经销某种或某类商品的权威性机构,它们促销的商品目前在市场上所占的份额是多少。

(6) 市场上经营本商品的主要中间商,对经销本商品有何要求。

通过上述调查,有助于企业评价和选择中间商,开辟合理的、效益最佳的销售渠道。特别指出在新产品上市前的调查中,必须对该类产品的渠道类型、渠道成员组成、渠道特征等方面进行充分的研究,调查研究的结果对建立自己的渠道选择和管理具有重要的指导意义。

【小资料 2-4】

4. 促销调查

促销调查通常调查所见市场促销活动,调查内容包括促销活动全过程以及促销活动的各种手段、各个环节,以及促销活动(包括广告宣传、公关活动、人员促销、营业推广等活动)效果。

1) 广告调查

广告调查是用科学的方法了解广告宣传活动的情况和过程,为广告主制定决策、达到预定的广告目标提供依据。广告调查的内容包括广告诉求调查、广告媒体调查和广告效果调查等。广告诉求调查也就是消费者动机调查,包括消费者收入情况、知识水平、广告意识、生活方式、情趣爱好以及结合特定产品了解消费者对产品的接受程度等。只有了解消费者的喜好,才能制作出打动人心的好广告。广告媒体调查的目的是使广告宣传能达到理想的效果。广告媒体是广告信息传递的工具,目前各种媒体广告种类繁多,每一类媒体中又有许多具体媒体,如目前全国电视台就有上百家,有覆盖全国的,也有地区性的,其声望、可靠性、覆盖面等各不相同,广告约有 2/3 的费用要花在媒体上。因此,如何能以最低的广告费用求得最大的媒体影响力,是企业和广告制作者所密切关注的问题。这就需要通过调查了解情况,将各种媒体相互间的长处和短处进行比较。广告效果调查表现为广告的到达率、记忆率和效力。影响广告效果的因素有广告的版面大小、时间长短和传播频次等。一般而言,较大的广告费投入总是伴随着较明显的广告效果,此项调查就是要了解广告费用对商品销售的影响。

2) 人员推销调查

人员推销调查首先调查推销的几种方式,如上门推销、柜台促销、会议推销,每种推销方式各有特点,适用于不同的企业和产品。通过调查便于企业作出正确的选择。

其次对推销人员的调查。要求推销人员应该具备的素质有:热忱、坚定、勤劳、无畏;服务精神好,富有进取心;求知欲广;良好的个性,娴熟的技巧。推销人员的选拔:通过表格筛选,由应征人员先填写应征表格;经过表格筛选出来的符合基本条件的人员,由企业的销售主管或人事经理与其面谈,这样可以了解其语言能力、仪表仪态、面临困境的处理方法以及知识的深度和广度等。对推销人员进行心理测验,包括智力和特殊资质测验、态度个性兴趣测验和成就测验等。

3）营业推广调查

营业推广是指企业通过直接显示，利用产品、价格、服务、购物方式与环境的优点、优惠或差别性，以及通过推销、经销奖励来促进销售的一系列方式方法的总和。它能迅速刺激需求、鼓励购买。首先是营业推广对象的调查，企业营业推广的对象主要包括消费者或用户、中间商和推销人员。其次是营业推广形式的调查，包括赠送产品、有奖销售、优惠券、俱乐部会员制"金卡"、获得赠品、推销奖金、竞赛、演示促销、交易折扣、津贴、红利提成、展销会订货会等。

4）公共关系调查

由于公共关系促销是企业的一种"软推销术"，它在树立企业形象和产品形象时，能促进产品的销售，满足了消费者高层次的精神需要，不断赢得新老顾客的信赖。通常所用的公共关系促销形式有创造和利用新闻、举行各种会议、参与社会活动和建设企业文化等。因此，在进行市场调查时应重点调查公共关系的作用以及哪种公共关系形式对企业产品销售所起的作用最大。

【小资料 2-5】

2.2 市场调查的程序

市场调查的程序是指调查工作的阶段和步骤。市场调查是一项涉及面广、复杂的认识活动。要顺利进行市场调查，确保调查质量达到预期目的，必须科学安排市场调查过程中的各项工作，必须有计划、有组织、有步骤地进行。市场调查工作的基本过程包括明确调查目标、设计调查方案、制订调查工作计划、组织实地调查、调查资料的整理和分析、撰写调查报告。但是，市场营销调查并没有一个固定的程序可循，一般而言，根据调查活动中各项工作的自然顺序和逻辑关系，市场调查的全过程可分为调查准备、调查实施、调查资料整理分析和调查结果处理四个阶段，每个阶段又可分为若干具体步骤。

1. 调查准备阶段

市场调查的准备阶段的主要任务就是界定研究主题、选择研究目标、形成研究假设并确定需要获得的信息。主要解决调查目的、范围和调查力量的组织等问题，并制订出切实可行的调查计划。为了保证市场调查的质量，必须充分、周到地做好一切准备工作。具体工作步骤是：

(1) 确定调查目标,拟定调查项目。这个步骤要回答为什么要进行调查、调查要了解什么问题、了解这些问题后有什么用处及应该收集哪些方面的信息资料等问题。

(2) 确定收集资料的范围和方式。就是要确定收集什么资料,向谁收集资料,在什么时间、什么地点收集资料,是实地调查收集第一手资料,还是文案调查收集第二手资料,是一次性调查还是多次性调查,是普查还是抽查等。

(3) 设计调查表和抽样方式。调查表或问卷应简明扼要、突出主题,抽样方式和样本量大小应满足调查的目的要求,也要便于统计分析。

(4) 制订调查计划。调查计划应包括采用什么调查方法、分几个步骤、人力如何安排、如何分工协作、调查工作的进度以及调查费用的预算等。

2. 调查实施阶段

调查实施阶段就是收集相关的信息资料,包括与市场、竞争对手、经济形势、政策与法律等方面相关的信息资料。这些信息资料可以采取定期的和不定期的方式收集,且在收集资料的过程中要做到及时、可靠、灵活。收集资料阶段主要是进行实地调查活动,实地调查即调查人员按计划规定的时间、地点及方法具体地收集有关资料,不仅要收集第二手资料,而且要收集第一手资料。实地调查的质量取决于调查人员的素质、责任心和组织管理的科学性。这个阶段是整个市场调查过程中最关键的阶段,对调查工作能否满足准确、及时、完整及节约等基本要求有直接的影响。这是调查工作的一个非常重要的阶段。组织实地调查要做好以下两方面的工作。

1) 做好实地调查的组织领导工作

实地调查是一项较为复杂、烦琐的工作。要按照事先划定的调查区域确定每个区域调查样本的数量、调查员的人数、每位调查员应访问样本的数量及访问路线;明确调查员的工作任务和工作职责,做到工作任务落实到位,工作目标、责任明确。

2) 做好实地调查的协调、控制工作

调查组织人员要及时掌握实地调查的工作进度完成情况,协调好各个调查员间的工作进度;要及时了解调查员在访问中遇到的问题,帮助解决,对于调查中遇到的共性问题,提出统一的解决办法。要做到每天调查结束后,调查员首先对填写的问卷进行自查,然后由督导员对问卷进行检查,找出存在的问题,以便在后面的调查中及时改进。

【小资料2-6】

3. 调查资料整理分析阶段

实地调查结束后，即进入调查资料的整理和分析阶段，收集好已填写的调查表后，由调查人员对调查表进行逐份检查，剔除不合格的调查表，然后将合格调查表统一编号，以便于调查数据的统计。主要是对所获得的原始信息资料进行加工编辑、资料审核、订正、分类汇总、加工整理；依据一定统计方法，进行技术分析、数据处理；在加工编辑之前要对获得的资料进行评定，剔除误差，保证信息资料的真实性和可靠性。如果发现不足或存在问题，则应及时拟订再调查提纲，作补充调查，以保证调查结果的完整性和准确性。调查数据的统计可利用 Excel 电子表格软件完成；将调查数据输入计算机后，经 Excel 软件运行后，即可获得已列成表格的大量的统计数据。利用统计结果，就可以按照调查目的的要求，针对调查内容进行全面的分析工作。

4. 调查结果处理阶段

市场调查人员要根据整理后的调查资料进行分析论证，得出结论，然后撰写市场调查报告，并在调查报告中提出若干建议方案，供领导在决策时作为参考依据。一份完整的调查报告应包括调查的目的和内容、调查的方法、调查的结果、提出的建议及必要的附件。撰写调查报告是市场调查的最后一项工作内容，市场调查工作的成果将体现在最后的调查报告中，调查报告将提交企业决策者，作为企业制定市场营销策略的依据。市场调查报告要按规范的格式撰写，一个完整的市场调查报告格式由题目、目录、概要、正文、结论、建议和附件等组成。市场调查报告是市场调查的成果，报告的写作应力求语言简练、明确、易于理解，内容讲求适用性，并配以图表进行说明。如果是技术性的报告，因其读者大多数是专业人员或专家，因此，要力求推理严密，并提供详细的技术资料及资料来源说明，注重报告的技术性，以增强说服力。提出了调查的结论和建议，不能认为调查过程就此完结，而应继续了解其结论是否被重视和采纳、采纳的程度和采纳后的实际效果以及调查结论与市场发展是否一致等，以便积累经验，不断改进和提高调查工作的质量。在整个调查过程结束后，应对所有的信息进行归档存储，以便日后需要时查阅。

2.3 市场调查方案的设计

2.3.1 市场调查方案设计的意义

市场调查方案设计就是根据调查研究的目的和调查对象的性质，在进行实际调查之前，对调查工作任务的各个方面和各个阶段进行通盘考虑和安排，以提出相应的调查实施方案，制定出合理的工作程序。客观上不存在唯一的调查计划方案，调查人员往往有很多的选择，每一种选择都会有其优缺点，这就需要调查研究人员进行综合的考虑和权衡。一般来说，主要需要权衡的是调查成本和调查信息的质量之间的关系，通常所获得信息越精确、错误越少,成本就越高。另外,需要权衡的还有时间限制和调查类型,调查人员必须在很多条件的约束下,向客户提供尽可能科学的调查方案。市场调查是一项复杂的、严肃的、技术性较强的工作,必须事先制订出一个科学、严密、可行的工作计划和组织措施,以使所有参加调查工作的人员都依照执行。一项全国性的市场调查往往要组织成千上万人参加,为了在调查过程中统一认识、统一内容、统一方法、统一步调,圆满完成调查任务,就必须事先制订出一个科学、严密、可行的工作计划和组织措施,以使所有参加调查工作的人员都依此执行。

(1) 调查方案设计起着统筹兼顾、统一协调的作用。现代市场调查可以说是一项复杂的系统工程,对于大规模的市场调查来讲,尤为如此。在调查中会遇到很多复杂的矛盾和问题,其中许多问题是属于调查本身的问题,也有不少问题并非是调查的技术性问题,而是与调查相关的问题。

(2) 调查方案设计是对市场调查问卷设计、资料收集、资料整理和资料分析的一个完整工作过程的设计,因此调查方案设计是完成市场调查全过程的前期工作。

(3) 调查方案设计是调查项目委托人与承担者之间的合同或协议中的重要部分。由于调查方案设计一些主要的决定已明确写入报告,如调查目的、范围、方法等,使得有关的各方面都能有一致的看法,有利于避免或减少后期出现误解的可能性。

(4) 调查方案设计在争取项目经费,或是在与其他调查机构竞争某个项目,或是在投标说服招标者时,可能直接影响项目能否被批准或能否中标。

2.3.2 市场调查方案设计

市场调查方案设计是对调查工作各个方面和全部过程的通盘考虑,包括整个调查工作过程的全部内容。调查方案是否科学、可行,是整个调查成败的关键。调查方案设计的结构和内容取舍是随具体情况而有所变化的,不过一般都要包括以下几个方面的内容。

1. 确定市场调查目标和调查任务

确定调查目标是市场调查方案设计的首要问题,市场调查目标就是在调查方案中列出本次市场调查的具体目的和要求,明确在调查中要解决哪些问题,通过调查要取得什么资料。只有确定了调查目标,才能确定调查的范围、内容和方法,否则就会列入一些无关紧要的调查项目,漏掉一些重要的调查项目,无法满足调查的要求。例如,1990年我国第四次人口普查的目的就规定得十分明确,即"准确地查清第三次人口普查以来我国人口在数量、地区分布、结构和素质方面的变化,为科学地制定国民经济和社会发展战略与规划,统筹安排人民的物质和文化生活,检查人口政策执行情况提供可靠的依据"。衡量一个调查设计是否科学的标准,主要是看方案的设计是否体现调查目标的要求,是否符合客观实际。

根据调查目标明确市场调查任务是整个市场调查工作的起点,包括提出企业经营中要解决的问题,并由此明确调查目的。明确调查任务,主要明确为什么要进行此项调查;通过调查要获取哪些市场信息、资料;调查结果有何用途。提出问题是明确市场调查任务的前提,找出问题的主要原因,进而选择市场调查要解决的主要问题。因此,明确了市场调查要解决的主要问题,也就明确了市场调查的任务。

【小资料 2-7】

2. 确定调查对象和调查单位

调查对象就是根据调查目的、任务,确定调查的范围及所要调查的总体。调查对象是由某些性质上相同的调查单位组成的。确定调查对象应注意,严格规定调查对象的含义,以免造成调查登记时由于界限不清而发生差错。例如,以城市职工为调查对象,就应明确职工的含义,划清城市职工与非城市职工、职工与居民等概念的界限,按被调查者具备的特征进行分组调查。调查单位就是所要调查的社会经济现象总体中的个体,即调查对象中的一个一个具体单位。例如,为了研究某市各广告公司的经营情况及存在的问题,需要对全市广告公司进行全面调查,那么,该市所有广告公司就是调查对象,每一个广告公司就是调查单位。又如,在某市职工家庭基本情况一次性调查中,该市全部职工家庭就是这一调查的调查对象,每一户职工家庭就是调查单位。市场调查的对象一般为消费者、零售商、批发商,零售商和批发商为经销调查产品的商家,消费者一般为使用该产品的消费群体。

在以消费者为调查对象时,要注意到有时某一产品的购买者和使用者不一致,如对婴儿食品的调查,其调查对象应为孩子的母亲。此外,还应注意到一些产品的消费对象主要针对某一特定消费群体或侧重于某一消费群体,这时调查对象应注意选择产品的主要消费群体。如对于化妆品,调查对象主要选择女性;对于酒类产品,其调查对象主要为男性。

需要注意的是,调查单位与填报单位是有区别的,调查单位是调查项目的承担者,而填报单位是调查中填报调查资料的单位。例如,对某地区工业企业设备进行普查,调查单位为该地区工业企业的每台设备,而填报单位是该地区的每个工业企业。但在有的情况下,两者又是一致的。例如,在进行职工基本情况调查时,调查单位和填报单位都是每一个职工。在调查方案设计中,当两者不一致时,应当明确从何处取得资料并防止调查单位重复和遗漏。

【小资料2-8】

3. 确定调查项目

调查项目是指对调查单位所要调查的主要内容,确定调查项目就是要明确向被调查者了解什么问题。调查项目是收集资料的依据,是为实现调查目标服务的,可根据市场调查的目的确定具体的调查内容。如调查消费者行为时,可按消费者购买、使用、使用后评价三个方面列出调查的具体内容。调查内容的确定要全面、具体,条理清晰、简练,避免面面俱到、内容过多、过于烦琐,避免把与调查项目无关的内容列入其中。例如,在消费者需求调查中,消费者的性别、民族、文化程度、年龄、收入,消费者喜爱的商品品牌、规格、款式、价格,消费者对服务的满意程度等,都属于调查项目。在确定调查项目时,除要考虑调查目的和调查对象的特点外,还要注意以下几个问题:

(1) 确定的调查项目应当既是调查任务所需,又是能够取得答案的。凡是调查目的需要又可以取得的调查项目要充分满足,否则不应列入。

(2) 项目的表达必须明确,要使答案具有确定的表示形式,如数字式、是否式或文字式等,否则,会使被调查者产生不同理解而作出不同的答案,造成汇总时的困难。

(3) 确定调查项目应尽可能地做到项目之间相互关联,使取得的资料相互对照,以便了解现象发生变化的原因、条件和后果,便于检查答案的准确性。

(4) 调查项目的含义要明确、肯定,必要时可附以调查项目解释。

4. 设计调查提纲和调查表

调查表又称调查问卷,是市场调查的基本工具。调查表将调查内容具体化,是收集一手数据资料时最常用的手段。当调查项目确定后,可将调查项目科学地分类、排列,构成调查提纲或调查表,方便调查登记和汇总。调查表是市场调查的基本工具,调查表的设计质量直接影响市场调查的质量。设计调查表要注意以下几点:

(1) 调查表的设计要与调查主题密切相关,重点突出,避免可有可无的问题。

(2) 调查表中的问题要容易让被调查者接受,避免出现被调查者不愿回答,或令被调查者难堪的问题。

(3) 调查表中的问题次序要条理清楚、顺理成章、符合逻辑顺序,一般可遵循容易回答的问题放在前面,较难回答的问题放在中间,敏感性问题放在最后;封闭式问题在前,开放式问题在后等原则。

(4) 调查表的内容要简明,尽量使用简单、直接、无偏见的词汇,以保证被调查者能在较短的时间内完成调查表。

【小资料 2-9】

5. 确定调查时间和调查工作期限

调查时间是指调查资料所属的时间。如果所要调查的是时期现象，就要明确规定资料所反映的是调查对象从何时起到何时止的资料。如果所要调查的是时点现象，就要明确规定统一的标准调查时点。调查期限规定调查工作的开始时间和结束时间，将市场调查项目进行过程安排，确定各阶段的工作内容及所需时间。在市场调查方案的设计过程中，需要制定整个调查工作完成的期限，以及各阶段的日程安排，即必须有详细的调查日程进度计划，以便督促或检查各阶段的工作，保证按时完成整个市场调查工作。详细地列出完成每一步骤所需的天数以及起始中止时间。计划要稍稍留有余地，但也不能把时间拖得太长。为了提高信息资料的时效性，在可能的情况下，调查期限应适当缩短，其目的是使调查工作及时开展、按时完成。通常一项普通的定量调查，仅仅从问卷的印制到整个活动的完成，最少也要有45～60个工作日，一些大规模的调查会持续半年到一年。规模小的定性调查，所需时间多少可以作弹性浓缩。也有对时间要求较强的调查，如收视率调查等。在可能的情况下，调查期限应尽可能地缩短。

6. 确定调查地点

在调查方案中还要明确规定调查地点，即市场调查在什么地方进行、在多大范围内进行。确定调查地点要从市场调查的范围出发，如果是调查一个城市的市场情况，还要考虑是在一个区调查还是在几个区调查；其次是考虑调查对象的居住地点，是平均分布在不同地区，还是可以集中在某些地区。调查地点与调查单位通常是一致的，但也有不一致的情况。当不一致时，尤有必要规定调查地点。例如，人口普查规定调查登记常住人口，即人口的常住地点。若登记时不在常住地点，或不在本地常住的流动人口，均须明确规定处理办法，以免调查资料出现遗漏和重复。但由于调查样本数量有限，调查范围不可能遍及城市的每一个地方。一般可根据城市的人口分布情况，主要考虑人口特征中收入、文化程度等因素，在城市中划定若干个小范围调查区域，划分原则是使各区域内的综合情况与城市的总体情况分布一致，将总样本按比例分配到各个区域，在各个区域内实施访问调查。这样可相对缩小调查范围，减少实地访问工作量，提高调查工作效率，减少调查费用。

7. 确定调查方式和方法

在调查方案中,还要规定采用什么调查方式和方法取得调查资料。收集调查资料的方式有普查、重点调查、典型调查、抽样调查等。具体调查方法有文案法、访问法、观察法和实验法等。例如,进行消费者固定样本调查,可考虑用面访法、邮寄法等;而调查电视收视率,可使用日记法或电话访问法等。只有调查方法使用得当,才能获得较准确的信息。在调查时,采用何种方式、方法不是固定和统一的,而是取决于调查对象和调查任务。在市场经济条件下,为准确、及时、全面地取得市场信息,尤其应注意多种调查方式的结合运用。目前,在大多数市场调查中,往往会采用两种以上的调查方法收集市场信息。

8. 确定调查资料整理和分析方法

实地调查方法收集的原始资料大多是零散的、不系统的,只能反映事物的表象,无法深入研究事物的本质和规律性,这就要求对大量原始资料进行加工汇总,使之系统化、条理化。实地调查结束后,即进入调查资料的整理和分析阶段,收集好已填写的调查表后,由调查人员对调查表进行逐份检查,剔除不合格的调查表,然后将合格调查表统一编号,以便于调查数据的统计。随着经济理论的发展和计算机的运用,越来越多的现代统计分析手段可供我们在分析时选择,如回归分析、相关分析、聚类分析等,而每种分析技术都有其自身的特点和适用性。因此,应根据调查的要求,选择最佳的分析方法,并在方案中加以规定。然后按照调查目的的要求,针对调查内容开展全面的分析工作。

9. 确定提交报告的方式

撰写调查报告是市场调查的最后一项工作内容,市场调查工作的成果将体现在最后的调查报告中,调查报告将提交给企业决策者,作为企业制定市场营销策略的依据。调查报告主要以书面报告书或电子报告书等形式表现,不同的调查决定了报告书的基本内容、报告书中图表量的大小等不同。

10. 制订调查的组织计划

调查的组织计划是指实施调查的具体工作计划。主要是指调查的组织领导、调查机构的设置、人员的选择和培训、工作步骤及善后处理等。首先是建立市场调查项目的组织领导机构,可由企业的市场部或企划部来负责调查项目的组织领导工作,针对调查项目成立市场调查小组,负责项目的具体组织实施工作。其次是确定调查人员,主要是确定参加市场调查人员的条件和人数,包括对调查人员的必要培训,根据调查项目中完成全部问卷实地调查的时间来确定每个调查员每天可完成的问卷数量,核定需招聘调查员的人数,并对调查员进行必要的培训。

11. 市场调查的费用预算

每次市场调查活动都需要支出一定的费用,在制定调查方案时,应编制调查费用预算,合理估计调查的各项开支。市场调查费用的多少通常视调查的目的、调查的范围和调查的难易程度而定。市场调查的费用预算主要有调查表设计印刷费、调查员培训费、调查员劳务费、礼品费、调查表统计处理费用等。企业应核定市场调查过程中将要发生的各项费用支出,合理确定市场调查总的费用预算。详细列出每一项所需的费用,通过认真地估算,实事求是地给出每项的预算和总预算。编制费用预算的基本原则是:在坚持调查费用有限的条件下,力求取得最好的效果。或者是在保证实现调查目标的前提下,力求使调查费用支出最少。通常一个市场调查中实施调查阶段的费用安排仅占总预算的40%,而调查前期的计划准备阶段与后期分析报告阶段的费用安排则分别占总预算的20%和40%。具体包括:调查方案设计费与策划费;抽样设计费、实施费;问卷设计费(包括测试费);问卷印刷、装订费;调查实施费用(包括试调查费用、调查员劳务费、受访对象礼品费、督导员劳务费、异地实施差旅费、交通费及其他杂费);数据录入费(包括问卷编码、数据录入、整理);数据统计分析费(包括上机费、统计费、制表费、作图费及必需品花费等);调查报告撰写费;资料费、复印费等办公费用;管理费、税金等。

市场调查方案是整个市场调查工作的行动纲领,起到保证市场调查工作顺利完成的重要作用。因此,市场调查的主持者应花大力气精心制定好市场调查方案。

本章小结

(1) 市场调查的内容有宏观环境调查、微观环境调查、市场营销活动调查。

(2) 市场调查的程序包括调查准备、调查实施、资料整理分析和结果处理四个阶段,每个阶段又可分为若干具体步骤。

(3) 市场调查方案设计就是根据调查研究的目的和调查对象的性质,在进行实际调查之前,对调查工作总任务的各个方面和各个阶段进行通盘考虑和安排,以提出相应的调查实施方案,制定出合理的工作程序。①了解需求、明确任务;②确定市场调查目标;③确定调查对象和调查单位;④确定调查项目;⑤制定调查提纲和调查表;⑥确定调查时间和调查工作期限;⑦确定调查地点;⑧确定调查方式和方法;⑨确定调查资料整理和分析方法;⑩确定提交报告的方式;⑪制订调查的组织计划;⑫市场调查的费用预算。

复习思考题

(1) 如何理解市场调查方案设计的含义?

(2) 市场调查包括哪些内容?

(3) 市场调查的程序是什么?

(4) 市场调查方案设计的意义是什么?

(5) 市场调查方案设计的内容有哪些？

课堂实训

某民营企业拟投资生产主要销往欧洲国家的服装产品，并准备请专业市场调查公司作前期市场调查。假如你是该企业的成员，并被指派承担此项市场调查前期任务，你打算如何开展工作？

实训主题：结合案例讨论市场调查内容和调查方案。

实训目的：掌握市场调查内容和市场调查方案设计。

时间：90分钟。

组织：(1) 每4名同学为一组讨论。

(2) 然后由任课教师与同学一起进行评论。

课外实训

任务：以小组为单位选择本小组最感兴趣的一类（一种）商品，讨论并设计其市场调查方案（含问卷），然后分头实施调查。

目的：通过实训提高市场调查方案设计与实施能力。

要求：训练思考能力、执行能力。

组织：(1) 形成小组，确定任务，做好调查方案设计与实施的准备工作。

(2) 小组长组织讨论调查方案设计与实施。

(3) 以小组为单位完成简要调查方案设计与实施报告。

(4) 实地调查结束后，在全班展开课堂讨论与交流。

(5) 以小组为单位，分别由组长和每个成员根据各成员在实地调查中的表现进行评估打分。

(6) 教师根据各组的实地调查报告及在讨论中的表现分别给各组评估打分。

案例分析 1

农村住户固定资产投资抽样调查方案

1. 调查目的

为全面了解农村住户固定资产的投资状况，准确反映农户固定资产的总量、分布与结构，为各级政府制定农村政策提供基础数据，依照《中华人民共和国统计法》规定，特制定本调查方案。

2. 调查对象、调查范围

调查对象是调查村的住户。调查网点在住户收支与生活状况调查网点进行,农户投资从住户收支调查资料中取得,农户建房投资在住户收支调查小区所在的村调查所有建房户情况。

3. 固定资产价值统计标准

根据农村固定资产调查的现实情况,本方案中的农户房屋建筑物、机器设备、器具等固定资产价值统计标准为1 000元以上,使用年限为2年及以上。

4. 调查对象的行业类别

农、林、牧、渔业;采矿业;制造业;电力、热力、燃气及水生产和供应业;建筑业;批发和零售业;交通运输、仓储和邮政业;住宿和餐饮业;信息传输、软件和信息技术服务业;金融业;房地产业;租赁和商务服务业;科学研究和技术服务业;水利、环境和公共设施管理业;居民服务、修理和其他服务业;教育;卫生和社会工作;文化、体育和娱乐业;公共管理、社会保障和社会组织;国际组织。

5. 调查内容

调查内容包括:农户固定资产原值、农户固定资产投资完成情况、农户建房情况,以及农户固定资产投资的资金来源、投资构成及投资方向等。

6. 调查方法

调查人员到调查村直接访问,并从住户收支与生活状况调查中取得调查户的基础数据。

7. 填报要求

单位名称:应填全称。

代码:按国家统一行政区划代码填写,省2位码,县4位码,乡镇3位码,村3位码。村全码共计12位码。

行业类别:根据填报单位从事主营生产活动的行业性质加以判断,即以某一种生产活动占该单位全部增加值比重最大的产出性质加以确定。

所有调查指标,均按报表制度上的指标解释填报。

资料来源:国家统计局发布 http://www.stats.gov.cn/tjsj/tjzd/gjtjzd/2017-01-09

问题:

1. 结合案例说说市场调查包括哪几个阶段。
2. 市场调查方案应包括哪些内容?

案例分析 2

市场调研是"隐形的翅膀"

一直以来,市场调研是一个基础工作,但也常常成为一个摆设和样式,一项哪怕没有什么用处也需要去做的例行公事。当然,这并不是真正的市场调研,或者说真正有效的市场调查和研究并不应该是这样的。那么,问题出在了哪里?

我们所需要的市场调研,应该能很好地探知消费者心智格局、找到未被满足的需求、引导产品开发和概念设计,并指导品牌区隔策略和营销体验策略的制定和执行。简单地说,市场调查研究是一项贯穿企业经营始终的行为,用于帮助企业预判、规划、执行、总结、调整。然而,又是什么导致了那些"无用"的市场调研结果?最根本的原因在于目标的缺失!包括没有目标、目标模糊及目标的不可衡量。如果你不知道为什么要去做一件事情,哪怕你有套路,你也不可能去获得你真正需要的和想要的,因为你根本不知道它会是什么,你的脑子里没有一个基础的画像。此外,如果你不知道怎么去衡量它的成功与失败,那么,哪怕你获得了一个结果,你也根本不晓得它对于未来的市场是否具备真正的指导意义。所以,问题的关键并非调研的方式与花样,而在于搞清楚我们的"目的地"。我们知道,市场调研是贯穿企业经营始终的,而这个过程中有七项调研结果是高度影响经营成果的,分别是市场调研的七个核心工作。

1. 心智认知格局现状的调查研究

我们可以很容易地从公开渠道获得现有的行业分类及品牌占据的份额情况,但消费者在心智中对行业的认知和分类并非如此简单的切分。通过调查研究,我们需要很清楚地知晓什么类型的消费群,在什么样的情境之下,以何种方式选择和使用我们的产品或服务。心智的认知格局是消费者、情境与产品/服务的对应模式,而情境是连接三者的重要因素。只有在情境中,消费者才具备消费的需求和欲望,同时产品/服务的特性和识别符号也能够借助情境植入消费者心智中。所以,第一步也是关键的一步,要搞清楚消费情境,对不同情境进行认知调查。搞清楚了这些,后面的调查、分析和假设才有坚实的基础和依据。

2. 重新定义需求,重新定义问题

基于不同情境下的消费现状,了解他们在特定情境下所面临的问题是什么,在特定情境下他们的消费选择有哪些(竞品或替代品),他们在特定情境下消费我们产品或服务的真实驱动因素是什么,这些驱动因素是否在众多消费者中构成共性等。在这个阶段,我们要搞清楚并重新定义不同情境下的真实需求,明确界定特定情境下消费者所面临的问题。

3. 找到未被满足的核心需求/面临的核心问题

品牌的意义在于解决问题。在众多的情境,及其所对应的需求和问题中,我们需要挖掘出属于我们的那一个。这是一个假设的过程,但不是闭门造车的过程。这个过程需要与消费者的深度沟通,去探知他们对不同假设的反应,并且很可能在这个沟通过程中将激发出全新的灵感。我们需要的是心智的区隔,我们所寻找的核心需求与问题,必须在消费者心智中能够显而易见地被识别出来。当有2~3个满足条件的假设产生之后,我们就可以开始更进一步的验证和论证了。

4. 用调研进行核心需求假设的验证和选择

这是一个让消费者帮忙做出选择的过程,而事实上大多数时候决策者用拍脑袋替代了这个过程。在这个过程中,我们需要测试消费者对备选假设的反馈。他们最直观、最直接的反应,将决定其对未来产品的接受能力及市场空间的大小。这个过程无须对沟通语言进行太多艺术性的装饰,以免因词汇的选择而误导受访者的感知。在这个关键的步骤,需要凭借消费者帮助我们做出关键的选择,这个风险是必须要冒的,因为在未来的市场中,消费者是最终具有投票权的。

5. 用调研进行品牌主张假设的验证和论证

当品牌确定了目标群体、核心问题、核心需求之后,接下来一定预备了一套为之兴奋的品牌沟通策略,包括品牌价值主张、功能差异以及各种支撑性的诉求。那么它们是否有效?是否能够在消费者那里起作用?这个时候,最合适的办法就是拿着你的产品,以及准备好的沟通话术,去找到你的目标消费者,一个一个地去沟通。每一次的沟通都是一次验证,每一个反馈都可能规避未来市场上的大问题。从中场传递过渡,来到了禁区线上,一切行云流水,此时只需要一脚美妙的传球,就可以把皮球送到门前等待的前锋脚下。做好了这个阶段的调研工作,就等于给一线的销售人员传递了一脚手术刀般精准的传球,让他们的销售轻而易举。所以,培训好你的市场调查人员,然后让他们走出去,接触尽可能多的潜在消费者,去了解潜在消费者的反应和反馈,让这些信息来决定沟通策略是否需要重新制定。

6. 用调研进行营销策略假设的验证和论证

我们都知晓营销推广从单向沟通向双向沟通转变的重要性,但在营销策略的制定上,却很少考虑到向消费者征求意见。这对于动辄上百万上千万的营销费用而言实在过于疏忽。无论是促销的设计、终端互动,还是广告创意、广告投放策略、公关活动策划等,都有必要选择一些样本进行必要的前期沟通与调整。这样做的结果往往令人惊喜,受访者常常会从不同角度给我们提供意想不到的帮助和改善意见。

7. 阶段性调研,提供策略微调的事实支撑

定期对市场运行状况进行调研,重点需要考量的是:品牌沟通策略、营销推广策略的落地情况,策略关键点是否在创意和执行层面得到有效落实;目标品牌联想是否在消费者

心智中得到建设。品牌与特定的品类归属、特定的功能/情感属性是否建立起了一对一的联想;为各项营销活动进行打分,从策略吻合度、创意表现、落地执行、成交表现、品牌联想等层面进行综合加权,为下一阶段的营销策略提供决策参考。

作用于心智,回报于市场。以上七项市场调研工作的贯彻落实,能够让企业有足够的信心和底气参与到市场的竞争中去,确保一切工作都是"以消费者为中心"的,都是"在消费者心智中起作用"的。

基于上述的市场调研工作,似乎就可以不再是一件门面功夫了,而你的市场部人员看来也不太可能再无所事事了。事实上,一个成功的企业和品牌,从产品/服务的价值选择、价值交付到价值传递的每一个环节,都不可能离得开市场调研工作。市场调研不是市场营销的一部分,而是与之并行的支撑性工程:一个做功于消费者心智,一个做功于市场交易。而正如我们所知晓的,先有心智份额,而后有市场份额。(文/林友清 品牌学者、策划人,略高品牌创始人,品牌升格占位策略体系开创者)

资料来源:中国营销传播网　作者:林友清　2016-01-27

问题:

1. 结合案例谈谈你是如何理解消费者心智的。
2. 你认为对消费者调查应该调查哪些内容?

市场调查技术方法(上)

学习要点

知识点

1. 掌握文案调查的含义和特点；
2. 掌握文案调查的方法；
3. 掌握访问法的含义及类型；
4. 掌握面谈访问的类型及特点；
5. 了解文案调查资料的来源。

技能点

1. 如何利用文案调查收集资料；
2. 根据不同的调查对象选用不同的调查方法。

导入案例

如何做好工业品企业调查的深度访谈

随着近几年工业品企业对品牌营销工作的重视，市场调查已成为品牌营销工作中不可缺少的一个重要环节。而工业品市场调查在目标、对象、方法和工具上与消费品的市场调查存在很大差距，不可生搬硬套。如何做好工业品市场调查，是工业品企业市场部人员碰到的一个难题。

张东利认为，工业品市场调查对调查人员的要求非常高，要求调查人员有全面的行业知识、丰富的市场经验和对企业本身的深度了解，能够从千丝万缕的信息中梳理和挖掘出真正有价值的东西来。这一点与消费品调查有着很大区别。在消费品调查中多采用问卷调查，由被访对象填写问卷，一个兼职大学生受过一点培训就可以不费力完成。工业品市场调查在信息的获取上有多种渠道，如利用人际关系、行业展会、互联网、行业媒体、行业协会等。找到和利用这些渠道并不是非常困难的，而困难的是面对这些渠道，如何挖掘出有价值的信息。张东利认为,由专家型调查人员对调查对象进行深度访问(或称深度访谈),是解决工业品市场调查难题的最有效方法。可以说,深度访问是工业品市场调查工作的核心,也是其区别于消费品调查的重要方面。深度访问就是由专家型调查人员与调查对象进行深度交流和互动,从而使最初的假设得到验证或排除,或从中寻找和挖掘到对解决问题有帮助和有价值的信息的一种调查方式。深度访问的主要特征是:

(1) 调查的问题复杂;

(2) 调查人员为专家;

(3) 以开放式问题为主;

(4) 沟通的深度和互动性强。要做好深度访问很不容易,下面,张东利结合亲身实践,就如何做好深度访问谈一点感受。

第一,确定做深度访问的必要性。深度访问的成本明显比问卷调查和电话调查的成本高很多。如果调查要解决的问题是简单和明晰的,那么可采用其他调查方式,深度访问显然是大材小用,并不合适。如果调查要解决的问题是重要和复杂的,通过其他调查方式均无法获取所需信息,那么采用深度访问就特别有必要。

第二,确定由何人来做访问。深度访问用来解决复杂问题,存在较高的专业壁垒,这是消费品调查公司普遍感到力不从心的地方,也是工业品企业内一般调查人员无法胜任的。张东利建议,这项工作由对工业品行业、市场和企业都非常了解、富有经验的外部专家型人才来承担为佳。之所以认为外部人员比企业内部人员更有优势,是因为考虑到被调查对象与企业一般都存在不同程度的利益关系,导致被调查对象在沟通上会有所保留,不能畅所欲言。笔者曾多次受客户委托做深度访问,只是因为对客户所处的行业、市场、客户本身和调查需求有较深入的理解。

第三,选择要访问的对象。访问对象的选择与调查目的和要解决的问题直接相关,即不同的调查目的和要解决的问题,对应着不同的访问对象。我们以调查目的是要解决工业品企业的品牌定位问题为例,那么访问对象需要涉及这些:

第一部分是企业内部人员,包括:

(1) 企业董事长、CEO或总经理以及核心团队;

(2) 各重要职能部门的领导,如营销、生产、研发等;

(3) 一线员工代表。

第二部分是客户人员,包括:

(1) 战略性客户的决策层、采购层和技术层人员;

(2) 一般性客户的决策层、采购层和技术层人员;

(3) 带有典型意义的潜在客户的决策层、采购层和技术层人员。

第三部分是行业专家,包括:

(1) 行业协会专家;

（2）行业媒体主编、编辑。

第四部分是重要的利益相关群体，包括：经销商、代理商、设计院、重要供应商等。

关于工业品市场调查访问对象的样本数量选择问题，目前还无法像消费品调查那样做出相对科学的数量分析，这是一个遗憾。根据笔者的经验，具体的样本数量依访问对象的有效程度、访问对象的组织难度、调查的预算和时间而作具体分析，目前很难做定论。

第四，拟定访问提纲。张东利认为，市场调查的科学方法应该是"大胆假设，小心求证"。胡适先生的这个论断，对市场调查和科学研究方法带有根本的指导意义。因此，我们需要对调查要解决的问题进行思考，大胆提出各种解决方案的假设，然后依据这些假设，设计一套靠深度访问去验证各种假设为"真"或为"伪"的问题。这些问题就构成了访问提纲的内容。我们还拿调查要解决的品牌定位问题打个比方。首先我们通过思考对可能成立的品牌定位提出大胆假设，为验证这些假设的真伪，我们针对性设计问题，针对与访问对象深度沟通，来判断假设是否成立，从而达到证伪存真的目的。

第五，实施访问。一次有效的访问应该具有以下特点：

（1）访问对象完全消除戒心，知无不言、言无不尽；

（2）调查人员循循善诱，沿问题的主线层层深入、抽丝剥茧，直至挖掘出有价值的信息；

（3）调查人员既要做最好的发问者，又要做最好的倾听者。

事先制定的访问提纲未必能照顾到当时访谈情况的变化。这时需要调查人员不能完全囿于提纲限定的问题，而应该根据访谈局势的变化，对个别问题作出调整，以便因势利导寻找到有价值的信息。要做到这一步，是相当不容易的，对调查人员有着更高的要求。整个访谈过程，应该有笔记和录音，以便事后作出整理和归纳。

第六，形成报告。访谈报告不是对访谈内容进行流水账式记录，而是整理和归纳，根据访谈结果来逐一判断事先提出的各种假设的真伪性，得出结论，或提出重要发现，为决策提供依据。

做好深度访谈是工业品企业市场调查的核心工作，工业品营销的从业人员要很好地掌握其方法，以使市场工作取得更好成效。

资料来源：中国营销传播网 作者：张东利 2015-03-24

依据对市场调查资料取得的方式的不同，市场调查的基本方法分为文案调查法和实地调查法。通过实地调查可以获得第一手资料，也称为原始资料，是市场调查人员通过现场实地调查，直接向调查对象收集的信息资料。而文案调查是收集二手资料的方法，文案调查法的调查对象是文献档案材料。二手资料，又称次级资料，是相对于原始资料而言的，是由他人收集并整理的资料。

原始资料的收集是市场调查中一项复杂、辛苦的工作，费用也较高，很多企业不具备这种能力。因此，资料收集过程中企业应该首先收集二手资料，在不能满足其调查需求和目的的时候,再考虑采用实地调查进行原始资料的收集。

3.1 文案调查

　　文案调查法,又称文献资料调查法或间接调查法,是指调查人员在充分了解市场调查目的后,通过收集各种有关文献资料,对现成的数据资料加以整理、分析,进而提出有关建议,以供企业相关人员决策参考的市场调查法。文案调查法主要收集、鉴别、整理文献资料,并通过对文献资料的研究,形成对事实科学的认识。作为一种间接资料调查法,文案调查法有其他调查方法不可替代的作用,特别适用于调查以往的产品销售状况、以往的市场占有率、现在的市场供求趋势和市场环境因素变化等,如调查某地区前两年各种品牌饮料的市场占有率,就可以采用这种方法从有关部门获取相关资料。

3.1.1 文案调查的特点和功能

1. 文案调查的特点

　　调查必须选择科学的方法,调查方法选择恰当与否,对调查结果影响甚大。各种调查方法都有利有弊,只有了解各种方法,才能正确选择和应用。因此,我们必须了解文案调查的优点和局限性。

　　1) 优点

　　(1) 不受时间和空间的限制。通过文献档案资料的收集和分析,不仅可以获得有价值的历史资料,而且可以收集到比实地调查范围更为广泛的多方面的材料。从时间上看,文案调查法既可以掌握现在的资料,又可以得到过去的资料;从空间上看,文案调查法既可以在企业内部进行资料的收集,又可以掌握大量有关市场环境方面的资料。

　　(2) 方便实施、成本低。文案资料是长期积累形成的,数量大,用途多,来源途径多,涉及面广,资料收集过程比较简单,组织工作简便,节省调查时间和成本。

　　(3) 具有较强的机动性和灵活性。采用文案调查进行资料收集时,可以随时随地根据企业经营管理的需要展开资料收集、整理和分析各种市场信息,定期为决策者提供有关市场调查报告。

　　2) 局限性

　　文案调查除了有许多优点之外,还存在着一些局限性,这都是调查人员需要在分析研究二手资料的过程中加以注意,以确保二手资料得到合理、有效的运用。

　　(1) 缺乏可得性。市场经济活动中,不是所有问题都有现成的资料可以运用。比如,当年可口可乐公司准备开发新口味的可乐,想要了解消费者对新可乐的看法、口味、包装的想法,就没有合适的文献资料可以回答这些问题。

　　(2) 缺乏准确性。文案资料的准确程度直接决定了调查结果的准确性。由于文案资料原有的收集者、整理者、分析者和转载者等各方面的原因,文案资料可能会存在许多潜在的错误,因此,其准确性很难保证。在选择二手资料的时候,调查人员应该进行资料准确性的评估。

(3) 缺乏相关性。由于二手资料是他人为了其他的研究课题而展开的研究的结果,因此,它们并不一定适用于现有的研究,不能采取"拿来主义",直接使用。

(4) 缺乏现实性。二手资料反映的是调查对象过去的情况,由于时效性差,和客观现实存在一定的差距。当调查人员使用文案资料时,应该做适当的修正。

2. 文案调查的功能

在调查中,作为信息收集的重要手段,文案调查有着特殊地位,备受重视。文案调查的功能表现在以下三个方面。

(1) 文案调查可以发现问题并为市场研究提供重要的参考依据。根据调查的实践经验,文案调查常被作为调查的首选方式。几乎所有的调查都始于收集现有资料。只有当现有资料不能提供足够的、完全的证据资料时,才会进行实地调查。在对市场的研究中,文案调查经常对市场供求趋势发现、市场现象之间的相关与回归分析、市场占有率分析、市场覆盖率分析等情况进行研究。

(2) 文案调查可为实地调查创造条件。如果有必要进行实地调查,文案调查可以为实地调查提供丰富的经验和大量的背景资料。具体表现为:为实地调查提供基本情况,检验实地调查结果的准确性和可靠性,有关资料的推算,探索现象发生的各种原因并进行说明。

(3) 文案调查可用于有关部门和企业进行经常性的市场调查。实地调查更费时、费力,操作起来也比较困难,无法经常性地开展。而文案调查如果经过调查人员的精心策划,具有较强的机动性和灵活性,能够随时随地根据需要进行收集、整理、分析各种调查信息,可用于经常性的调查。文案调查不是一朝一夕的事情,而是一件日积月累的工作,企业应该建立信息库,重视对各种资料的积累,形成全面、系统的二手资料。

3.1.2 文案调查资料的来源

企业在进行市场调查的时候,由于其所解决的问题不同,也就需要不同的调查方式和途径收集相关的信息资料。在当今的社会中,由于信息流动速度快、更新快、信息量大等,文案资料的收集变得更加快捷、简便。文案资料的来源主要是企业的内部渠道和外部渠道两种。

1. 企业内部资料来源

企业内部资料主要是调查对象活动的各种记录,具体包括业务资料、统计资料、财务资料和其他资料四类。

1) 业务资料

业务资料包括与调查对象活动有关的各种资料,如订货单、进货单、发货单、合同文本、发票、销售记录、业务员访问报告等。通过对这些资料的了解和分析,可以掌握本企业所生产和经营的商品的供应情况,以及分地区、分用户的需求变化情况。

2) 统计资料

统计资料包括各类统计报表,企业生产、销售、库存等各种数据资料,以及各类统计分析资料等。企业统计资料是研究企业经营活动数量特征及规律的重要定量依据,也是企业进行预测和决策的基础。

3) 财务资料

财务资料主要是由企业财务部门提供的各种财务、会计核算和分析资料,包括生产成本、销售成本、各种商品价格及经营利润等。财务资料是企业加强管理、研究市场、反映经济效益的重要依据,一般从财务会计部门收集而得。

4) 企业积累的其他资料

企业积累的其他资料包括各种调查报告、工作总结、经验总结、顾客意见和建议、同业卷宗及有关照片、录音、录像等。这些资料都对市场研究有着一定的参考作用。

2. 企业外部资料来源

企业外部资料是指来自于企业外部的各种信息资料的总称,可以从以下几个主要途径进行收集。

(1) 各级政府部门发布的有关资料。如各级纪委、财政、工商、税务、银行、贸易等部门经常不定期发布的各种有关政策法规、财政和金融信息、价格、商品供求等信息。这些信息都是重要的市场调查资料。

(2) 各级统计部门发布的有关统计资料。统计局和各地方统计局都定期或者不定期发布国民经济统计资料。各级统计局每年还会出版统计年鉴,内容包括综合、人口与就业、投资、财政、工业、农业、建筑业、商业、对外贸易、文化、教育、卫生、环保等许多重要的国民经济统计资料。这些资料是市场调查必不可少的重要数据信息。

(3) 各种经济信息中心、专业信息咨询机构、各行业协会和联合会提供的市场信息和有关行业情报。例如,本行业的统计数据、市场分析报告、市场行情报告、工商企业名录、产业研究、商业评论、政策法规等。这些专业信息机构资料齐全、信息灵敏度高,有较强的专业性和可靠程度。这些资料是研究行业状况和市场竞争的重要依据。

(4) 各种公开出版物。国内外有关的书籍、报纸、杂志等都会提供许多的科技信息、文献资料、广告资料、市场行情、预测资料和各种经济信息。它们是积累资料、充实信息库的重要来源,特点是信息量大、容量大。

(5) 新闻媒体所发布的信息资料。各国家、各地区的电台、电视台每天都会发送大量的广告信息和各种有关的市场信息。这种信息资料的优点是信息量大、涉及范围广、信息速度快、成本低。

(6) 国内外各种博览会、展销会、交易会、订货会等促销会议上所发放的文件和材料。这些会议一般都有新产品、新技术、新设备、新材料等生产供应方面的信息。通过参加展销会、交易会、订货会等可以收集大量的市场调查资料,直接获取样品、产品说明书等资料,还可以进行拍照,获得录音、录像等信息资料。

(7) 国际市场信息。国际市场信息是国际市场上与各种经济活动相关的数据、资料、情报的统称,它反映了市场环境的变化、特征和趋势等情况;或是指一定时间和条件下,有关国际市场产品营销及与之相联系的多功能服务的各种消息、数据资料、报告等的总称,一般以文字、数据、凭证、图表、符号、报表、商情等形式表现出来。各种国际组织、外国使馆、商会等都会提供国际市场信息。

(8) 工商企业名录。工商企业名录有两种类型:按区域收录和按行业、产品系列或市场收录。它能够帮助调查人员寻找目标市场潜在客户、中间商和竞争对手的信息资料。

(9) 公共图书馆和大学专业图书馆里的大量经济资料。图书馆一般分为综合图书馆和专业图书馆。在我国的大中城市都建有公共图书馆,一般以综合图书馆为主。其内收藏着各种文献资料,以及所有公开出版书籍、杂志、报纸、光盘等。专业图书馆主要分布在科研院所和高等院校,主要收藏与专业研究有关的图书情报、资料。

(10) 其他信息来源。各类研究机构的调查报告、研究论文集、各类专业组织的调查报告、统计报告及相关资料。常见的有:大学的研究所或个人的研究报告、学术论文、学位论文、专著,专业性和学术经验交流会议等发放的资料。这些信息资料具有前沿性、指导性和趋势性等特点,对企业的营销决策有重要的参考价值。

3. 互联网资料来源

互联网是将世界各地的计算机联系在一起的网络。对任何调查而言,互联网都是最重要的信息来源。互联网上的原始电子信息比其他任何形式存在的信息都多。它是获取信息的最新工具,最大的特征是容易进入、查询速度快、数据容量大、同其他资源连接方便。

互联网的发展使信息收集变得容易,从而大大推动了市场调查的发展。过去,要收集所需要的情报就会耗费大量的时间,奔走很多地方。今天,只要调查人员坐在计算机前面,在正确的地方查询就可以轻松地获得大量信息。最重要的是,这些宝贵的信息大多都是免费的。比如,我们想要及时了解政府针对房地产市场推出的房改新政,就能从政府公开网站上面得到有关的政策全文,还有一些行业专家针对政策的解读和说明。如果利用搜索引擎查找,只要输入关键词汇,计算机就会自动帮助查找大量相关信息。

1) 一般网页查询

由于互联网发布信息容易,许多机构都在互联网上公布大量的信息。因此,调查工作可以从监测调查对象的网页开始。例如,了解某产品的新闻发布内容,就可以知道是否得到了新顾客;看看智联招聘、中华英才网上某企业的人才招聘信息,就可以知道该企业正在招聘哪些人、企业发展的动向等。这样,我们就对调查对象有了多方面的了解。

当然,世界上没有十全十美的事物。互联网在给我们生活带来方便快捷的同时,也暴露了许多问题。其中,最令我们烦恼的便是它所提供的很多信息是没有用的、不准确的、不完全的、陈旧的。因此,互联网的主要作用是复查、证实一些事实,为获得更好的信息源提供启示。最根本的目的不是发现重要情报,而是发现电子邮件网址、研究文章、人员信息等有关信息的线索。

2)数据库查询

数据库是信息收集最好的工具之一,是由计算机存储、记录、编制索引的信息资源,其功能相当于计算机化参考书。

3.1.3 文案调查的方式

在文案调查中,对于内部资料的收集相对比较容易,所使用的调查费用相对较低,调查过程中遇到的各种障碍也很少,还能够正确把握资料的来源和收集过程。因此,应尽量利用内部资料。对于外部资料的收集,可以依不同情况采取不同的方式获得。

1. 查找法

这是获得二手资料的基本方法。从操作的次序看,首先要注意在企业内部查找,另外还应从企业外部各有关部门查找。常用的方法有:

(1)查阅目录。目录是一种题录性的检索工具,一般只列出文献的题目、作者、出处。它是引导调查者查询资料的向导。目录主要有分类目录、书名目录、著作目录、主题目录等。

(2)参考文献查找法。是指利用有关著作、论文的末尾所列的参考文献目录,或者是文中所提到的某些文献资料,以此为线索追踪、查找有关文献资料的一种方法。采用这种方法,可以提高查找效率。

(3)检索工具查找法。它是利用已有的检索工具逐个查找文献资料的一种方法。依检索工具不同,主要有手工检索和计算机检索两种。其中,在进行手工检索之前,必须先确定检索工具。通常情况下,因为收录范围、著录形式、出版形式不同而有多种多样的检索工具。以著录方式来分类的主要检索工具有三种:①目录,是根据信息资料的题名进行编制的,如法律目录、条例目录、行业目录等;②索引,是将信息资料的内容特征和表象特征录出,标明出处,接一定的排检方法组织排列,如按人名、地名、符号等特征进行排列;③文摘,是对资料主要内容所作的一种简要介绍,能使人们用较少的时间获得较多的信息。相对于手工检索,计算机检索则相对简便易行,是现代人比较喜欢采取的方式。计算机检索不仅具有速度快、效率高、内容新、范围广、数量大等优点,还可打破获取信息资料的地域障碍和时间约束,能够提供完善、可靠的信息。在市场调查计算机化程度提高后,将主要依靠计算机来检索信息。

2．索取法

索取法是指市场调研人员向有关机构直接索取某方面的市场情报。如直接派员或通过信函向有关机构、国内外厂商等索取某方面的市场情报或所需资料文件。

3．收听法

收听法是指用人工、录音、传真等方法收听广播及新兴的多媒体传播系统播发的各种政策法规和经济信息。

4．咨询法

比如，通过电话向企业内部相关部门查询某些业务数据，或要求声讯服务时，应了解对方有哪些服务咨询项目。

5．采集法

如在展览会、交流会等场合可现场采集大量企业介绍、产品介绍、产品目录等资料。

6．互换法

互换法是指不同企业和部门之间相互交换各自拥有的信息资料的方法。交换的目的是企业为了从对方获得需要的信息资料。

7．购买法

购买法是指购买定期或不定期出版的市场行情资料和市场分析报告。对于这样需要采取经济手段获得的资料，只能通过有偿方式获得。有偿方式取得的资料构成了调查成本，因此，要对其可能产生的各种效益加以考虑。

8．委托法

委托法是指委托专业市场研究公司收集和提供企业产品营销诊断资料等。

3.1.4　文案调查资料的评估

二手资料有其不可比拟的优势，但也存在多样的局限性。因此，调研人员在利用收集到的现成资料之前对其作质量评估就显得十分重要。一般而言，评价二手资料要注意以下问题。

1．目的

考虑到二手资料缺乏相关性，所以了解二手资料被采集时的目的，并与当前调查的目的相比较，对于评估文案调查资料十分重要。当两者的目的十分接近的时候，这部分文案资料的价值就相当大；反之亦然。

2．收集方法

调研人员除了考查文案资料被采集的目的外，还应注重其被采集过程中所使用的调查方法。因为收集方法的多种多样,不同的方法也会得到不同的结果。

3. 准确性

准确性也就是要考查文案资料是否可信,以及与第一手资料的接近程度如何。文案调查资料缺乏准确性,也就是说使用文案资料的过程中会存在误差,使我们的调查准确度有所降低。

4. 时间

文案资料总是与实际情况存在时间上的差异,缺乏现实性。那么,资料所涉及的时期是否适当、有没有时过境迁,就是调研人员应该注意的问题,也是评估文案资料的一个方面。

5. 可信度

文案资料本身的真实程度是多少?资料的专业程度够不够?这就需要调研人员考查文案资料的可信度。

6. 方便

所有的调查活动要有经济保障,那么所采用的文案调查法也应该考虑到二手资料的获得能否既迅速又花钱不多。

【小资料3-1】

【小思考3-1】

企业在选用调查方法时应考虑哪些因素?

3.2 访问法

访问调查法是收集第一手资料最常用、最基本的方法之一。

3.2.1 访问法的含义

访问调查法又称访谈法、询问调查法,是指访问者通过口头交谈等方式向被访问者了解社会情况或探讨社会问题的调查方法。访问调查法,一般都是访问者向被访问者作的面对面的直接调查,是通过口头交流方式获取信息的口头调查。这种调查方法的最大特点就是在整个访谈过程中,访问者和被访问者及被访问者之间会互相影响、互相作用,这需要访问者有一定的访谈技巧和控制的能力。

访问法既可以独立使用,也可以和观察法等其他调查法相结合使用。调研人员可以根据调查的目的、想要收集资料的类型、获取信息难度等因素来决定采用什么调查方法。访问法的基本类型一般有以下几种。

1. 根据对访问内容是否进行统一设计划分

根据对访问内容是否进行统一设计,访问法可以分为标准化访问和非标准化访问。

标准化访问也称有结构访问,是指按照事先设计好的、有一定结构的访问问卷进行访问,整个访问过程是在高度控制下进行的。

标准化访问最大的特点就是选择访问对象的方法、访谈中提问的内容、提问的方式和顺序、对被访问者回答问题的记录方式等都是统一的。标准化访问的突出优点是便于资料的整理、汇总和分析,有利于用统计分析方法研究现象总体的表现。但是,这种方法缺少灵活性,难以灵活反映多变的社会现象,难以对社会问题进行深入探讨,也不利于发挥访问者和被访问者的积极性、主动性。

非标准化访问也称为无结构访问,是指事先不制定统一的访问问卷,只根据访问目的列出粗线条的访问提纲,由访问者和被访问者根据提纲自由交谈。这种访谈对调查双方都不存在严格的约束,有利于发挥双方的积极性和主动性。非标准化访问对于深入了解某些市场问题、对市场现象作细致的分析是很有利的。在市场调查实践中,调查者往往可以用此方法了解一些事先无法作出全部结果设想的市场现象的实际情况。但是,这种方法最明显的不足就是对调查结果的整理、分析工作量大。

标准化访问和非标准化访问调查问题的方法不同,在必要时应结合应用,从而使调查结果既有广度又有深度,全面调查研究市场现象的本质和规律性。

2. 根据访问者与被访问者的交流方式的不同划分

根据访问者与被访问者的交流方式不同,访问法可分为直接访问和间接访问。

直接访问是指访问者与被访问者面对面地交谈。访问者到被访问者中去作实地访问,收集市场现象的实际资料,或者将被访问者请到访问者安排的某地点,对他们作访问。而间接访问是指访问双方不见面,访问者通过电话、计算机等媒介对被访问者进行访问。这种方法具有比较节省时间、费用的优点,但是所调查的具体项目不能太多,不能深入了解某个问题。

3. 根据一次访问人数的多少划分

根据一次访问人数的多少,访问法可分为个别访问和集体访问。

个别访问是指每次只访问一个被调查者,一对一地进行调查,适合访问某个特定个体的情况,也是访问调查通常所用的方式。个别访问对每个被访问者的问答分别记录,其后再对资料进行整理、汇总、分析，得出对访问对象总体的认识。集体访问是指每次访问多个被调查者，通常也称为座谈会或调查会。集体访问了解情况快、工作效率高，可以节省人力、时间，得到的信息完整、准确。因为在访问过程中被调查者可以相互启发、补充，相互核对，修正有关市场现象的实际情况。

4. 根据调查人员与被调查者的接触方式不同划分

根据调查人员与被调查者的接触方式不同，访问法可以分为面谈调查、电话调查、邮寄调查和留置调查等。随着互联网的流行，网络调查也是现在市场调查的主要方式。

市场调查人员可以根据调查的目的、想要收集资料的类型、获取信息难度的大小等因素，来决定是单独使用某种访问方法，还是混合使用几种访问方法来完成信息的收集工作。常见的访问法有以下几种。

3.2.2 面谈访问法

企业在进行市场调查的时候，往往想知道消费者的真实感受和想法，因此很想与他们进行面对面的交谈，以此来把握市场信息。面谈访问法将为企业成功地解决这一问题。

面谈访问就是调查人员按照调查的目的要求和事先规定的方法选取合适的被调查者，依照问卷或调查提纲进行面对面的直接访问。面谈可以直接听取被调查者的意见，是最直接的访问调查法，具有回答率高、访问过程灵活、收集资料质量较好、适用于各式各样的被访问人群等优势。在选择这种调查方法的时候，还应考虑调查活动的经费、人力等问题，因为面谈访问的调查费用较高，要求调查人员的综合素质较高，并具备访问的技巧和应变能力，实施时间也比较长。

根据选取访问对象的方法的不同、人数的多少、访问过程是否为规范设计，面谈访问在实施过程中常分为人员访问、小组座谈、深度访谈等。

1. 人员访问

人员访问指的是通过调查人员和被调查者之间面对面的交谈从而获得所需资料的调查方法。根据访问地点的不同又分为入户访问和拦截访问。

1）入户访问

入户访问是指根据合理、科学的抽样，调查员到被调查者的家中或工作单位进行访问，直接与被调查者接触，利用访问式问卷逐个问题进行询问，并记录下对方的回答；或是将自填式问卷交给被调查者，讲明方法后，等对方填写完毕再回来收取问卷的调查方式。

入户访问是一种私下的、面对面的访问形式，是访问法中收集信息的主要方法，有较强的适用性。这种方式灵活方便，谈话伸缩性强，彼此可以沟通思想，能够产生激励效果，问卷回答得较为完整；还能控制问题的次序，谈话集中，有针对性，在交谈中及时反馈，获得较丰富的资料。另外，通过直接交谈，可以针对复杂的问题进行解释，减少访问中出现的错误,从而大大提高了调查结果的准确性。但是,入户访问在实施过程中也存在诸多问题:费用较高,要对被调查者进行逐一访问,交通费用、劳务费用、赠送给被调查者的礼品费用等;访问过程中,受环境影响较大,有时难以控制局面;由于近年来社会治安的问题,拒访率很高;入户访问对访问人员的要求较高,要求有较强的亲和力及良好的沟通能力,能够说服住户开门并愿意参与调查访问,还要在这个访问过程中察言观色,促使调查顺利进行。当选定的调查样本较多时,分别进行入户调查所花费的时间较长,这种方法就明显不太适用。

2) 街头拦截

街头拦访又称拦截访问,是指在某个场所(一般是较繁华的商业区,如超市、写字楼、车站等)拦截在场的一些人进行面访调查。这种方法常用在商业性的消费者意向调查中。街头拦截最大的优点就是效率高,因为它既具有与入户访问相同的能够直接获得反馈、对复杂问题进行解释等优点,又能够节省入户访问所需要的路费、时间,更容易接近目标顾客,收集资料。但是,面对匆匆赶路的行人或者觉得访问员妨碍了他们正常的行程,拒绝访问的概率也相当高。同时,在街上短时间内是没有办法和被调查者进行深度、复杂的交谈的,还不太方便展示必要的图片、声光电类的资料以及产品本身。此种方法最大的缺点就是,无论如何控制样本及调查的质量,收集的数据都无法证明对总体有很好的代表性。

街头拦截式面访调查通常有两种方式:一种方式是由经过培训的访问员在事先选定的若干个地点,如交通路口、户外广告牌前、商城或购物中心内(外)等,按照一定的程序和要求,选取访问对象,征得其同意后,在现场按照问卷进行简短的面访调查;另一种是中心地调查或厅堂测试,是在事先选定的若干场所内,根据研究的要求,摆放若干供被访者观看或试用的物品,按照一定的程序,在事先选定的若干场所的附近,拦截访问对象,征得其同意后,带到专用的房间或厅堂内进行面访调查。

2. 小组座谈

小组座谈又称焦点座谈,是指采用小型座谈会的形式,挑选一组具有代表性的消费者或客户,在一个装有单面镜或录音录像设备的房间里(在隔壁的房间里可以观察座谈会的进程),在主持人的组织下就某个专题进行讨论,从而获得对有关问题的深入了解的一种调查方式。

进行小组座谈的目的是为了认识和理解人们心中的想法及其产生的原因。调查的关键是使参与者对主题进行充分且详尽的讨论,以便了解他们对一种产品、观念、想法或组织的看法,了解调查的事物与他们生活的契合程度,以及在感情上的融合程度。通常,小组座谈主要是为了获取创意,理解顾客的语言,显示顾客对产品和服务的需要、动机、感觉以及心态,帮助理解从定量分析中获得的信息。

1) 小组座谈的优缺点

小组座谈在其实际的应用中有其本身所固有的一些优点和缺点。由于是从属于定性调查的一种特定形式,因而定性调查固有的优缺点也在小组座谈上存在。不过,从方法的特殊性上来看,小组座谈还有自身的一些特点。

小组座谈的优点是:能够产生互动,参与者之间的互动作用可以激发新的思考和想法,还可以促进更为有效的信息更为快速地产生;小组座谈的对象有很多,都是企业现有的或潜在的顾客和期望顾客,通过这种方法可以了解顾客的真实想法和特点,从而为企业了解顾客的需要建立沟通的桥梁;在操作上,小组座谈通常比其他方法容易执行,能够最大限度地获得自己所需要的信息。

小组座谈的缺点是:访问的样本容量比较小,只能是总体中很小的一部分,难以表现整体的完整特征,容易产生误导;小组座谈的最大的潜在不足在于群体会谈本身,主持人是整个互动过程的一部分,这就决定了其不能有任何的偏见,个人风格的不同也会使结果产生偏差。另外偏差的产生也与受访者本身有关。

2) 小组座谈的操作流程

在进行小组座谈前,一些操作问题必须先解决。一次小组座谈要邀请多少人来参加访谈,他们都是什么人,用什么方法来选择这些样本,在哪里进行小组讨论,这些都是十分重要的问题。一般来说,小组座谈的操作流程包括准备工作、确定主持人、编制讨论指南和撰写小组座谈报告等阶段。

(1) 准备工作。采用小组座谈形式,参加会议的人员比较多,会议时间有限,做好准备工作对小组座谈最终能否成功起到了关键的作用。具体应注意以下几个方面:

① 确定会议主题,设计详细的调查提纲。会议的主题应简明、集中,且应该是参与者共同关心和了解的问题,这样才能使整个会议始终围绕主题进行讨论。提纲通常要在调查人员、客户与主持人三者之间进行研究。还要注意讨论次序,通常从一般的问题开始,然后提到特定的问题。

② 选择参加人员。小组座谈的人数规模一般为 7~12 人,参加人数过少,往往不能起到小组讨论的效果;而人数太多,又会显得比较混乱,不能将精力集中在讨论的主题上。

但是,值得大家注意的是,事先往往很难预料参加小组讨论的人数。有可能 10 个人同意来参加,实际上只来了 6 个;而通知了 14 个人,预计前来参加会议的只有 8 个的时候,14 个人却都到了现场的情况也常常出现。所以,组织者要给参与者适当的刺激以保证参加者的积极性,并且通常多约一些人,需要甄别,以备使用。同一主题至少需要两组,3~4 轮座谈。

另外,组织者还要保证参与者在人口状况和社会经济特征方面具有同质性,以避免在一些问题上发生相互摩擦和冲突。比如,妇女小组座谈的成员不应该同时包括小女孩、年轻的未婚职业女性、结过婚的家庭主妇、年老的离异或守寡的妇女。这几类人对于妇女的人生观、价值观等问题都有着截然不同的看法,如果坐在一起讨论,很可能出现激烈的争吵。

组织者还应对参加者按一定的准则进行认真的筛选,参加者对要讨论的问题必须有相当的经验或经历。但不应该选择那些曾经多次参加过小组座谈的人。这些所谓的"调查专业户"的参与可能导致讨论的结果无效。还要避免专业人士或者特殊人士,这是所有调查都应该注意的问题。

③ 环境。讨论往往会安排在一个较大的房间,以圆桌形式就座。房间里的主要设备应包括话筒、单向镜、室温控制、摄像机等。小组座谈会允许对数据的收集进行密切的监视,观察者可以亲自观看座谈的情况,并可以将讨论过程录制下来用作后期分析。因为对调研人员来说,小组座谈是一种了解消费者动机的理想方法。

当然,如果座谈会的人员只有1~3人,也可以在居室内进行,这样可以更为轻松地进行。有时候为了建立融洽的气氛,还可以准备一些水果和糖果等小食品。

(2) 确定主持人。拥有合格的受访者和一个优秀的主持人是小组座谈成功的关键因素。焦点小组要求主持人具有熟练的交流技术,并有能力创造和谐的座谈环境。放松的、非正式的气氛鼓励人们自由地、本能地发表评论;座谈会的全部进程完全依赖于主持人,主持人须对座谈会的整个过程进行设计和安排;主持人应该是有经验、有准备,并保持中立的态度和十分投入的热情;主持人必须正确理解研究目的,要保持讨论活动始终围绕着研究问题组织讨论;主持人的导言是很重要的,它确立了整个讨论的调子;在整个讨论过程中,主持人应该是讨论时"隐形的领导",避免专断与打压,还要鼓励讨论,鼓励参与者之间的相互启发,允许不同意见。

(3) 编制讨论指南。编制讨论指南一般采用团队协作法。讨论指南要保证按一定顺序逐一讨论所有突出的话题。讨论指南是一份关于小组会中所要涉及的话题的概要。主持人编制的讨论指南一般包括三个阶段:第一阶段是建立友好关系、解释小组中的规则,并提出讨论的个体。第二阶段是由主持人激发深入的讨论。第三阶段是总结重要的结论,衡量信任和承诺的限度。

(4) 撰写小组座谈报告。小组座谈会结束后,主持人可进一步完备座谈会即时报告;会议记录员通过反复观看座谈会保留的录像带,整理出完整的会议记录;专家组与主持人通过反复观看录像带、即时报告及会议记录等相关资料,进行反复研究。在此基础上形成小组座谈会的调研报告。

正式的报告,开头通常解释调研目的,申明所调查的主要问题,描述小组参与者的个人情况,并说明征选参与者的过程。接着,总结调研发现,并提出建议,通常为2~3页的篇幅。如果小组成员的交谈内容经过了精心归类,那么组织报告的主体部分也就很容易了。先列出第一个主题,然后总结对这一主题的重要观点,最后使用小组成员的真实记录(逐字逐句地记录)进一步阐明这些主要观点。以同样的方式一一总结所有的主题。

3) 小组座谈的应用及发展趋势

小组座谈可以应用于以下场合:研究消费者对某类产品的认识及偏好;获取消费者

对新产品概念的印象;研究广告的创意;获取消费者对具体市场营销计划的初步反应。

由于小组座谈比较容易理解,相对于大型的受访对象在千人以上的定性分析来说,这种方法的成本还是可以接受的,也比较容易满足委托人的要求,并能较快地得到结果。因此,在未来的长时间内,小组座谈将被广泛地为市场调查人员所采用。随着通信技术的发展,小组座谈的应用将不断放大,有很好的发展前景。

第一种趋势是电话焦点小组访谈法。这种技术的产生是因为某种类型的小组受访者,如医生,常常很难征集到。使用这种方法,受访者就不必再到测试室去了。

第二种趋势是双向焦点小组访谈法。这种方法是让目标小组观察另一个相关小组。

第三种趋势是电视会议焦点小组访谈法。

第四种趋势是在一些特定的情况下使用名义编组会议取代焦点小组访谈法。名义编组会议是焦点小组访谈法的变形,对于编制调研问卷和测定调研范围特别有用。名义编组会议是根据目标消费者认为的重点问题进行研究,而不是让受访者讨论调研者所认为的重点。

第五种趋势是组织儿童焦点小组访谈。由儿童组成的焦点小组与由成人组成的有很大的不同,原因在于:儿童比成年人更爱怀疑;儿童更为真诚;儿童是不受拘束的。

第六种趋势是在定性调研领域最新的潮流是联机焦点小组访谈或称计算机焦点小组访谈法。

【小思考3-2】

2014年4月博纳签约某饮料企业针对该公司开发的蜂蜜果茶饮料新品进行产品测试研究,本次调查采用小组座谈会、街头拦截访问相结合的调查方式,共计完成20场座谈会与2 000个调查样本,研究内容包括:如何使产品的属性特征最优化从而更吸引顾客;与竞争产品比较,产品在哪些特性上更加吸引顾客;以及对产品能力特性(如包装、口味、规格、价格)的综合反映。达到如下测试目标:寻找产品卖点;测量产品的吸引力;估计顾客对产品的购买意向。

请问:小组座谈会、街头拦截访问两种调查方法各有哪些特点?如何把两种调查方法结合使用?

【小资料3-2】

3. **深度访谈**

在市场调查中,常常需要对某个专题进行全面、深入的了解,同时希望通过访问、交谈发现一些重要情况。要达到此目的,仅靠一般的面谈访问或者小组座谈是不能达到的。这就需要采用深度访谈。

深度访谈是市场调查中最常使用的一种定性调查方法,是指调查者对被调查者的一种无结构的、直接的、个人的访问。在访问过程中,一个技巧熟练的访问员应经过在试探和诱导方面的严格培训,通过深入地访谈一个被访者,以揭示某一问题的潜在动机、信念、态度和感情。比较常用的技术有阶梯前进、隐藏问题寻探和象征性分析,适合作探索性调查。深度访谈包括普通消费者深访、专家深访、渠道深访等多种形式。

1)深度访谈的优缺点

相对于小组座谈来说,深度访谈有许多优点:这种访谈方式能够消除被访问者的群体压力,使每个被访问者能够提供更真实的信息;深度访谈的一对一交流方式使被访问者感到自己是注意的焦点,更容易与访问者进行感情上的交流与互动;一对一的交流时间也较多,调研人员可以鼓励他们提供更新、更多的信息,可以更深入地揭示隐藏在表面陈述下的感受和动机;因为不需要保持群体秩序,所以更容易临场发挥;在一些情况下,深度访谈是获取信息的唯一方法,如竞争者之间的调查和有利益冲突的群体之间的调查等。

但是,深度访谈也存在一些缺点:这样的一对一访谈,导致深访成本相对较高,调查速度较慢,相对访问时间较长,被拒绝的机会也大。

2)深度访谈的操作流程

(1)访谈前准备工作。

① 明确访谈主题。调查人员在访谈之前,必须对访谈的主题有清楚的了解,才能做到有的放矢,以保证获得所需要的信息资料。

② 选择合适的访谈对象。访谈对象必须是与调查项目相关的人士,必须对所研究问题的领域有比较多的经验或了解,而且是比较健谈的人,与他们进行交谈能获得必要的信息。

③ 工具准备。常用的工具如摄像机、录音机(或录音笔)、纸和笔及图片资料等。此外,还要准备给被访问者的礼品或礼金等。

(2)访谈过程中的技巧。

① 在开始访谈之前,应先使被访者完全放松下来,并和被访者建立融洽的关系。调查人员所提出的第一个问题应该是一般性的简单的问题,并要注意提问技巧。这样才能够引起被访者的兴趣,并鼓励其充分而自由地谈论自身的感受和意见。一旦被访者开始畅谈,访问者应避免打岔,应做一个被动的专注的倾听者。为了掌握访谈的主题,有些问题可以直截了当地提出来。调查人员提出的问题必须是开放式的,不可有任何提示或者暗示。

② 调查人员的访谈技巧很重要,绝不可把深度访谈变成调查人员和被访者之间一问一答的访问过程。调查人员通常会在开始访谈前准备好一份大纲,列举所要询问的事项,但并不使用问卷,也不一定完全按照大纲上所列的顺序一项一项地问下去,问题的先后顺序完全按照访谈的实际情况而随机应变。

③ 在访问过程中,调查人员通常只讲很少的话,尽量不问太多的问题,只是间歇性地提出一些适当的问题,或表示一些适当的意见,以鼓励被访者多说话,逐渐坦露他们内心深处的动机。

④ 调查人员要巧妙地使用"沉默"。沉默可以使被访者有时间去组织自己的思想,也可以使被访者觉得不舒服,或者心里认为调查人员在等待自己继续说下去。因此,适当的沉默会令被访者滔滔不绝地发表意见。

⑤ 回忆行为过程技巧。人的记忆有一定的期间,超过了这个期间便渐渐忘记。当人们购买某种商品时,对于为何选择该商品,其动机意识经过相当长的时间便会淡忘。对该商品所感到的以及使用该商品时所意识的一切,也会慢慢忘记。为了使被访者回忆起这些意识,最好请他们回忆决定购买商品的过程,或者重新把当时购买该商品的感受以及如何行动,作一个详细的说明,从这种说明当中,发现购买动机。

⑥ 深度访谈的地点。通常以在被访者家中进行最好,这样对被访者比较方便。不论在何处实施,深度访谈应单独进行,不应让第三者在场。因为有第三者在场,会使被访者感到不自然,有种被窥探隐私的感觉,往往不愿意提供真实的答案。

⑦ 深度访谈的时间通常为 1~2 小时,很少超过 2 个小时。

(3) 访谈的结束阶段。

访谈的结束阶段是整个过程中的最后一个环节,这个环节也很重要,不能忽视。

① 在访谈结束时,调查人员应迅速重温一下访谈结果或者迅速检查一遍访谈提问,以避免遗漏重要项目。

② 访谈结束时,应再次征求一下被访者的意见,了解他们还有什么想法、要求等,这样可能获得更多的情况或信息。

③ 要真诚感谢对方对本次调研工作的支持。若在开始的时候许诺有礼品赠送的时候,在访谈结束的时候必须将礼品赠送给被访者。如果是追踪调查,还应争取到被调查者进一步的合作。

3) 深度访谈的具体应用

深度访谈主要用于获取对问题的理解的探索性研究,常用于以下几种情形:

(1) 试图详细地探究被调查者的想法,如消费者对于购买私家车问题的看法;

(2) 详细地了解一些复杂行为,如对员工跳槽行为及原因的调查;

(3) 讨论一些保密的、敏感的话题,如个人收入、婚姻状况等;

(4) 访问竞争对手或专业人员,如对出版商出书选题及营销手段的调查等;

(5) 调查的商品比较特殊,通常是那些能够引起人们情感变化的商品,如鲜花、礼品等。

3.2.3 电话访问调查法

电话访问至今已有近百年的历史,在 20 世纪 90 年代是最流行的一种市场调查技术方法。电话访问调查是指调查者通过电话与被调查者进行交谈获取信息的一种方式。电话访问在欧美等西方发达国家早已有之,由于这些国家的电话普及率高,再加上电话访问本身具有省时、省力、简单易行等优势,这种方法很快受到业内人士的重视。电话访问的使用率在美国则超过了入户访问,已经超过了 60%。

1. 电话访问的方式

电话访问一般有两种方式:传统的电话访问和计算机辅助电话访问。

1) 传统的电话访问

传统的电话访问就是选取一个被调查者的样本,然后拨通电话,询问问题的同时访问员用一份问卷和一张答案纸把访问过程中所需的信息用笔随时记录下答案的调查方法。这种方法的收费标准一般都较低,工作流程较为简单,便于管理,但是一般仅限于在当地实施,还要求访问人员口齿清楚、伶俐、善于言词沟通。

2) 计算机辅助电话访问

计算机辅助电话访问就是使用一份按计算机方法设计的问卷,用电话向被访者进行访问。访问员坐在 CRT 终端(与总控的计算机相连的带屏幕和键盘的终端设备)的对面,头戴小型的耳机式电话。CRT 代替了问卷、答案纸和铅笔。通过计算机拨打所要的号码,电话接通之后,访问员就照读 CRT 屏幕上显示出的问答题并直接将被调查者的回答(用号码表示)用键盘记入计算机的记忆库之中。使用这种方法时,计算机会系统地指引访问员的工作,并检查答案的适当性和一致性,能够大大缩减访问时间,避免了数据的整理、编码和录入等过程。但是,采用这种方式要求前期投入较大,对数据编程人员要求高。

2. 电话访问调查的优缺点

电话访问调查因为利用电话代替了登门拜访,所以收集信息的费用低,节约了时间和金钱,访问速度很快,这是其最大的特点。另外,采用这种方式进行调查的时候交谈比较自由,能够畅所欲言,获得较多信息,而且调查人员的外表、穿着、表情等都不会影响被调查者,所产生的偏差较少。

电话访问调查法同样也存在着很多不足,比如,电话沟通时间比较短,不能深入访问或者提出开放式问题,也不能同时展示实体产品,更加没有办法判断其回答的真伪性。还会因为仅凭电话沟通联络,无法看到访问人员的真实面目,比较容易产生不信任、拒绝访问的事情常常发生。另外,还有一点值得注意的是,虽然通信技术得到很大的发展和普及,但是依然无法保证每一个人都有电话,导致样本总体不齐全,抽样容易失去代表性。

3. 电话访问法应注意的问题

尽管电话访问存在着诸多缺陷,但是对那些题目少、内容较为简单、需及时得到调查结果的调查项目来说,还算是一种比较理想的方法。但是在使用的过程中,要注意以下几点:

(1) 过滤被调查者。在实际调查中,调查员必须针对接听电话的人进行过滤,检查是否符合所要调查对象的条件。条件不符就没有理由继续访问。

(2) 问卷题目不宜过长。问卷每页以 800 字计,问卷最多不超过 3 页。如以题目数计,以不超过 20 题为宜。如果问卷内容简单、活泼,问卷题数可以增加,但最多不宜超过 30 题。

(3) 每个题目的选项以不超过 4 题为原则。一般不超过 4 题以上的选择题才适合电话访问方法,而且题目内容必须容易回答,最好采用两项法问题。

(4) 每次访问时间不要太长,最好在 10 分钟以内完成,通常为 15 分钟,最多不要超过 20 分钟。

(5) 在进行电话访问时,讲究访问技巧,一般应耐心地等待对方把话讲完,不应插话或打断对方。

3.2.4 邮寄调查法

邮寄调查就是将事先设计好的调查问卷,通过邮局寄给选定好的被调查者,由被调查者根据要求填写后再寄回给调查机构。这种方法是市场调查中一种比较特殊的调查方法。

1. 邮寄调查法的优点

邮寄调查法的突出优点主要表现在以下几个方面。

1) 费用低

与其他访问方法相比,邮寄调查是原始资料调查中最为便宜、最为方便、代价最小的资料收集方法。

2) 调查的空间范围广

因为调查人员不用登门拜访被调查者,调查对象地域不受到限制,可以在较大的地区进行抽样,如全国、全省、全县等任何地区,抽选的样本可以是大容量的,使每次抽样的效度增加。

3) 调查的时间自由

在邮寄调查时问卷篇幅可以较长,被访者可以不受时间限制自由填写,也便于被调查者深入思考或从他人那里寻求帮助,还可以避免被调查者可能受到调查人员的倾向性意见的影响,或避免其他人干扰充分地回答问题。

4) 匿名性较好

由于在实施邮寄调查的过程中,被调查者不必和调查者面对面地接触,所以可对一些比较敏感或隐私的问题进行调查。

5) 对调查员的要求较低

邮寄调查不仅减少了调查员的数量,甚至不用调查员,还省去了对他们进行培训、管理等,调查程序也很简单。

2. 邮寄调查法的缺点

目前,我国市场调查中极少采用邮寄调查的方法来收集数据。在欧洲,邮寄调查所占的比例也远远低于电话调查和面谈调查。原因主要是由于邮寄调查法还存在许多缺点。

1) 回收率低

现实中,很多人收到了调查问卷后会因为嫌麻烦或者其他原因很少将其邮寄回去,这样就降低了回收率。回收率低就容易影响样本的代表性。

2) 缺乏调查对象的控制

邮寄调查无法判断调查者的真实情况、性格特征,在填写问卷时候的具体环境,也无法判断是否由其他人代填问卷,回答的可靠程度难以确定。还因为所有的问题都是通过文字来表达的,那么就要求被调查者有一定的文字阅读、理解能力和表达能力。

3) 问卷信息容易失真或者报废

因为邮寄调查过程中,调查员和被调查者是不能直接沟通的,沟通的内容容易停留在表面上和形式上。同时,被调查者对问卷有疑问的时候,无法获得合理的解释,只有乱填写或出现答非所问的现象,导致问卷信息可能失真或者报废。

正因为邮寄调查具有上述缺点,在实施过程中受到一定的限制。一般来说,在调查的实效性要求不高,调查对象的名单地址比较清楚,调查经费比较紧缺,而调查的内容又比较多、比较敏感的情况下,采用邮寄调查是比较合适的。其涉及的内容范围可以是有关日常的消费、日常的购物习惯、日常接触媒介习惯等比较具体的方面,也可以是有关消费观念、生活形态、意识、看法、满意度或态度等比较抽象的方面。

3.2.5 留置调查法

留置调查法是指调查员将调查问卷当面交给被调查者,向他们说明调研目的、填写要求,并留下问卷由被调查者自行填写完成,再由调查人员约定时间上门收回的一种市场调查方法。通常情况下,调查员会在当天或后一天的某个时候取回完成的问卷。这也是一种自我管理的调查问卷,由被调查者自己决定填写时间和环境,自行填写完成。

留置调查法和面谈访问法同样要求被调查者上门进行访问,但是访问的内容不同。

前者是说明调查活动和调查问卷的填写要求等,不涉及任何调查的问题;后者则是面对面地提问,要求被调查者回答调查问卷的问题。留置调查法又和邮寄调查法有相似之处,都是要求被调查者自己填写问卷,不需要和调查员面谈,但两者发放问卷的方式不一样。前者是由被调查者上门发放和收回;后者是通过邮寄方式,不需要被调查者和调查员见面,避免了空间的限制。因此,留置调查法是介于面谈调查法和邮寄调查法之间的一种折中的方法。

1. 留置调查法的优点

1) 调查问卷回收率高

由于是调查员当面送问卷,又上门收回问卷,提高了问卷的回收率。

2) 被调查者填写时间充裕

被调查者在拿到问卷后,不要求当面填写,而留有一定的时间去思考、回忆,然后确定合适的时间填写。这样得到的答案更能够反映被访问者的真实情况。

3) 被调查者意见不受调查人员的影响

虽然采用这种方法,被调查者也会与调查员面对面地交流,但是不需要当面填写问卷,这样可以避免受到调查员有意或无意的干扰而影响调查问卷可信度情况的发生。

4) 调查问卷的质量较高

在发放问卷的时候,调查员可以当面向被调查者说明填写问卷的要求,澄清疑问,避免由于误解提问内容而产生的误差。在回收问卷的时候,可以当场检查问卷内容,对于漏填的问题可以要求被调查者及时填写。

2. 留置调查法的缺点

1) 调查地域范围有限

因为要求调查员登门送问卷,所以与面谈调查法一样受到地域范围的限制。

2) 调查问卷的成本较高

留置调查法要求调查员必须登门两次,这样就导致花费较高,耗时较长,综合成本较高。

3) 难以了解问卷是否真的由本人填写

留置调查法给被调查者充分的时间和自由去填写,但是填写过程很难管理监督,不知道是不是被调查者本人填写,也不能确定在填写问卷的过程中被调查者是否受到家人、朋友意见的影响。

本章小结

(1) 在市场调查中,依照调查资料来源不同分为一手资料和二手资料,市场调查的资料收集方法分为文案调查法、实地调查法和网络调查法。本章主要研究文案调查法及实地调查法中的访问法。

（2）文案调查法主要收集、鉴别、整理文献等二手资料，并通过对文献资料的研究，形成对事实科学的认识。文献资料的来源主要有企业的内部渠道和外部渠道两种。

（3）实地收集资料的方法分为三大类：访问法、观察法和实验法，本章主要介绍访问法。

（4）访问法可以分为面谈访问、电话访问、邮寄访问、留置访问。

复习思考题

（1）什么是文案调查法？其主要作用和局限性表现在哪些方面？

（2）文案调查体系如何建立？

（3）文案调查法的具体方法有哪些？

（4）访问调查法有几种形式？面谈询问法有何优缺点？

（5）假设你是某乳业产品的营销人员，想要了解竞争对手在当地市场的销售情况，从什么渠道可以获得相关资料？

（6）到一个学生或者教师小型集会的场合，取得召集人的同意，在会议上进行与会者有关的问题的调查，然后分析这种调查方法的优缺点以及改进的地方。

课堂实训

实训主题1：文案调查法的应用

实训目的：练习文案调查法的设计和实施

实训任务：某餐饮集团在沈阳市中心城区开设了四家咖啡店，现在计划在浑南新区、沈北新区和沈抚新城再开设三家分店，请问需要收集哪些二手资料？如何收集？

时间：15分钟

组织：

（1）学生5人一组进行讨论；

（2）网上收集与本案相关的资料；

（3）结合案例分小组讨论；

（4）课堂讨论之后，每一小组派出一名代表作总结性发言。

环境与设备：机房和案例讨论教室

实训主题2：小组座谈法的应用

实训目的：练习小组座谈的设计和实施

时间：45分钟

组织：

(1) 每 4 名同学为一组，事先自己制作或者收集一些产品的促销单或者生日卡片的设计方案；

(2) 然后召集不超过 10 名同学的小组会议，进行小组座谈调查方法的练习；

(3) 由任课教师与其他同学一起主持会议并进行评论。

环境与设备：事先做好关于调查标的物的收集工作，按照课本的要求进行主持人的分工和会议气氛营造的准备，写好访谈指南。

课外实训

任务：实地调查方法的选择与运用

目的：综合考查对访问法的理解和使用

要求：训练学生认知能力、组织能力和思考能力

要求对某一品牌专卖店在顾客心目中的地位进行调查。通过学生的初步调查，弄清楚所调查的品牌专卖店在接受调查的顾客心目中有何地位。明确调查时间、地点、过程，弄清楚此种调查方法的优缺点。

(1) 通过对学校食堂的满意度的调查，找出存在的问题，提出解决方案，提高学生对食堂的满意度。

(2) 灵活运用相关市场调查知识和技术等专业知识。本次调查采用问卷调查法，提前将制作好的问卷在学校向同学随机发放，采用答卷方法实事求是分析学生食堂运行的方案，切实保证食堂的管理者对学生负责。

(3) 切实落实国家对高校食堂伙食补助，提高食堂质量。

(4) 完善高校后勤保障制度，根本上做到对每一位同学、老师负责。

案例分析

如何快速提升水果销量

目前，许多新颖的水果在市场上出现，比如以往不多见的蓝莓、树莓、牛油果、百香果、黑布林。消费者往往只是看一看，并没有产生购买行为，还是购买一些常见的水果，如西瓜、苹果、橙子、水蜜桃。这对新型的水果来说是一个必须要攻克的营销障碍，如何让小品类的水果快速打响市场，让消费者接受，并且养成购买和食用小品类水果的习惯，需要做好以下几点工作：

1. 挖掘水果的特殊市场价值

一般人吃水果就是为了补充维生素和膳食纤维,对水果的营养还缺少基本的了解。而一些小品类水果本身的营养价值超过了人们的想象。比如说树莓,它是水果中含有维生素 E 和超养化物歧化酶(SOD)最多的水果,这些物质具有超强的抗氧化和抗衰老功能。另外树莓还含有奇特的减肥因子——树莓酮,这种物质具有显著的燃烧脂肪的作用。因此树莓是一种特别适合女性美容瘦身的专用水果。再如蓝莓,含有一种特殊的活性物质,可以清理肾脏和膀胱的细菌,具有强肾的作用。再如猕猴桃,除了我们知道富含维生素 C 以外,还含有大量的叶酸成分,其含量也是高居水果之冠。我们都知道叶酸对婴幼儿的神经系统发育具有至关重要的作用,而补充人工叶酸其活性和安全性都值得商榷。补充天然叶酸是一种最佳的选择,因此把猕猴桃开发成孕产妇专用水果也是一个非常大的利基市场。因此把水果中特殊的营养价值与消费者的刚性需求进行完美对接就能创造一个新的功能性水果市场,而在目前的水果领域尚属于空白,急待开发和推广。

2. 采用新型的营销推广模式推广水果

现在可以通过互联网的预定和众筹模式,让消费者先付款或者先下订单,等水果成熟后再发给消费者。这种模式的好处在于使消费者在适当的季节吃到当季最新鲜的水果,保证了水果的新鲜和口感,而且加强了水果生产者和消费者之间的关系,使消费者了解到水果本身的价值和品质感。尤其是对那些生态有机的高端水果而言,更具有重要的意义。这样可以让消费者明明白白消费,知道在水果的种植过程中是如何保证无添加和安全性的,从而建立一种信任的消费关系,便于水果的长期销售。

3. 塑造水果的传奇故事

褚时健的励志橙的品牌故事已经家喻户晓,给水果塑造一个具有传奇性的品牌故事和品牌文化也将对产品的销售带来快速的增长,我们可以从水果的产地、品种、当地的气候、生态环境、种植方式、周边的动植物情况、名人见证、历史典故当中去挖掘水果非同一般的传说和神奇的秘密。就像新西兰的奇异果,给原产自中国的猕猴桃起了一个新西兰特殊鸟类的名字,赋予了鲜明品牌形象和故事。让消费者误以为这是奇异鸟爱吃的水果,而奇异鸟本身是新西兰的国鸟,备受大家喜爱,这样大家把对奇异鸟的喜爱转变为对猕猴桃的喜爱,从而让新西兰猕猴桃的销量远远超过其他地区猕猴桃销售的总量。

一些高端的进口水果在销售过程中采用了特殊的方法,对水果的销量带来促进作用。例如很多水果不按斤卖,而是按照个数卖,或者按照小包装来卖。例如美国的蛇果,智利的猕猴桃。还有在水果的外包装上,除了包装精美以外,还留下了一些介绍产品的卡片和漫画。这样让消费者更多地了解了水果的特别之处和营养价值,从而为成为品牌水果做出了基本的识别和传播路径。

目前大多数销售水果的机构,还是在卖水果本身,缺少相关水果的品牌推广和水果生活方式的缔造,这为许多企业带来了新的商机。开发水果套餐和水果的排毒养生模式,将是未来发展的一个重要突破点,如何提高水果的附加值就在于为其注入更多的社会属性和情感属性。正如一杯咖啡在星巴克要卖33块钱以上,在超市要卖五六块钱,而在家用咖啡机煮可能只要几毛钱,它们之间最大的差异就在于,赋予了商品更多的体验价值和社会价值。同样,水果市场也面临这样的选择。让更多的人吃上更适合自己身体状态需要的水果,让更多的人能够通过水果改善自身身体状态,让更多人通过水果改善家庭、亲人、朋友之间的关系,这是值得挖掘和开发的方向。

资料来源:http://www.ammo.c/第一营销网 作者:上海营销策划有限公司——劲释咨询

问题:

1. 如果你在校园内创业开一家水果店,你将采用哪种调查方法针对大学生市场需求情况进行调查?说说理由。

2. 结合案例谈谈你将怎样提升水果销量。

市场调查技术方法(下)

学习要点

知识点

1. 掌握观察法的含义及特点；
2. 掌握实验法的含义及特点；
3. 掌握网上调查法的含义及特点。

技能点

1. 学会设计和使用神秘顾客法；
2. 结合实际对各种观察法恰当选用；
3. 结合实际设计实验方案并实施；
4. 学会网络调查法与其他调查法结合使用。

导入案例

东莞引入神秘顾客暗访全市体育彩票网点

东莞目前约有1 400个体育彩票网点，从今年起，东莞市体育彩票管理中心将引入"神秘顾客"对各网点进行监管。"神秘顾客"服务采购项目的市财政预算金额达到218.4万元，"神秘顾客"调查的职责包括对网点的日常销售工作进行检测，对涉嫌不出票、坐私庄等违规行为的网点进行暗访。

根据对外公开的《东莞市体彩中心神秘顾客服务采购项目》招标文件，该项目的资金由市财政支付，预算金额218.4万元，"神秘顾客"项目的服务期到2018年年底为止，服务期内每月检测一次全市约1 400家体彩网点。按照市体彩管理中心的要求，神秘调查人员需要30人，要配备微型摄像机、微型照相机、微型录音笔。

"神秘顾客"的日常工作有哪些呢？招标文件中称，具体工作包括对全市普通网点调查及暗访违规网点调查。"神秘顾客"进店调查要全程摄录暗拍，暗访时长不得低于10分钟,同时要记录时间、网点号、访问员等信息。对门头、销售柜、奖池信息、中奖展示等重点要素拍摄时,画面要有停顿,做到清晰、可辨识。"神秘顾客"还要在网点内试买彩票、与销售人员攀谈,调查玩法知识掌握情况与销售服务意识。调查完成后要填写完整调查问卷,计算和统计网点得分情况。

针对下属涉嫌不出票、坐私庄等违规行为的彩票网点,东莞市体彩管理中心每月会提供 40 个网点名单让"神秘顾客"暗访拍摄取证。据了解,东莞市体彩管理中心要求"神秘顾客"对违规网点不出票的行为予以监控并取得音频、图片或彩票等证据。在接到投诉名单后,一个月内对该网点暗访力度不低于 3 次,暗访时段含工作日及周末、晚上等不同时段。违规网点暗访视频证据含该网点的门头照、该网点销售员及销售不出票过程。

为防止"神秘顾客"一再出现,成为违规彩票网点的熟面孔,暗访检测的"神秘顾客"应独立于普通网点检测,调查人数不低于 4 人,同一个"神秘顾客"暗访同一个网点时间间隔应在 15 天以上。每 3 个月定期更换一批,保证"神秘顾客"的独立性和安全性。

资料来源:(金羊网)羊城晚报 版次:A06 作者:文聪 2017-02-16

4.1 观察法

人们在日常生活中,无时无刻不在通过观察获得各种各样的信息。在市场调查活动中的观察法也是如此。观察法不再通过问卷向被调查者提出问题要求他们回答。观察法的使用仅仅是凭借调查员的眼睛、耳朵去感受,或者利用一些录音机、照相机等仪器设备来记录和考察被调查者的活动与现场事实,以便获得必要、有用的信息。真维斯服装公司为了督促各专卖店提高服务质量,经常派出调查员伪装成顾客到各个门店进行暗访调查,这就是使用观察法获得信息的常见的一种情况。

4.1.1 观察法的含义

观察法是指调查员根据一定的研究目的、研究提纲或观察表,用自己的感官和辅助工具深入现场去直接观察被调查对象,记录正在发生的市场行为或市场现状,以获取各种原始资料的一种方法。观察法与日常的随意观察是不同的,它是有目的的、有计划的、系统的和可重复的观察活动。

采用观察法的时候,被观察对象往往处在自然状态下,由调查员利用眼睛、耳朵等感觉器官去感知观察对象。由于人的感觉器官具有一定的局限性,调查员常常要借助各种现代化的仪器和手段,如照相机、录音机、显微录像机等来辅助观察。

4.1.2 观察法的分类

在实际使用观察法来进行某项市场调查的时候,可以根据调查的要求及成本等限制条件选择合适的观察法。从不同角度观察法可分为以下几种类型。

1. 按观察者是否参与被观察对象的活动划分

按观察者是否参与被观察对象的活动，可分为完全参与观察、不完全参与观察和非参与观察。

1) 完全参与观察

完全参与观察是指观察者长期地生活在被观察者之中，生活在一起，开展调查活动，甚至改变自己原有的身份。例如，一些商场中的企业信息员为了获得与该企业产品有关的信息，常年以销售员的身份在商场里从事销售工作，观察顾客购买该企业产品的情况。这种方法在实施过程中，观察员要避免身份暴露而引起被观察者的紧张，导致信息传递量的减少和失真；也要避免长期与被观察者生活在一起而被影响、被同化，失去了客观的立场，使调查结果带有偏见。

2) 不完全参与观察

不完全参与观察是指观察者不改变身份，而是以半"客"半"主"的身份参与到被观察人群之中，并通过这个群体的正常活动进行观察。在这种调查中，被观察者往往会由于维护自身或他人的利益、形象等原因而掩盖一些材料信息，使调查结果不全面或失去真实性。

3) 非参与观察

非参与观察是指观察者不参与调查活动，而是以局外人的身份去观察事件发生和发展的情况。这种观察比较客观、公正，但是无法了解到事情背后深层次的原因，观察到的往往是表面现象，也不能获得全面、细致的资料。

2. 按观察结果的标准化程度划分

按观察结果的标准化程度不同，可分为控制观察和无控制观察。

1) 控制观察

控制观察是指在观察调查中根据调查目的预先确定调查范围，以统一的观察手段、程度和技术进行有计划的系统观察，使观察结果达到标准化。控制观察一般用于目的性、系统性较强的调查，或简单观察后，为使调查更加精确而进行的补充调查或取证。此方法在实施的时候，必须拟定观察提纲，确定观察的总体范围、观察的具体对象及项目，制定观察表或观察卡片。

2) 无控制观察

无控制观察是指对观察的目的、程序和步骤等不作严密的规定，也不用标准方法进行记录，比较灵活，可以获得意想不到的宝贵资料。无控制观察常用于探索性调查或有深度的专题调查。

3. 按取得资料的时间特征划分

按取得资料的时间特征不同,可分为纵向观察和横向观察。

1) 纵向观察

纵向观察是指在一定时间内,就不同的时间观察同一现象或事物,进行一连串的记录,并保持时序性,能了解调查对象发展变化的过程和规律。例如,在某新产品上市后,训练有素的调查员在超市里观察有多少人走过售货架、有多少人停下来,并观察他们在选择、购买或重新放回该产品时的表情、动作等情况。这种调查方法要求观察活动应该有一定的规律,并选择有代表性的观察时间范围。

2) 横向观察

横向观察是指在某一特定时间内观察若干同类现象或事物的状况,取得横断面的记录,作分析研究,能够扩大调查的范围。例如,上述新产品上市后,同时在若干个超市里观察这种产品的销售情况。

另外,市场中常常使用的是纵横结合观察,也就是为保证观察结果更准确,在有时间和精力的情况下,可以将纵横观察两种形式结合使用,这样可以获得更可靠的调查资料。

4. 按观察地点和组织条件划分

按观察地点和组织条件不同,可分为自然观察和实验观察。

1) 自然观察

自然观察是指调查员在一个自然环境中(包括超市、展示地点、服务中心等)观察被调查对象的行为和举止。这种方法不需要专门对观察场所和对象进行控制,而是直接到现实生活中对观察对象进行观察。一般是非结构式观察,适用于定性类型的调查。

2) 实验观察

实验观察是指在有各种观察设施的实验室或经过一定布置的活动室、会议室等场所内,对研究对象进行观察的方法。这种方法常常用于了解人们某些具体的、细微的行为特征。在实施该方法的时候,最关键的问题是不能让被观察对象知道自己被人监视了,否则会影响调查的真实性。

5. 按观察的具体形式划分

按观察的具体形式不同,可分为人员观察、机器观察和实际痕迹观察。

1) 人员观察

人员观察是指调研机构派出调研员到观察现场实施观察任务,实地观察被观察对象,以便了解情况的一种方式。例如,上述新产品上市后,公司可以派调查员到商场、超市、专卖店、展销会等现场,亲自观察和记录顾客的购买情况、积极程度以及产品的性能、式样等。人员观察法可以再细分为销售现场观察、使用现场观察和供应商现场观察。

2）机器观察

机械观察是指以各种观察设备、器材完成对具体观察目标的观察任务。机器观察可能比人工观察更便宜、更客观、更详细。例如,某商场要选址扩店,就可以采用这种方法估算某地的客流量以及可能达到的预期利润。

3）实际痕迹观察

实际痕迹观察是指调查员不直接观察被调查者的行为,而是通过一定的途径了解他们的行为痕迹。例如,某汽车公司想要在电台做广告,但是不知选择哪个频道的节目投放。于是,公司派出调查员到城市各大中型汽车维修站对前来清洗、维修的汽车进行观察,看看它们的车载收音机最后一个频道是多少,然后就在这个频道播放广告。

4.1.3 观察法的优缺点

观察法是市场调研中非常重要的方法之一,它可以客观地收集资料,实地记录市场现象的发生,能够获得直接、具体的生动材料。在观察过程中,调查人员可以切身体会市场现象发生的实际过程,也可以了解当时的环境气氛,这也是观察法最独特的地方。然而,这也是观察法的难点。因为这对调查员本身的要求很高,需要其用眼睛灵敏地捕捉现场大量的信息。

1. 观察法的优点

观察法通过观察直接获得资料,不需其他中间环节,可以获得更加真实、更加客观的原始资料;观察法是在自然状态下得到的资料,简单易行、灵活性强;观察法可以收集到一些无法言表的材料,避免因为表达能力的强弱而产生误差;观察法也是成本很低的一种调查方法。

2. 观察法的缺点

观察法同其他市场调查法一样,有自身的局限性。一是只能了解表面的情况,不能了解内在的动机,当被观察者拒绝或抵触时,不能观察到其真实的想法。二是观察法只能观察事情发生过程中的情况,过时不候;三是观察法受观察者本身的限制,对观察者要求很高,而且还会受到其主观意识的影响;四是观察法不适应于大面积调查,也不能估算调查误差。

【小资料 4-1】

4.1.4 观察法的用途

目前,在企业的市场调查活动中,观察法发挥着至关重要的作用,有时甚至是其他方法无法替代的。生活中经常使用的观察法有如下几种。

1. 观察顾客流量

这种观察主要应用于一些商场超市,它们的经营者可以通过公开的观察来记录顾客流量、统计客流规律和商店购买人次,重新设计商品的陈列和布局。在美国超级市场的入口处,通常陈列着厂家用来推销的新产品或者商店要推销的季节性商品。顾客走进商店时,多半会驻足观看甚至选购这些商品。市场调查人员可以利用这一机会,观察和收集消费者对新产品或季节性产品的注意力以及购买情况的资料。商店经营者往往需要了解竞争对手的经营情况,才能在商场上知己知彼,处于竞争的主动地位。

但是,公开地在竞争对手的商店进行调查会引起对方的注意。隐蔽观察法可以作为直接收集竞争对手资料的一种调查方法。如果企业采用派遣市场调查人员作为顾客到竞争对手的商店进行直接观察,将可以获取竞争对手的商品的花色品种、价格,以及陈设和布局、商店的促销活动、销售人员的服务等方面的资料。

2. 观察现场痕迹收集数据

痕迹观察法是通过对现场遗留下来的实物或痕迹进行观察,了解顾客行为规律或者其他市场情报的调查方法,这也是一种间接观察的方法。

查尔斯·巴林先生在 20 世纪初对芝加哥街区垃圾的调查便是这样的一个例子。这种对垃圾的调查方法,后来竟演变成进行市场调查的一种特殊的、重要的方法——"垃圾学"。所谓的"垃圾学"是指市场调查人员通过对家庭垃圾的观察与记录,收集家庭消费资料的调查方法。这种调查方法的特点是调查人员并不直接地对住户进行调查,而是通过察看住户所处理的垃圾,进行对家庭食品消费的调查。

美国亚利桑那大学的几位社会学教授曾采用"垃圾学"的方法,调查土克桑市居民的食品消费情况。调查结果表明:土克桑市的居民每年浪费掉 9 500 吨食品;被丢弃的食品中有许多是诸如一整块牛排、一个苹果或者一听打开的豆子罐头等可以食用的食品;低收入家庭比高收入家庭能更合理地安排食品消费;所有的家庭都减少对高脂肪、高蛋白食品的消费,但对方便食品的消费却有增无减。这项由政府资助的项目得到有关方面的高度重视,它对调查美国居民的食品消费提供了样本和数据。

3. 顾客行为仪器观察法

顾客行为仪器观察法是指在顾客可能发生行为等特定的场所放置可以进行科学记录的仪器,而后定期通过仪器对顾客的行为观察以获得有关信息的调查方法。人们常常使用照相机、录像机、心理测定器、闭路电视、计算机等仪器来观察或记录被调查对象的行为或所发生的事情,以提高调查的准确性。比如,在商场的进出口安装此类仪器可以测试顾客的流量;在柜台附近,可以研究顾客在选购产品时的挑选过程、评价标准等;甚至在顾客的家里,得到其允许后安装仪器,观察顾客使用产品的过程,常见的是电视频道的调查。美国最大的市场调查公司——A.C.尼尔森曾采用尼尔森电视指数系统评估全国的电视收视情况。尼尔森电视指数系统代替了传统的调查小组日记的方法。尼尔森公司抽样挑出 2 300 户有代表性的家庭为调查对象,并为这 2 300 户家庭各安装一个收视计数器。当被调查者打开电视时,计数器自动提醒收视者输入收视时间、收视人数、收看频道和节目等数据。所输入的数据通过电话线传到公司的计算机中心,再由尼尔森公司的调查人员对计算机记录的数据进行整理和分析工作。利用扫描仪对商品条形码作记录又是另一种普遍应用的市场调查法。

4. 神秘顾客法

人员观察是观察法中最主要的形式之一,可以分为神秘顾客法、单向镜观察法、购物形态和行为、内容分析等。其中,神秘顾客法是最常使用的,是由经过严格培训的调查员,在规定或指定的时间里扮演成顾客,对事先设计的一系列问题逐一进行评估或评定的一种商业调查方式。神秘顾客检测最早出现在美国银行与零售业,用来防止员工偷窃行为。20 世纪 40 年代,"神秘购物/神秘顾客检测"一词正式出现,并且开始使用这种方法评估客户服务。这种方法在国外使用非常普遍,涉及的行业有星级酒店、民航班机、IT 专卖店、加油站、电信营业厅、汽车 4S 店、快餐连锁店和其他连锁店服务等。

"神秘顾客"调查可以调查以下几个方面:

(1) 现场销售人员在某种程度上扮演着"产品专家"的角色。所以,"神秘顾客"调查的第一重点是考察现场销售人员的"产品知识"。当然,产品知识不仅包括产品技术参数、基本性能,更重要的是现场销售人员应该能够阐明产品性能对于消费者使用的利益点,同时产品主要卖点与竞争对手相比较的优劣势也是考察的重点。

(2) 由于耐用消费品的消费者在购买产品时有售后服务的担心,所以销售人员对于企业背景和售后服务支持应该有一定的了解。"神秘顾客"对企业的售中服务和售后服务可以起到很好的监督作用。

(3) 近年来耐用消费品行业竞争异常激烈,主要表现在"价格战"非常严重,在耐用消费品行业各种形式的促销活动也层出不穷,所以现场销售人员应该能够清楚明了地解释企业的促销活动内容,同时了解竞争对手的卖场活动。

(4) 销售人员的态度、仪容仪表也会给消费者留下印象分,这也是调查的内容之一。当然,在"神秘顾客"调查的同时还可以收集相关的卖场信息,这对于企业掌握零售卖场的情况非常有帮助。为了使"神秘顾客"调查真正起到检查监督的作用,在设计该项目时应注意访员要有计划地更换,以免被现场销售人员识破。另外,"神秘顾客"到达卖场的时间应在高峰时间和低峰时间都有安排,才能全面检查到现场销售人员的服务状况。

【小资料 4-2】

4.2 实验法

4.2.1 实验法的含义

实验法是市场调查中收集第一手资料的一种重要方法,是指在影响调查问题的许多可变因素中,调查员有目的、有意识地通过改变或控制其中一个或几个市场影响因素的实践活动,来观察其他因素在这些因素影响下的变动情况,从而认识市场现象的本质和发展变化规律。实验的目的是为了证明一种变量(通常称为自变量,用 X 表示)的变化,能否引起另一种变量(通常称为因变量,用 Y 表示)也随之变化。例如,一种新广告投放(自变量)到某试销市场,该市场的销售量(因变量)得到了提高,但是其他没有投放新广告的市场销售量并没有增长,那么实验人员就可以认为,是新的广告导致了销售量的增长。实验法是将自然科学中的实验求证理论移植到市场调查中来,在给定的条件下,对市场经济活动的某些内容及其变化加以实际验证、调查分析,从而获得市场资料。

实验法在市场调查中应用的范围较广,如企业面临新产品准备进入市场时,是否更换产品的包装、产品是否要拍摄新的一系列广告、商品陈列是否变更等问题时都可以先进行实验,而后根据实验的结果作出经营决策。

【小资料 4-3】

4.2.2 实验法的分类

根据选择实验场所的不同,实验法可以分为两类:实验室实验和现场实验。

1. 实验室实验

实验室实验包括一般实验室实验和模拟实验。一般实验室实验是指调查员在严格控制许多外部变量的情况下,使应试者集中注意力于其所感兴趣的变量的一种方法。这一方法最重要的特征就是调查员能够控制自变量和因变量,通过这种控制可以消除许多外来因素的影响,这使得实验室实验具有较高的内在效度。实验室实验的另一种形式就是模拟实验。模拟实验就是让参加测试者扮演某种角色,观察测试者的行为,然后根据研究结果推论在现实环境中的情形。

实验室实验与现场实验相比既省钱又省时,但是其最大的缺点就是用实验结果推断实际情况的时候所产生的误差可能很大。因为实验室实验最大限度地消除了外生变量对实验结果的影响,也就是说,实验环境和实际环境存在着不能消除的差别。

2. 现场实验

现场实验是指在现实情况下进行的实验,其最大的特点就是调查员必须在自然环境中进行实验,其实验的环境非常接近实际情况。比如,在几家商场里以不同的价格销售同一商品,以检验是否有必要改变商品的价格。但是,现场实验缺乏对自变量和外生变量的控制,像天气、竞争者的活动等就无法由实验者控制。由于此方法的调查结论易于推广、预测效力较高,所以在市场研究中经常被用于新产品大范围推出前的最后验证,社会领域里也大多采取现场实验法。

4.2.3 实验法的优缺点

实验法是通过实验活动提供市场发展变化的资料,然后估计实际的情况,作出决策。这是企业表现出的一种积极主动的市场态度,对检验宏观管理的方针政策与微观管理的措施方法的正确性来说,是一种有效的方法。

1. 实验法的优点

1)可以探索不明确的因果关系

通过实验设计,控制一个或几个因子(自变量),尽可能地排除外来因素的影响,观察某些市场现象之间是否存在着因果关系,以及相互影响程度。

2)通过实验取得的数据比较客观,实验的结论有较强的说服力

在实验单位、实验变量、实验设计、实验条件和实验环境都基本相同的情况下,实验结果不会因为实验员、实验时间、实验地点等因素的不同而不同。实验具有一定的可重复性,比较有说服力。当然,在实际的市场活动中影响经济现象的因素很多,可能由于非实验因素不可控制,而在一定程度上影响实验效果。

2. 实验法的缺点

实验法的运用也存在一定的局限性并且费用较高。实验法只适用于对当前市场现象的影响分析,对历史情况和未来变化的影响较小。实验的设计中,很多因素是难以人为控制的,相互关系复杂,这都会影响实验的正确性。实验法所需的时间较长,又因为实验中

要实际销售、使用商品,因而费用也较高。

4.2.4 实验法的设计

根据市场调查的目的不同,是否设置对照组和设置组数的多少,可以设计出多种实验方案。实验设计有两种方法:非正规设计和正规设计。其中,非正规设计又包括无对比组的事前事后实验设计、有对比组的事后实验设计、有对比组的事前事后实验设计和所罗门四组设计四种。正规设计又包括单因素正规实验设计和拉丁方设计等。

1. 非正规设计

非正规设计的主要特点是非随机性,即在选择实验对象时缺乏随机性,但由于其所花费用少且容易操作,因此在市场调查活动中被广泛应用。

1) 无对比组的事前事后实验设计

这是最简便的一种实验调查法。在实验设计时,在同一个市场内,实验期前在正常的情况下进行测量,收集必要的数据;然后进行现场实验,经过一定的实验时间以后,再测量收集实验过程中(或事后)的资料数据,从而进行事前事后对比。通过对比观察,了解实验变数的效果。

2) 有对比组的事后实验设计

在单一实验组的事后实验设计中,是无法排除其他非实验因素的影响的,仅能粗略地估计实验效果,是一种探测性的实验。假设在某年的 10 月,某品牌羽绒服厂家认为其羽绒服价位偏高,销量不理想,于是决定在 12 月开始降价。结果,销量比 11 月增长了 20%。这样,能证明降价是决定销量的关键吗?

当然不是,我们都知道即使该厂家没有降价,到了 12 月羽绒服产品的销量也会越来越大。那么,面对这种情况,就可以采用有对比组的事后实验设计。

在讲解此方法之前,先要说明两个名词:控制组和实验组。控制组是指非实验单位(企业、市场),它是与实验组作对照比较的,又称对比组;实验组是指实验单位(企业、市场)。控制组同实验组对比实验,就是以实验单位的实验结果同非实验单位的情况进行比较而获取市场信息的一种实验调查方法。

明确了上述概念后,对比一下,我们可知采用有对比组的事后实验设计,就是将实验组和对比组的观察对象在同一时间上进行对比,这样就排除了其他非实验因素的影响。

3) 有对比组的事前事后实验设计

有对比组的事前事后实验设计是指对比组事前事后实验结果同实验组事前事后实验结果之间进行对比的一种实验调查方法。这种方法不同于单纯的在同一个市场的事前事后对比实验,也不同于在同一时间的对比组同实验组的单纯的事后对比实验。

这一实验方法是在同一时间周期内在不同的企业、单位之间,选取对比组和实验组,并且对实验结果分别进行事前测量和事后测量,再进行事前事后对比。这一方法实验的变数多,有利于消除实验期间外来因素的影响,从而可以大大提高实验变数的准确性。

4) 所罗门四组设计

所罗门四组设计的思想与前后有控制的对比实验设计相似,实际上是一种以最简单的形式把前面几种设计组合起来所得到的一种新的实验设计。该实验设计为了控制所有干扰变量对实验的内在有效性的影响,设计了四个组,即两个实验组,两个对比组。两个实验组中,一个组有事前测量与事后测量,一个组只有事后测量;两个控制组中,也是一个组有事前测量与事后测量,一个组只有事后测量。

2. 正规设计

正规设计也称为随机对比实验,是指调查人员按随机抽样法选定实验单位进行实验调查。在非正规设计的几种实验调查法中,都是按照判断分析的方法选择实验单位,简便易行,也能够获得较好的调查效果。但当实验单位很多,市场情况十分复杂且不太熟悉时,按主观的判断分析选定实验单位就比较困难。这时,可以采用正规设计,即采用随机抽样法选定实验单位,使众多的实验单位被选中的概率相同,从而保证实验结果的准确性。正规设计的特点是只考虑一个变量的市场效果,同时消除非试验变量的影响。正规设计的方法很多,这里介绍两种重要的正规实验设计类型。

1) 单因素正规实验设计

单因素正规实验设计就是在实验设计中只选择一个影响因素作为实验因子,通过几组样本的同类观察数据的统计分析比较,得出实验开始前所作的假设是否能够成立的结论。这种设计的所有实验单位都是完全采用简单随机抽样抽取的,使众多的实验单位被选中的概率相同,从而保证实验结果的准确性。单因素随机化设计在统计处理上,如果只有两种处理,就用 t 检验来检验两种处理之间的差异。如果是两种以上处理,则先用一元方差分析来检验各处理之间差异是否显著。若 F 检验不显著,说明各种处理之间无显著差异;相反,若 F 检验显著,说明各种处理之间的确存在差异,在此基础上可进一步采用 t 检验方法对每两种处理之间的差异进行检验。

2) 拉丁方设计

在单因素随机设计中,只有一个干扰变量得到控制和分析,而在拉丁方设计中,调查人员可以控制两个干扰变量,因而可以进一步降低实验误差,提高实验结果的精确性。拉丁方设计有一个基本要求,即两个干扰变量的变化水平数目要与实验处理相同。如果实验处理为三种,两个干扰变量的变化水平也应为三种;如果实验处理为四种,两个干扰变量的变化水平也应为四种。在此之前关键就是要确定一个具有相对科学性的实验程序设计方案,方法就是采用拉丁方格的原理进行设计。若目标变量受到多个实验因子变动的影响,就要采用多因素随机试验设计法。

拉丁方设计既有优点也有缺点。其优点是,在许多研究情境中,这种设计比完全随机设计和随机区组设计更加有效,它可以使研究者平衡并分离出两个额外变量的影响,因而减小实验误差,可获得对实验处理效应更精确的估价。另外,通过对方格单元内误差与残差的 F 检验,可以检验额外变量与自变量是否有交互作用,以检验采用拉丁方设计是否合适。拉丁方设计的缺点是,它的关于自变量与额外变量不存在交互作用的假设在很多情况下都难以保证,尤其当实验中含有多个自变量的时候。因此,拉丁方设计在多因素实验中不常用。另外,拉丁方设计要求每个额外变量的水平数与实验处理数必须相等,这也在一定程度上限制了拉丁方设计的使用。

【小资料 4-4】

4.3 网络调查法

随着信息技术的发展,计算机和网络越来越频繁地出现在人们的眼前,渐渐地在人们的生活中占据了一个很重要的地位。于是,在传统的面对面的市场调查中衍生出了一个新兴的网上市场调查,这种通过网络的市场调查方式极大地扩大了市场调查的人数及地域度,让更多的人能够参与到该市场调查的活动中来,这样既节省了人力、物力,还能够使调查数据更符合现今的市场状况。

4.3.1 网络调查的兴起

网络调查法又称网上调查或网络调查,是指充分利用网络的特殊功能和信息传递与交换的技术优势,将企业需要的市场相关信息通过网络收集、处理和分析,以获得有价值的数据和资料的一种调查方法。

这类调查的主要研究目的与一般的市场调查和民意调查原则上并没有什么不同,所不同的只是利用计算机网络为传播手段,代替传统的面对面访问、电话访问或者邮寄访问的手段,来研究消费者的一般行为或研究特定群体的行为。

网络调查在 20 世纪 90 年代开始成为热门。随着网络技术的发展和计算机应用技术的普及,网民数量的快速增长为网上调查的可行性提供了基础,并且越来越受到重视。进入 21 世纪以来,我国计算机辅助电话调查(computer assisted telephone interview,CATI)的快速发展,是伴随电话普及率的提高和电话调查软硬件技术的发展而发展起来的。一些国际上从事网络调查及其相关技术研究的公司在 2003 年前后开始进入我国,国内一些有规模的公司也开始了网络调查业务。尽管我国的市场调查总体水平低于发达国家,但是利用互联网快速发展的机会,尽快缩小我国与发达国家在市场调查技术和方法方面的差距,是完全有可能的。

4.3.2 网络调查的常用方法

网络调查方法是随着网络技术的发展而兴起的一种新的社会调查方法,其方法有很多,主要是利用企业的网站和公共网站进行市场调查研究。

1. 网站/网页调查

网站/网页调查时将设计好的问卷放在网站的某个网页上,问卷一般都设计得比较吸引人,而且易于回答。网民可以根据自己的情况,决定是否参与调查。方法一般是给调查对象发出一封 email,解释该调查的性质并邀请他们参加。邮件中有与调查问卷的超链接,只要点击该链接,浏览器就会自动打开显示出问卷的第一页。调查的结果自动进入数据库,便于快速处理。

网站/网页调查根据问卷格式和生成系统的不同,可以分为纯超文本格式网站,网页调查、固定格式互动网站,网页调查和定制互动网站三种方式。这种调查方式类似于传统调查中将问卷刊登在报纸杂志上的调查。如果调查员能得到目标群体的名单(以及他们的 email 地址),网站/网页调查的效果可能是不错的。

2. 电子邮件调查

电子邮件调查是将问卷直接发送到被调查者的私人电子邮件信箱里,引起被调查者的注意和兴趣,主动地填答并发送回问卷。这种方法的调查需要实现收集目标群体的电子邮件信箱作为抽样框。

根据问卷生成的工具不同,电子邮件调查可以细分为电子邮件文本调查、电子邮件软件调查、可执行文件调查三种方式。

电子邮件调查类似于传统调查中的邮寄问卷调查,其到达范围广,是几种网络调查方法中相对最快、最简单的。不过,由于电子邮件大多只限于平面文本格式,因此无法实现跳答、随机化、自动查错等较为复杂的问卷设计,而且调查的质量在很大程度上取决于抽样框的完备性和回收率的高低。

3. 弹出式调查

当网民在访问网站的过程中,可能会碰到弹出来的一个窗口,邀请网民参与一项调查。如果网民有兴趣参与,点击该窗口中的"是",便会出现有一份问卷的新窗口,完成网上问卷后即可在线提交。网站安装有抽取被调查者(在线网民)的软件,可按照一定的方法自动地抽取被调查者。

这种调查类似于传统调查中的街头或固定地点拦截式调查,得到的一般也不是真正意义上的随机抽样。由于"拦截的标准"根据的是访问(在线网民)而不是访问者(网民),

因此,经常访问者(重度网民)被拦截抽取的可能性大于偶尔访问者(轻度网民)。这种调查更适合了解网站使用情况的调查。

4. 网上固定样本

网上固定样本调查是一种将互联网技术与传统(网下)调查相结合的方法。通过随机的抽样调查(如电话调查或入户访问),或其他有效的方法(如利用现成的比较完备的数据库),征募目标总体的一个有代表性的固定样本,样本户可能是网民,也可能不是网民。对于不是网民的样本户赠送计算机和提供上网的条件(对已有上网条件的样本户可以考虑不再赠送计算机)。对这个样本进行定期的网络调查。这种调查类似于传统调查中的计算机辅助人员调查的固定样本,或是传统的利用测量仪进行收视率调查的固定样本。如果固定样本的抽样和征募保证了质量,这种方式的调查则具有较好的代表性,而且快捷、可靠。利用多媒体技术还可以增加参与调查的趣味性。当然,开始建立固定样本所需投入的费用也是相当高的。

网上固定样本调查还经常结合网上下载调查文件的方法,一般是先在样本户的计算机上安装相关的软件,完成问卷时被调查者只需利用该软件下载一个很小的调查文件,运行时会生成一个数据文件,当计算机再次联网时,数据文件就会被上传,完成数据回收。

5. 一对一的网上深层访谈

这种形式的研究类似于传统的深层访谈,一般采用非结构式的或半结构式的访谈,只不过不是面谈的方式,而是采用电子邮件进行访问,或是利用实时软件,如 MSN、QQ 等,通过网上聊天的方式进行访问。对于被访问者,这种方式可以由自己自由地掌握回答的时间,而且回答往往可能更深入、更有思考性。同时,在访问者和被访问者都具备网上交流条件的前提下,可以避免访问对象数量、多样性、地域分配和时间等多方面可能存在的问题,还有比较安全、私人和熟悉的交谈"空间",访问过程也有记录,便于整理、分析。

但是,一定要注意,使用该方法时也要注意对方如果在公共场所(办公室、网吧等)上网,也会影响与被访问者的交谈。

6. 网上小组座谈会

网络技术的飞速发展使得网上小组座谈会得以实现,一般利用基于在线社区的专用调查软件来实现网上实时讨论。目前,不少调查公司都有类似的软件,操作并不复杂。这种软件一般还支持插入 3D 图片或现场实况图像等,因此可用以进行产品概念测试、产品包装测试等研究。

网上小组座谈会上,客户可以通过另一个界面实时地监测讨论的进程,并可以随时针对讨论的情况向主持人秘密地提出意见和建议。开好小组座谈会的关键是参加者能否积极地、容易地参与所关心话题的讨论,而网络环境为改进方法提供了广阔的机会。

7. 网上观察法

研究表明，一般人感兴趣的观察领域有四个：非语言的行为（身体语言、面部表情等）、空间行为（与身体接近和距离有关的问题）、语言行为（说过什么，怎么说）和其他语言行为（说话的速度、声音的大小等）。利用目前的网络技术，可以利用网络观察法去研究人们的语言行为。在网上进行观察的时候，在自然设置情况下的语言分析和谈话分析等方式，都可以使研究者"观察"各种类型的新闻小组或利用实时聊天方式进行的同步会议的自然谈话。观察者还可以进行隐蔽式观察，观看谈话者之间的互动关系。当然，也可以进行公开身份的观察，甚至参与其中。但是，在网上观察的时候也要注意对个人隐私的保护和尊重。

8. 网上文献资料分析

目前网上的信息资源已经非常丰富，通过网络获得各种文献资料已经成为市场研究的一种主要渠道了。在请求式征集方面，与传统的文献资料分析法相比，网上征集的方法可以更快地征集到更大范围、更多地点的文献资料，且易于得到对方的帮助和合作。现代的图书馆、档案馆和政府部门等都有自己的网站平台，如果是在非请求式的征集中，互联网提供了在众多公共网站上寻找有关资料的便利条件，还可以收集到更多的相关信息。

各种网络调查方法有不同的特点，在运用网络调查方法时，应当扬长避短，与传统社会调查方法相结合，根据不同的调查对象选择不同的调查方法。

【小资料 4-5】

4.3.3 网络调查的优缺点

1. 优点

1）方便

网络调查的范围广泛，可以方便地进行几乎任何城市甚至全国性、全球性的调查；在调查时间方面也可以让被调查者自己掌握，可以根据自己的方便选择合适的时间和合适的地点进行，一些高端的、不好接近的人群也可以加入其中。

2）快速

由于互联网技术和调查软件的发展，网络调查可以省掉传统调查中的很多花费时间较多的环节，因此比较快速。

3) 成本相对较低

由于网络调查可以省掉传统调查中很多费钱的环节(问卷印刷的成本、问卷发放的交通费用、访问员的培训和雇佣费用等),这样网络调查的成本相对较低。需要说明的是,尽管网络调查的成本较低,可是也要购买大量昂贵的硬件设备和日后的设备维护,需要一个长期的较高的投入。

不过,从总的发展趋势来看,由于拒访、无法接触等问题日益严峻,传统调查的成本也会越来越高,网络调查随着互联网的普及会逐步成熟,成本也会随之降低。

4) 数据质量相对较高

网络调查的数据质量有无保证,很多人对此都存在疑问。似乎由于人们在网络这个虚拟世界里的行为是不可信的,因此网络调查的结果是不可靠的。但是事实并非如此。相反,网络调查有可能得到更真实、更可靠的高质量的数据。

首先,网络调查中被访者的真实身份是可以通过一些技术手段来控制的。例如,通过IP地址、插件(Cookie)技术、安全密码进入和身份识别符等手段,加上在被访者注册和答题过程中的人工甄别,可以较好地保证回答问卷的真实性和可靠性。其次,由于没有访问员的影响和干扰,就如同邮寄问卷调查那样,被访者仅凭自己的感受或直觉,更易作出真实的回答,特别是对于一些比较敏感的问题。

事实上,传统调查中访问员的作弊问题一直很难解决。此外,问卷的回收、录入和整理等过程中的人为差错也是很难避免的,而网络调查则没有类似的问题。因此,如果调查机构和研究者高度重视和努力,就完全有可能得到比传统方法更高质量的数据。

2. 缺点

1) 样本对象的局限性

网上访问仅局限于网民,这就可能造成因样本对象的阶层性或局限性带来调查误差。从我国目前互联网的普及程度来看,网民是消费者总体中比较特殊的一部分,大多集中在城市、年轻的群体,网民和非网民之间的消费行为习惯的差异还是很大的。所以,会影响部分调查的总体代表性。比如,近年来,每年的春晚收视率调查都会是大家关注的重点。2010年据央视网消息,承担CCTV春节联欢晚会同步电话调查的CTR市场研究公司于大年初二通过随机抽样,电话调查了2 290个收看家庭,结果显示,96.1%的用户收看了2010年的春晚,其中81.6%认为2010年的春晚办得好。而2月15日的《广州日报》却报道说,在某门户网站对2010年的春晚的满意度调查上,认为"好"的只占15.2%,不到两成,46.5%的人认为"不好"。这其中的原因除了抽样的方法和调查数据分析方法等方面的差异之外,还有一部分原因是网络调查所关注的人群大多为年轻人,样本本身具有一定的特殊性,代表性差。

2) 网络安全性和个人资料的保密问题

被调查者对网络安全的顾虑是网络调查发展的另一个障碍。因为被调查者可能会担心填写网络调查问卷后,自己的隐私会被暴露,个人资料可能被其他人利用等原因,而不愿意合作。调查机构面对这样的情况,必须承诺被调查者参与网络调查是安全的,保证被调查者的个人资料是不会被窃取的,调查的结果不会被用于市场调查之外的其他任何行为。

当然,随着技术的发展,能够采用先进的技术手段从一定程度上减少被调查者对网络安全的担心。市场研究行业的日益规范和自律也可以消除被调查者的顾虑。

3)网上访问需要一定的网页制作水平

在使用网络调查的时候,网上访问的基本网页制作、数据库的建立等方面都需要技术的支持,这也是制约网络调查发展的一大障碍。

但不管怎样,随着网络事业的迅猛发展和网民比例的不断上升,网上访问不仅代表着一种趋势,也代表着一种潮流,其作用将愈加凸显。

4.3.4 网络调查的应用范围

根据网络调查的特点以及目前我国互联网发展的情况,此方法更多地应用到以下的一些范围。

1. 针对一些特定人群的调查

当我们的调查主题所确定的被调查者对象本身就具备一定特性,如文化程度较高、收入较高的中青年人时,他们都是网络的热衷者。因此,采用这种方法比较适合。

2. 针对一些特定的产品或服务的调查

如果是针对类似电子产品、电信、金融、保险、汽车、房子、互联网和电子商务等与网络有着密不可分关系的产品,也适合采用这种方法。

3. 针对一些可以借助多媒体技术的特定调查

如果某些公司组织进行广告片测试、产品包装测试、新产品概念测试等调查,采用原有的实验法和访问法,就必须确定合适的调查对象,将其集中在某一空间内,播放或讲解广告、产品包装等具体的情况。之后,与被调查者沟通或让其填写问卷,最终得到结论。这是一项非常复杂的调查活动。但是如果在网上进行调查,则避免了一些多媒体视频资料的播放和讲解等环节。

4. 与网络相关的调查主题

当进行消费者的网络行为与态度的研究、网上购物调查、网络广告影响模式与综合效果研究、网络服务满意度调查等活动的时候,采取网络调查活动简直再合适不过了。

5. 社会热点问题和突发问题的调查

传统的调查活动费时较长,面对社会热点问题和突发问题进行调查的时候,其时效性就显得很差。网络调查就比较适合这样的快速调查活动。

6. 针对企业/机构/集团内部的员工满意度的调查等

本章小结

（1）观察法是指调查员根据一定的研究目的、研究提纲或观察表，用自己的感官和辅助工具深入现场去直接观察被调查对象，记录正在发生的市场行为或市场现状，以获取各种原始资料的一种方法。

（2）实验法是市场调查中收集第一手资料的重要方法，是指在影响调查问题的许多可变因素中，调查者有目的、有意识地通过改变或控制其中一个或几个市场影响因素的实践活动，来观察其他因素在这些因素影响下的变动情况，从而认识市场现象的本质和发展变化规律。

（3）近年来网上调查得到广泛应用，与其他调查法相比，网络调查法有其独特的优缺点，并且常用的网络调查法很多，应用时需慎重选择。

复习思考题

（1）什么是观察法？有何优缺点？有几种观察手段？
（2）实验调查法的优缺点及其适用范围有哪些？
（3）网络调查的常用方法有哪些？
（4）通过网络进行市场调查，调查的主要内容有哪些？
（5）请评价一下网络调查法的利与弊，并说明你的理由。

课堂实训

实训主题：大学生衣着颜色及款式喜好。了解目前大学生对衣着颜色及款式喜好的趋向，研究衣着款式及颜色与大学生性别、个性等的关系，并为服装销售者提供大学生市场需求特点。

实训目的：提升观察法方案的设计和实施能力。

时间：课堂时间90分钟，课后时间一周。

组织：

（1）每4名同学为一组，课堂讨论并网上收集相关主题信息资料；
（2）设计实地观察法实施方案，然后在校园实施；
（3）以小组为单位形成观察报告。

观察地点：教学楼、食堂、校门口等。
观察人数：200人（男生100人；女生100人）。
环境与设备：事先做好观察设备准备。

课外实训

实训主题：毕业生就业跟踪调查

实训目的：综合考查学生各种调查法的选择和应用能力

要求：

(1) 明确调查目的：为全面了解高校毕业生就业情况和人才培养质量，进一步推进高等教育改革，建立毕业生跟踪调查制度，目的是通过了解学校毕业生在走向工作岗位后的思想品德、专业技能和专业知识综合运用以及适应工作程度等情况，及时了解学校教学质量水平，了解和掌握高校毕业生实际工作岗位上的表现，并根据毕业生、用人单位的意见和社会对人才的要求，调整、改善专业结构和课程设置，促进人才培养质量的提高。其宗旨是从实际出发，实事求是地了解情况、反映情况，为教育教学改革提供真实、可靠的信息。

(2) 以小组为单位讨论，为达到调查目的应该采用哪种调查方法，并弄清楚此种调查方法的优缺点。

(3) 设计调查实施方案，明确调查对象、调查时间、地点、过程、费用等，做好实施调查的准备工作。

(4) 以小组为单位实施调查方案，并形成调查报告。

(5) 在全班针对调查方法及调查效果展开课堂讨论与交流。

案例分析

如何提高神秘顾客调查质量

目前，国内引入"神秘顾客"技术的主要有加油站、餐饮、通信、银行业、酒店、专卖店等，例如移动公司、交通银行、招商银行、中国石化、麦当劳、如家等窗口服务型行业。睿尔研究一直在进行提高窗口服务型行业服务质量的研究，并执行过数家企业的服务质量检测。我们在数据质量上一直得到客户认可并持续合作，同时我们也做了相当数量的案例分析，积累了较多的提升服务质量研究经验。

首先，提高"神秘顾客"项目的数据质量须在神秘人本身的素质上下功夫。

这方面主要有两点，一个是在招募神秘人上下功夫，从源头抓起；再一个是从培训神秘人上下功夫。先谈谈如何在招募神秘人上下功夫,首先是招募渠道,神秘人的招募应该是排除敏感行业以外包括所有行业的在职人员,需要工作人员实地拜访并邀请。在与其交谈过程中,需要填写招募问卷,首先是自己或家人或亲密朋友没有在相关敏感行业工作的,然后是了解这个人对银行等项目业务是否熟悉,其沟通能力是否适合做神秘人;其次是看神秘人是否具备行业道德素质,这里重点讲的是是否能够遵守保密协议。神秘人培训首先是企业在培训课程上的开发,包括行业基础培训、神秘人基础培训、项目培训,每一个环节都非常重要。除了课程外,督导培训的效果也非常关键,这方面又涉及督导培训是否能把握重点,是否能通过互动或者现场模拟的方式让神秘人更好地理解和接受。培训完之后,要有书面的考试和现场的试访来判断该神秘人是否合格。

其次,是严格按照执行标准进行。

一个是配额,很多数据供应商并没有重视这一点。一个神秘人执行的样本量原则上不能超过总样本量的20%,这样能尽可能减少数据质量的误差。神秘人男女配额、年龄段配额接近1∶1,还有时间段的配额,执行脚本的配额尽可能平均。配额的作用就是为了更真实地反映营业的服务水平,尽可能减小误差。

另一个是评分标准,硬体部分相对来说是硬性的,软体部分就是技术问题了,每一个样本都要经过严格的审核,在审核过程发现问题首先是与神秘人对质,如果在打分上有疑问,一个是项目组讨论,另一个是进行相关的案例分析去评判如何打分。比方在银行咨询理财产品,客户经理通常会询问"您需要买多长时间的",这样一句通常不能判断客户经理是否是在询问客户需求,需要神秘人、数据审核员,结合语境、相关语录去判断客户经理是否有意识主动了解客户需求。

最后,神秘顾客的调查技巧也非常重要。

神秘顾客要始终坚持公平、公正、中立的工作态度,并具有良好的心态和心理素质,要始终保持一种普通顾客的心态。

由于服务质量是由有形实物质量、有形的服务设备和服务设施的质量、有形的服务环境的质量和无形的服务劳动的质量构成的统一体,每一部分都是服务质量不可分割的组成部分。因此"神秘顾客"进行调查时就要遵循"眼看、耳听、用心感受"八字方针,使硬件服务和软件服务均得到综合考察。"眼看"就是根据考核的服务质量指标,细心观察服务设施是否齐全、营业人员的服务形象等内容;"耳听"就是倾听营业人员服务过程中服务用语、业务介绍;"用心感受":感受营业环境和设施,营业人员的服务态度、意识。

资料来源:CSDN网 https://me.csdn.net/qq_27072151 2015-04-08

问题:

1. 什么是神秘顾客调查?你认为应如何提升神秘顾客调查质量?
2. 神秘顾客调查一般用在哪些行业?请分析原因。

第5章 抽样调查

学习要点

知识点

1. 了解抽样调查的概念和特征;
2. 熟悉抽样调查的程序;
3. 掌握抽样调查的各种方法。

技能点

1. 熟练运用抽样调查的各种方式抽取样本;
2. 熟悉抽样误差的概念及影响抽样误差的因素;
3. 熟悉抽样设计时应注意的问题。

导入案例

全国人口普查和抽样调查

全国人口普查是指在国家统一规定的时间内,按照统一的方法、统一的项目、统一的调查表和统一的标准时点,对全国人口普遍地、逐户逐人地进行的一次性调查登记。全国人口普查是当今世界各国广泛采用的搜集人口资料的一种最基本的科学方法,是提供全国基本人口数据的主要来源。

人口普查工作包括对人口普查资料的搜集、数据汇总、资料评价、分析研究、编辑出版等全部过程,它的目的是全面掌握全国人口的基本情况,为研究制定人口政策和经济社会发展规划提供依据,为社会公众提供人口统计信息服务。

从1949年至今,我国分别在1953年、1964年、1982年、1990年、2000年和2010年进行了六次全国性的人口普查。2010年的全国性人口普查主要数据显示:全国总人口为1 339 724 852人;31个省、自治区、直辖市共有40 152万户,家庭户人口124 461万人,平均每个家庭户的人口为3.1人,比2000年人口普查的3.44人减少了0.34人;居住在城镇的人口为 66 557 万人，占人口总数的 49.68%，同 2000 年人口普查相比，城镇人口比重上升了 13.46 个百分点等。数据表明十年来我国人口增长处于低生育水平阶段，家庭户规模不断缩小，城镇化水平不断提高等。

人口普查是我国统计调查体系中一个十分重要的部分，除了每 10 年一次的人口普查制度之外，还会进行每 5 年一次的人口小普查（即 1% 人口抽样调查）制度，每年一次的 1‰ 人口变动抽样调查制度。最近的一次人口小普查发生在 2015 年年底。这次调查以全国为总体，以各省、自治区、直辖市为次总体，采取二阶段、分层、概率比例等抽样方法。最终样本单位为调查小区。这次调查样本量为 2 131 万人，占全国总人口的 1.55%。这次调查结果显示 2015 年年末总人口为 133 972 万人。此次人口普查中显示城镇人口比 2010 年第六次普查增加 3 377 万人，增长 2.52%；总人口性别比由 2010 年第六次人口普查的 105.20 下降到 105.02；每 10 万人中具有大学教育程度人口数由 8 930 人上升至 12 445 人。

从案例中可以看出来，一次人口普查需要耗费大量的人力、物力和财力，不可能经常进行。因此，在市场调查活动中，我们常常要将普查和抽查相结合，才能很好地完成调查工作。

资料来源：综合网络资料

5.1 抽样调查的基本问题

市场调查工作的目标就是获取总体的各类信息及特征。一般来说，调查方法可以分为普查和抽样调查两种。普查主要在政府组织进行的调查活动中使用，是一种了解调查对象真实情况的最准确的方法。它是通过逐一调查总体的每一单位的信息，加以汇总，得到调查对象特征的调查方法。但是，普查在人力、财力和物力成本上的耗费都过于庞大，有时甚至不可能进行普查。在这时，只能对部分单位进行调查，进而推断总体的综合特征，即抽样调查。抽样调查虽然是非全面调查，但它的目的却在于取得反映总体情况的信息资料，因而，也可起到全面调查的作用。抽样调查是现代市场调查中的一种重要方式，是国际上公认的和普遍采用的科学的调查手段。

5.1.1 抽样调查的概念与特征

1. 抽样调查的概念

抽样调查的概念有广义和狭义之分。广义上，抽样调查是一种专门组织的非全面调查，是指从总体中抽取一部分单位进行观察，根据观察结果来推断总体的调查方法，包括随机抽样和非随机抽样。随机抽样就是按随机原则进行抽样，抽样时要保证总体内所有单位具有相同的被抽中和不被抽中的机会；非随机抽样就是调查者根据自己的认识和判断,选取若干个有代表性的单位。狭义上,抽样调查就是指随机抽样。一般我们日常生活中常说的抽样调查大多是指随机抽样。

2. 抽样调查的特征

1) 抽取样本的客观性

这个特点主要表现在随机抽样的过程中,按照随机原则抽取样本,可以从根本上排除主观因素的干扰,从而保证了样本推断总体的客观性。抽样调查的客观性是抽样调查科学性的根本所在,是市场调查结果的真实性和可靠性的基础。

2) 抽样调查可以比较准确地推断总体

抽样调查的最终目的是用对样本调查所计算的指标推断总体的相应指标。抽样推断的抽样误差不但可以准确计算,还可以根据所研究的市场问题的需要,对误差的大小加以控制。

3) 抽样调查是一种比较节省的调查方法

抽样调查仅对总体中少数样本单位进行调查,因此对人力、财力、物力都比较节省,从而降低了市场调查的费用。同时,抽样调查还很省时。因为抽样调查的单位少,所需收集、整理和分析的数据也相应减少,大大节省了时间。

4) 抽样调查的应用范围广泛,特别适用于研究市场现象的数量表现

在市场调查中,抽样调查所适用的范围是广泛的,它可以用于不同所有制企业的调查,也可以用于不同地区市场调查,还可以用于不同商品的市场调查。除此之外,抽样调查对于不同的商品消费者的商品价格的调查也很适用。在这些调查中,抽样调查突出地表现出对市场现象数量问题研究的适用性。

综合上述抽样调查的特点,可以发现抽样调查是一种很好的市场调查组织方式。但值得注意的是,这并不意味着抽样调查在任何情况下都能充分展示其优点,得到值得信任、误差较小甚至没有误差的调查结论。在调查活动中,尤其是在随机抽样调查中,必须严格遵守抽样程序,依据抽样调查理论,才能得到准确的市场调查结果。

【小资料 5-1】

5.1.2 抽样调查中的基本概念

1. 全及总体和抽样总体

全及总体简称总体或母体,是指所要调查对象的全体。抽样总体简称样本,是从全及总体中抽取的一部分个体的综合。例如,如果展开一次市场调查活动,想要了解某学校学生的平均月生活费收入和支出,可以按抽样调查理论从全体学生中抽取部分学生进行了解,那么全校学生就是全及总体,抽取的部分学生就是抽样总体。

2. 重复抽样和不重复抽样

从总体单位中抽取若干个组成样本,有两种抽取方法:重复抽样和不重复抽样。

重复抽样,是一种在全及总体中允许多次重复抽取样本单位的抽选方法,即从总体中随机抽出一个样本进行登记后,将它再放回去,使该样本仍有被抽到的可能性。在整个抽样过程中,总体单位数不变,被抽中的样本单位的概率也是完全相同的。

不重复抽样,即先被抽选的单位进行登记后,不再放回全及总体中去,一经抽出,就不会再有第二次被抽中的机会了。在抽样过程中,样本总数逐渐减少。实践证明,不重复抽样误差比重复抽样小。

3. 抽样框

在抽样设计时,必须有一份全部抽样单元的资料,这份资料就是抽样框。准确地说,抽样框是指供抽样所用的所有的调查单位的详细名单。比如,要从10 000名职工中抽出200名组成一个样本,则10 000名职工的名册就是抽样框。

抽样框一般可以用现成的名单,如户口、企业名录、企事业单位职工的名册等。如果调查活动中缺少抽样框,调查者就难以保证以同等概率抽取样本。在抽样框中,每个抽样单元都应该有自己对应的位置或序号,这常常通过编号来实现。应该注意的是,现实中可以拿来直接使用的抽样框有时并不存在。在没有现成的名单的情况下,可由调查人员自己编制。即使在利用现有的名单作为抽样框时,也要先对该名录进行检查,避免有重复、遗漏的情况发生,以提高样本对总体的代表性。

4. 抽样单元

为了便于实现抽样,常常将总体划分为有限个互不重叠的部分,每个部分都叫一个抽样单元。例如,在××市进行居民消费状况的入户调查时,可以先按区域把该市划分为A区、B区、C区、D区和E区,作为一级抽样单元,再按街道划分为二级抽样单元,还可以再继续按照街道的居民小区划分为三级抽样单元。如果有需要,还可以再进一步划分下去。

【小思考5-1】

影响误差大小的因素有哪些?

5.1.3 抽样误差的确定

抽样调查的最终目的就是用样本指标推断总体指标,而推断的一个重要依据就是抽样误差。因此,抽样误差是抽样调查中的重要概念。在随机抽样中,怎样计算、使用和控制抽样误差是抽样调查的重要问题。

1. 抽样误差的概念

在市场调查工作中所得出的统计数字与客观实际数量之间存在一定的差别,统称为统计误差。造成统计误差的原因不同,可以分为登记误差和代表性误差。登记误差指的是在调查统计工作中,由于主观原因引起的登记、汇总或计算等方面的差错而造成的误差。代表性误差指的是样本指标数值与总体指标数值之间可能存在的误差,可以反映样本在多大程度上代表总体,所以称为代表性误差。

代表性误差又有两种不同的情况:一种是偏差,是在抽样过程中因违反随机原则,或抽样方式不妥而产生的误差;另一种是随机误差,是在抽样过程中由于按照随机原则从总体中抽取部分单位作为样本具有随机性或偶然性,因此样本和总体在结构上不可能一致,据此计算的样本指标数值与总体指标数值之间存在的误差。

随机误差又分为两种,即实际误差和抽样平均误差。实际误差是指某一次抽样结果所得的样本指标数值与总体指标数值之间的差别,一般是无法获知的;同时,某一次抽样结果的误差仅是一系列抽样结果可能出现的误差数值之一,不能用来概括一系列抽样可能结果所产生的所有抽样误差。抽样平均误差是指一系列抽样可能结果的样本指标的标准差,也可以说,是所有样本指标和总体指标的平均离差。在抽样理论和实践中,我们通常说的抽样误差指的就是抽样平均误差。

综上所述,本书中将抽样误差定义为,由于抽样的随机性而产生的样本指标与总体指标之间的平均误差。

2. 影响抽样平均误差的因素

为了计算和控制抽样平均误差,需要分析影响抽样平均误差的因素。影响抽样平均误差的因素主要有以下几个方面。

1) 全及总体标志变异程度

在其他条件不变的情况下,全及总体标志变异程度越大,抽样平均误差越大;反之,全及总体标志变异程度越小,抽样平均误差越小。

2) 样本容量

在其他条件不变的情况下,样本容量越大,抽样平均误差越小;反之,样本容量越小,抽样平均误差越大。因为样本容量越大就越能反映总体、接近总体,误差就越小;反之,误差就越大。当样本容量与总体单位数相等时,就不存在抽样误差了。

3）抽样组织方式

不同的调查组织方式，如简单随机抽样、类型抽样、多阶段抽样等，所产生的抽样误差一般是不同的。因为不同的抽样方式抽出的样本对于总体的代表性不同，因而抽样误差也就不一样。一般来说，简单随机抽样的抽样误差最大，类型抽样、多阶段抽样的抽样误差就要明显小一些。在统计实践中，为了有效降低抽样误差、提高抽样推断的可靠性，一方面应该根据被研究总体的性质和特点，选择不同抽样方式进行抽样；另一方面还要努力寻求多种抽样方式相结合的复合型抽样组织方式。

4）抽样方法

无论是概率抽样还是非概率抽样，都有重复抽样和不重复抽样两种方法。在其他条件相同时，不重复抽样的抽样误差一般小于重复抽样的误差。这是因为不重复抽样避免了从总体单位中的重复选择，因而更能反映总体结构，故抽样误差会较小些。

3. 降低调查误差的途径

误差的大小直接影响调查的质量和成败。如果调查误差太大，出现严重的系统性误差，就会导致调查的失败。因此，市场调查应该重视调查误差的控制。但是，市场调查误差的来源是多方面的。最初在市场调查方案设计过程中，调研人员应注意使总误差最小，而不只是注意某种误差。所以，对调查误差的控制必须是全方位的、全程的。目的在于防止出现抽样的系统误差，降低各种非抽样型误差，使调查总误差尽可能地降低到最小限度。

一些研究表明，非抽样误差比抽样误差更严重，在总误差中非抽样误差占了主要部分，随机抽样误差相对来说是较小的。随机误差是可以计算的，而许多形式的非抽样误差根本无法估计。因此，市场调查既要重视随机抽样误差和非抽样误差，又要重视事前控制、事中控制和事后控制。主要控制途径有以下几种方式：

（1）提高样本的代表性。

（2）注重样本量的控制。

（3）提高抽样设计的效率。

（4）重视抽样方案的审评。

（5）努力降低调查员的误差。

（6）努力调查被调查者的误差。

（7）注意调查误差的事后控制。

5.2 抽样调查的程序

市场抽样调查，特别是随机抽样，有比较严格的程序，只有按照一定程序进行调查，才能保证调查顺利完成，并取得应有的效果。虽然不同的抽样方法具有不同的操作要求，但它们通常都要遵循如图 5-1 所示的程序。

1. 界定总体

界定总体就是在具体抽样前,首先对从中抽取样本的总体范围与界限作明确的界定。这一方面是由抽样的目的所决定的,因为抽样虽然只是对总体中的一部分个体实施,但其目的却是为了描述和认识总体的状况与特征,是为了发现总体中存在的规律性,因此必须事先明确地界定总体的范围;另一方面,界定总体也是达到良好的抽样效果的前提条件。如果不清楚明确地界定总体的范围与界限,那么即使采用严格的抽样方法,也可能抽出对总体严重缺乏代表性的样本。

一般来说,调查总体可以从以下几个方面进行描述:地域特征、人口统计学特征、产品或服务使用情况、对产品或服务的认知度等。

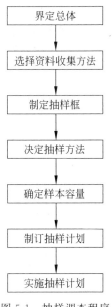

图 5-1　抽样调查程序

2. 选择资料收集方法

资料收集方法的选择对抽样过程、市场调查的成本控制以及市场调查结果的正确性和准确性等有很大的影响。如采用入户面谈访问、电话调查、街头拦访或网上调查、邮件调查,其抽样结果都会有所不同。由于不同的资料收集方法都有其独特的优势和局限性,因此,应根据具体情况和具体要求选择合适的方法。

3. 制定抽样框

这一步骤的任务就是依据已经明确界定的总体范围,收集总体中全部抽样单位的名单,并通过对名单进行统一编号来建立起供抽样使用的抽样框。

设计出了抽样框后,便可采用抽签的方式或按照随机数表来抽选必要的单位数。若没有抽样框,则不能计算样本单位的概率,也就无法进行概率选择。

好的抽样框应做到完整而不重复。常见的抽样框有学生花名册、城市黄页里的电话列表、工商企业名录、街道派出所里居民户籍册、意向购房人信息册……在没有现成名单的情况下,可由调查人员自己编制。应该注意的是,在利用现有的名单作为抽样框时,要先对该名录进行检查,避免有重复、遗漏的情况发生,以提高样本对总体的代表性。

4. 决定抽样方法

各种不同的抽样方法都有自身的特点和适用范围,因此,对于具有不同研究目的、不同范围、不同对象和不同客观条件的调查研究来说,所适用的抽样方法也不一样。这就需要在具体实施抽样之前,依据研究的目的要求、依据各种抽样方法的特点,以及其他有关因素决定具体采用哪种抽样方法。可供选择的重要抽样方法可以分为两大类:随机抽样和非随机抽样。

在进行实际市场调查活动的时候,调研人员要根据不同的调研要求和目的,选择最合适的抽样技术,才能起到良好的效果。一般情况下,调研人员会综合考虑以下因素:

(1) 如果调查人员在最后使用各种统计学的方法处理调查数据,确定调查单位的方法必须是随机抽样,以保证调查数据对总体具有足够的代表性。

(2) 如果市场调查在方案设计中就明确规定最终必须获得具有一定准确性和把握性的调查结果,那么在确定调查单位时就应该选择随机抽样的方式。

(3) 如果市场调查存在一个几乎理想的抽样框,就可以选择随机抽样的抽样方式。例如,中国工商银行调查研究储户对银行提供新服务的需求的时候,就可以很方便地获得储户的数据库作为相当完整的抽样框,然后经过编程就可以由计算机完成简单随机抽样。

(4) 在调查人员没有掌握随机抽样的程序、原理和原则的情况下,或者由于调查的时效性要求越来越高,调查的频度也越来越大,调查人员也常常采用非随机抽样的方式。

本章5.3节会详细介绍这两种抽样方式。

5. 确定样本容量

样本容量的大小对统计推断非常重要。样本容量过小,会影响样本的代表性,使抽样误差增大,而降低统计推断的精确性;而样本容量过大,虽然减小了抽样误差,但可能增大过失误差,而且无意义地增大经费开支。另外,样本容量与抽样误差之间并不存在直线关系,随着样本容量的增大,抽样误差减小的速度越来越慢。因此,在选择好抽样方式后,就要确定合适的样本容量。对于随机抽样,我们需要在允许误差的目标水平(抽样结果与总体指标的差异绝对值)、置信水平(置信区间的概率值,置信区间是样本结果加减允许误差形成的一个能涵盖总体真实值的范围)和研究对象数值特征波动水平下计算样本容量。而对于非随机抽样,通常只依靠可得预算、抽选原则、样本的大致构成等来主观地决定样本容量。总之,样本容量确定的原则是控制在必要的最低限度,但要能够尽可能准确和有效地推断总体特征,获得调查信息。

6. 制订抽样计划

无论使用随机抽样,还是非随机抽样,在一个研究项目的资料收集阶段必须指定和明确选择样本单位的操作程序。对于成功的随机抽样来说,这个程序更为重要,必须详细、清晰,否则,随机抽样的随机性将得不到保障,调查结果将变得不可信。

7. 实施抽样计划

在实施适于操作的抽样计划之前,应该先对其进行充分的讨论研究,包括检查、确定是否要根据拟好的详细程序来实施计划。

5.3 抽样调查方式

在抽样调查中,抽取的样本是否有代表性,是衡量结果是否准确、可靠的重要标准。为了使抽选的样本具有代表性,必须借助于各种抽样方法。抽样调查方式可以分为随机抽样和非随机抽样两大类,每类又各包括很多具体的调查方式,见图 5-2。

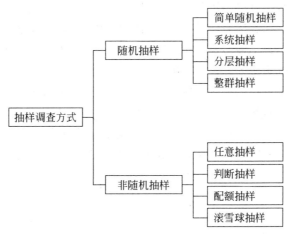

图 5-2　抽样调查方式

5.3.1　随机抽样

随机抽样也叫概率抽样,是指按照随机原则从总体中抽取一定数目的单位作为样本进行调查。这种方法的最大优点是在根据样本情况推论总体的时候,对总体具有充分的代表性,也可以通过概率推算抽样误差,并将误差控制在一定范围内,能够计算调查结果的可靠程度,从而使这种推论建立在科学的基础上。但是,随机抽样方法难以体现重点,尤其是在总体样本单位之间的差异很大的时候,而且该方法实施起来难度较大,比较费时费力,对所需要的专业技术人员和参与调查的人员要求也较高。尽管如此,它在社会调查和社会研究中应用较广泛,较常用的是简单随机抽样、系统抽样、分层抽样和整群抽样等。

1. 简单随机抽样

简单随机抽样又称为纯随机抽样法,是指在总体单位均匀混合的情况下,随机逐个抽取样本的抽样方式。这是一种最基本、最简明、最能体现随机原则和使用范围最广的抽样方法。简单随机抽样的具体抽取方法有直接抽取法、抽签法和随机数表法。

1) 直接抽取法

直接抽取法是指从调查总体中直接随机抽取样本进行调查。这种方法适合对集中在某个较小的空间的总体进行抽样。比如,对存放在仓库中的所有同类产品随机抽取若干箱产品为样本进行质量检验。

2) 抽签法

抽签法是指先将总体中的所有个体编号(号码可以从 1～N),并把号码写在形状、大小相同的号签上,号签可以用小球、卡片、纸条等制作,然后将这些号签放在同一个箱子里,进行均匀搅拌,抽签时,每次从中抽出 1 个号签,连续抽取多次,直到抽取所需样本量为止。对个体编号时,也可以利用已有的编号,如从全班学生中抽取样本时,可以利用学生的学号、座位号等。抽签法简便易行,当总体的个体数不多时,适合采用这种方法。

【例 5-1】 某学校高二年级有 25 名男篮运动员,要从中选出 5 人调查运动特长生的学习负担情况,采用抽签法如何进行抽取?

首先把这 25 名学生在篮球队的队员号码分别写在小纸条上,再把这 25 张小纸条放在一个纸箱中摇动均匀,然后任意抽取一张,则该学生就是样本的第一个单位。依次取出 5 张,就构成了此次抽样的样本。这是一种不重复抽样的方式。

如果采取重复抽样,则把每一次抽取出来的纸条在登记过后放回纸箱中,然后抽取下一张。如果遇到重复的纸条则再放回去重新抽取一次,直至抽到 5 个不同的队员号码为止。

3) 随机数表法

这种方法就是利用随机数表作为工具进行抽样,是在抽签法的基础上形成的。随机数表又称乱数表,是将 0～9 的 10 个数字进行重复抽样,记录每一次的结果,进行成千上万次后,就形成了一个庞大的数表。这个数表中数字的排列是随机的,无论横行、竖行或隔行读均无规律,其组成的数字是完全随机的,每一个数字都不会比其他的数字有更多出现的机会,完全符合随机原则。因此,可以利用此表进行抽样,可保证随机原则的实现,并简化抽样工作。用随机数表法抽取样本的步骤如下:

(1) 确定总体范围,并编排单位号码,即建立抽样框;

(2) 确定样本容量;

(3) 抽选样本单位,即从随机数表中任意数码始,按一定的顺序(上下左右均可)或间隔读数,选取编号范围内的数码,超出范围的数码不选,重复的数码不再选,直至达到预定的样本容量为止;

(4) 排列中选数码,并列出相应单位名称。

【例 5-2】 为了检验某种产品的质量,决定从 40 件产品中抽取 10 件进行检查,如何用随机数表法来抽取样本?

第一步,先将 40 件产品编号,可以编为 00,01,02,…,38,39。

第二步,在表 5-1 随机数表中任选一个数作为开始,如从第 3 行第 5 列的数 59 开始。

表 5-1 随机数表(摘录)

16	22	77	94	39	49	54	43	54	82	17	37	93	23	78	87	35	20	96	43	84	26	34	91	64
84	42	17	53	31	57	24	55	06	88	77	04	74	47	67	21	76	33	50	25	83	92	12	06	76
63	01	63	78	59	16	95	55	67	19	98	10	50	71	75	12	86	73	58	07	44	39	52	38	79
33	21	12	34	29	78	64	56	07	82	52	42	07	44	38	15	51	00	13	42	99	66	02	79	54
57	60	86	32	44	09	47	27	96	54	49	17	46	09	62	90	52	84	77	27	08	02	73	43	28

第三步,由于 59>39,将它去掉。继续向右读,得到 16,将它取出。继续下去,又得到 19、10、12、07、39、38、33、21,随后的两位数字号码是 12,由于它在前面已经取出,将它去掉,再继续下去,得到 34。至此,10 个样本号码已经取满。于是,所要抽取的样本号码是

16 19 10 12 07 39 38 33 21 34

将总体中的 N 个个体编号时可以从 0 开始,如 $N=100$ 时,编号可以是 00,01,02,…,99,这样总体中的所有个体均可用两位数字号码表示,便于运用随机数表。

当随机地选定开始读数的数后,读数的方向可以向右,也可以向左、向上、向下等。

在上面每两位、每两位地读数过程中,得到一串两位数字号码,在去掉其中不合要求和与前面重复的号码后,其中依次出现的号码可以看成是依次从总体中抽取的各个个体的号码。由于随机数表中每个位置上出现哪一个数字是等概率的,每次读到哪一个两位数字号码,即从总体中抽到哪一个个体的号码也是等概率的。因而利用随机数表抽取样本保证了各个个体被抽取的概率相等。

4) 简单随机抽样的优缺点

简单随机抽样的优点是:方法简单直观,当总体名单完整时,可直接从中随机抽取样本。由于抽取概率相同,计算抽样误差及对总体指标加以推断比较方便。

尽管简单随机抽样在理论上是最符合随机原则的,但是在实际应用中有一定的局限性。第一,采用简单随机抽样,一般需对总体各单位加以编码,而实际市场调查活动中所需调查总体往往都是十分庞大的,单位非常多,逐一编号几乎是不可能的;第二,对于某些事物无法使用简单随机抽样,如对连续不断生产的大量产品进行质量检验,就不能对全部产品进行编号抽样;第三,当总体的标志变异程度较大时,简单随机抽样的代表性就不如经过分组后再抽样的代表性高;第四,由于抽出样本单位较为分散,所以调查人力、物力、费用消耗较大。

综上所述,简单随机抽样适用于总体数不太庞大以及总体分布比较均匀的情况。

2. 系统抽样

系统抽样又称为等距抽样,经常作为简单随机抽样的替代方法使用。这种方法是在从容量为 N 的总体中抽取容量为 n 的样本的时候,将总体分成均衡的若干部分,然后按

照预先制定的规则,从每一部分抽取一个个体,得到所需要的样本。

1) 系统抽样的步骤

(1) 将总体中的个体编号;

(2) 计算抽样距离,将整个编号均衡地分段,确定分段间隔 k, $\dfrac{N}{n}$ 是整数的时候, $k = \dfrac{N}{n}$, 当 $\dfrac{N}{n}$ 不是整数时, 从 N 中剔除一些个体, 直到其为整数为止;

(3) 随机抽取第一个样本第一段,用简单随机抽样确定起始号码 l;

(4) 按照(事先确定的)规则抽取样本: $l, l+k, l+2k, \cdots, l+nk$。

采用系统抽样时,将总体中的个体均分后的每一段进行抽样时,采用简单随机抽样;系统抽样每次抽样时,总体中各个个体被抽取的概率也是相等的。如总体的个体数不能被样本容量整除时,可以先用简单随机抽样从总体中剔除几个个体,然后再按系统抽样进行。要注意,这时整个抽样过程中每个个体被抽到的概率仍然相等。

【例 5-3】 从 5 000 名学生中随机抽取 100 名进行调查。采取系统抽样的方法,请写出抽取过程。

抽取过程如下:

(1) 将 5 000 名学生按其姓氏笔画顺序排列,然后编上号码 1~5 000;

(2) 计算抽样距离: $k = \dfrac{5\,000}{100}$, 即 $k = 50$;

(3) 确定抽样起点,在第一段 50 人(编号 1~50)中用简单随机抽样方法抽出一人,假设其编号为 6;

(4) 进行系统抽样,以 6 号为起点,以后每隔 50 人抽取一人,依次抽出第 56 号、第 106 号、第 156 号……直到抽出第 4956 号为止,共抽取 100 名学生组成样本。

2) 系统抽样的优缺点

系统抽样的优点是:比简单随机抽样简便、耗时少、更加经济,还能使样本均匀分散在调查总体中,不会集中于某些层次,增强了样本的代表性。

系统抽样的缺点是:运用系统抽样方法之前要掌握调查总体中每个个体的有关资料,特别是按有关标志排列时,往往需要较为详细、具体的相关资料,这是一项细致又烦琐的工作。如果总体内各单位之间差异较大或者各单位的排列有规律,采用系统抽样获得的样本会产生系统误差。比如,要调查 2010 年 10 月某商场每周的销售量,假设抽取的第一个样本是周日,采用系统抽样法,抽样间隔为 7,则每次抽取出来的样本个体都是周末。而周末的销售量与平时是不同的,这样就产生了误差。

综上所述,系统抽样适用于同质性较高的总体,即总体内部各单位之间的差别不大。

【小资料 5-2】

3. 分层抽样

分层抽样方法在市场调查中较多地被采用,是一种优良的随机调查组织形式。它将总体各单位先按照某些特征分组(层),然后在各组(层)中采用随机抽取方式确定所要抽取的单位。

1) 分层抽样的步骤

(1) 确定分层的特征,如年龄、性别、行政区域等;

(2) 将总体分成若干个不可重叠的部分,即分层后,同一层内部的单位尽可能是同质的,不同层之间的单位尽可能是异质的;

(3) 根据一定的方式确定各层应抽取的样本量;

(4) 分别采用简单随机抽样或者系统抽样的方式从各层中抽取相应的样本。

2) 分层抽样的主要方式

根据确定各层次所要抽取样本数量的方法不同,分层抽样可分为等比例分层抽样和不等比例分层抽样。

(1) 等比例分层抽样

等比例分层抽样是指按各层(或各类型)中的个体数量占总体数量的比例分配各层的样本数量。这是一种常见的分层抽样方法,抽取的样本几乎可以看作是总体的一个"缩影"。等比例分层抽样要求各类样本单位数的分配与总体单位在各类的分配比例一致,抽样简便易行,分配比较合理,在实际工作中应用较广。

【例 5-4】 已知某工厂的甲、乙、丙三个车间一天内生产的产品分别是 150 件、130 件、120 件,为了掌握各车间产品质量情况,从中取出一个容量为 40 的样本,请写出使用等比例分层抽样的抽取过程。

① 选取"车间"的自然特征进行分层;

② 将总体分成均衡的三个部分;

③ 抽取产品数与产品总数之比为 40∶400=1∶10;

④ 从每一车间生产的产品中,按照预先订出的规则抽取一个个体,各车间抽取产品数量分别为 15 件、13 件、12 件。

(2) 不等比例分层抽样

不等比例分层抽样不要求各类样本单位数的分配比例与总体单位在各类的分配比例

一致,有的可多抽些样本单位,有的可少抽些样本单位,大多适用于各层的单位数相差悬殊或各层的方差相差较大的情形。

3）分层抽样的优缺点

分层抽样的优点是：样本单位比较集中;比简单随机抽样、系统抽样等方法更为精确,能够通过对较少的抽样单位的调查,得到比较准确的推断结果;在对总体推断的同时,还能得到对每层的推断。

分层抽样的缺点是：有时在实际市场调查活动中"层"的划分并不容易,需要收集很多资料,工作量和费用都很大;分层抽样要求各层的大小都是已知的,对其估算的工作量和抽样技术的复杂性都提出了很高的要求,还容易出现误差。

综上所述,分层抽样适用于规模大、内部结构复杂且类别分明的总体。

4. 整群抽样

上述三种随机抽样方式都是按基本抽样单元抽样的,而整群抽样是指将总体先按照某一标准划分为若干群,随机抽取部分群,对抽中的群内所有单位进行调查的一种抽样组织方式。采用整群抽样时,要求各群有较好的代表性,即群内各单位的差异要大,群间差异要小。

1）整群抽样的步骤

（1）确定分群的特征,如班级、自然行政区域等。

（2）将总体分成若干个不可重叠的部分。

（3）根据总体样本量,确定应该抽取的群数。

（4）采用简单随机抽样或系统抽样方法,从群中抽取相应的群数。这些群中的所有单位共同组成样本。

【例 5-5】 上海市居民购买地点的选择倾向调查。

调研人员希望对全市居民在选择购买地点上的倾向作一番调研。考虑到市区居民以居委会为基本单位,可将上海市的数千居委会定义为"群",采取整群随机抽样方法确定调研样本。

（1）将所有居委会逐一编码。

（2）制定一份随机数表。

（3）根据随机数表中数字的出现次序,抽取对应数字的样本群——居委会。

（4）抽满原规定的样本群数,将它们集合到一起,确立调研样本。

2）整群抽样的优缺点

整群抽样的优点是：组织工作比较方便,确定一组就可以抽出许多单位进行观察,节省经费。

整群抽样的缺点是：以群为单位进行抽取,由于不同群之间的差异较大,所以引起的抽样误差往往大于简单随机抽样。

综上所述，整群抽样方法适用于总体可以划分为各个群，这些群之间大体相同，而群的内部构成比较复杂情况下的抽样。

3) 整群抽样与分层抽样的比较

整群抽样与分层抽样在形式上有相似之处，都是先将总体划分为不同的小部分，但实际上差别很大。

(1) 分群(层)的标准不一样。分层是按某一特征，分群则是按自然形成的区域、团体等。

(2) 分层抽样要求各层之间的差异大，层内个体或单元差异小；而整群抽样则要求群与群之间的差异比较小，群内的个体或单元差异大。

(3) 分层抽样的样本是从每个层内抽取若干个体或单元构成，而整群抽样则是要么整群抽取，要么整群不抽取。

5.3.2 非随机抽样

市场调查活动的设计者所面对的是复杂的、动态不定的市场要素，在有些情况下所要认识的对象并不具备随机抽样的条件。例如，对某些高速公路经过的车辆进行调查，这时的抽样本质是从消费总体的某一部分分段抽取，即使样本的抽取过程体现一定的随机性，但也不是严格意义上的随机抽样。有时可能还会由于时间和经费的限制而不能进行随机调查，在这种情况下，只能进行非随机抽样调查。

非随机抽样是指抽样时不遵循随机原则，而是按照调查人员主观判断或仅按方便的原则抽选样本。这样的抽样方法可以充分利用已知资料，选择较为典型的样本，使样本更好地代表总体；还可以缩小抽样范围，节约调查时间、调查人员和调查费用，操作方便、易于实施，统计上也比随机抽样简单。但是非随机抽样无法判断其误差和检查调查结果的准确性，有目的的非随机抽样可能会导致系统排除或过分强调研究对象的个性特征而评估非随机抽样的总体质量有很大困难。所以，在市场调查中采用非随机抽样通常是出于下述几个原因：第一，受客观条件限制，无法进行严格的随机抽样；第二，为了快速获得调查结果；第三，在调查对象不确定，或无法确定的情况下采用。比如，对某一突发(或偶然)事件进行现场调查等；第四，总体各单位离散程度不大，且调查人员具有丰富的调查经验时。

由于主观判断标准的确定和判断力的不同以及采用的具体方法、操作技巧等不同，非随机抽样可以分为任意抽样、判断抽样、配额抽样和滚雪球抽样等方式。

1. 任意抽样

任意抽样也称"便利抽样"，是指调查人员本着随意性原则去选择样本的抽样方式。如在街头路口把行人作为调查对象，任选若干位行人进行访问调查；在商店柜台前把购买者当作调查对象，向他们中的任意部分做市场调查等；在剧院、车站、码头等公共场所，任意选择某些人进行调查。

任意抽样是非概率抽样中最简便、费用和时间最节省的一种方法。这种方法适用于探测性调查，或调查前的准备工作。但是，如果总体中单位差异较大，抽样误差也较大。一般在调查总体中每一个体都是同质时，才能采用此类方法，或用于市场初步调查，或在调查情况不甚明了时采用。

2. 判断抽样

判断抽样又称"主观抽样""目的抽样"，是指根据调查人员的主观意愿、经验和知识，从总体样本中选择那些被判断为最能代表总体的单位作为样本的抽样方法。当调查人员对自己的研究领域十分熟悉，对调查总体比较了解时，可以采用这种抽样方法，以获得代表性较高的样本。这种抽样方法多应用于总体小而内部差异大的情况，以及总体边界无法确定，或研究者的时间与人力、物力有限时。例如，要对辽宁省旅游市场状况进行调查，有关部门选择沈阳棋盘山、大连发现王国、本溪水洞等旅游风景区作为样本调查，这就是判断抽样。

判断抽样方法在样本量小及样本不易分门别类挑选时尤其具有较大的优越性，但该类抽样结果受研究人员的倾向性影响大，一旦主观判断偏差，则极易引起抽样偏差；不能直接对调查总体进行推断。因此，判断抽样多用于总体规模较小，或调查时间、人力等条件有限而难以进行大规模随机抽样的情况。

3. 配额抽样

配额抽样也称"定额抽样"，是指调查人员将调查总体样本按一定标志分类或分层，确定各类（层）单位的样本数额，在配额内任意抽选样本的抽样方式。由于在各类中抽样时并不需要遵循随机原则，所以说它是非随机抽样的方式之一。

配额抽样和分层随机抽样既有相似之处，又有很大区别。配额抽样和分层随机抽样都是事先对总体中所有单位按其属性、特征分类，这些属性、特征为控制特性，如市场调查中消费者的性别、年龄、收入、职业、文化程度等，然后按各个控制特性，分配样本数额。但其与分层抽样又有区别，分层抽样是按随机原则在层内抽选样本，而配额抽样是由调查人员在配额内主观判断选定样本。

配额抽样有两种：独立控制配额抽样和交叉控制配额抽样。

1）独立控制配额抽样

独立控制配额抽样（如表5-2所示）是指调查人员只对样本独立规定一种特征（或一种控制特性）下的样本数额。如在消费者需求调查中，我们按年龄特征，分别规定不同年龄段的样本数目，就属于独立控制配额抽样。人们通常把消费者的年龄、性别、收入分别进行配额抽样，而不考虑三个控制特性的交叉关系。这种方法的优点是简单易行，调查人员选择余地较大；缺点是调查人员可能图一时方便，选择样本过于偏向某一组别，从而影响了样本的代表性。

表 5-2 独立控制配额抽样

年龄	人数	性别	人数	月收入	人数
18～35 岁	50	男	150	600 元以下	40
36～45 岁	100			600～1 000 元	100
46～60 岁	110	女	150	1 000～2 000 元	100
60 岁以上	40			2 000 元以上	60
合计	300	合计	300	合计	300

2）交叉控制配额抽样

交叉控制配额抽样（如表 5-3 所示）是指在按各类控制特性独立分配样本数额的基础上，再采用交叉控制安排样本的具体数额的抽样方式。

表 5-3 交叉控制配额抽样

月收入 性别 年龄	600 元以下		600～1 000 元		1 000～2 000 元		2 000 元以上		合计
	男	女	男	女	男	女	男	女	
18～35 岁	4	5	7	7	9	3	10	5	50
36～45 岁	7	6	10	16	23	17	10	11	100
46～60 岁	5	5	20	28	19	20	4	9	110
60 岁以上	3	5	8	4	6	3	5	6	40
合计	19	21	45	55	57	43	29	31	300

4．滚雪球抽样

滚雪球抽样是指先随机选择一些被访者并对其实施访问，再请他们提供另外一些属于所研究目标总体的调查对象，根据所形成的线索选择此后的调查对象。这种方法的运用前提是总体样本单位之间具有一定的联系，是在不太了解总体的情况下对总体或总体部分单位情况进行把握。

在滚雪球抽样中，先选择一组调查对象，通常是随机选取的。访问这些被调查者之后，再请他们提供另外一些属于所研究的目标总体的调查对象，根据所提供的线索，选择此后的调查对象。这一过程会继续下去，形成滚雪球的效果。尽管最初选择调查对象时采用的是随机抽样，但是最后的样本都是非概率样本，被推荐或安排的被调查者比随机抽取的被调查者将在人口和心理特征方面更类似于推荐他们的那些人。

滚雪球抽样主要用于估计总体中十分稀有的人物特征，如同性恋者、无家可归者及私家车的车主等。滚雪球抽样的主要优点是可以大大地增加接触总体中所需群体的可能性。比如，要对劳务市场中的钟点工进行调查，因为调查总体流动性强，建立抽样框比较困难，所以调查人员可以先到劳务市场找几个钟点工进行调查，再由他们提供的钟点工名单进行下一步调查，直到完成所需数量的样本单位。

这种抽样方式可以使调查费用大大减少。但是，这种成本的节约是以调查质量的降低为代价的。因为那些样本个体的名单来源于那些最初调查过的人，而他们之间可能十分相似，因此，整个样本很可能出现偏差。比如，要研究退休老人的生活，可以清晨到公园去结识几位散步老人，再通过他们结识其朋友。很快，调查人员就可以交上一大批老年朋友。但是，那些不好活动、不爱去公园、不爱和别人交往、喜欢一个人在家里活动的老人，调查人员就很难把"雪球"滚到他们那里，而他们却代表着另外一种退休后的生活方式。另外，如果被调查者不愿意提供人员来接受调查，那么这种方法就失败了。

在进行实际市场调查的时候，调查人员要根据不同的调查要求和目的，选择最合适的抽样技术，才能起到良好的效果。

本章小结

（1）抽样调查的概念有广义和狭义之分。广义上，抽样调查是一种专门组织的非全面调查，是指从总体中抽取一部分单位进行观察，根据观察结果来推断总体的调查方法。包括随机抽样和非随机抽样。狭义的抽样调查就是指随机抽样。

（2）抽样的特征包括：抽取样本的客观性；抽样调查可以比较准确地推断总体；抽样调查是一种比较节省的调查方法；抽样调查的应用范围广泛，特别适用于研究市场现象的数量表现。

（3）抽样调查的程序包括：界定总体、选择资料收集方法、制定抽样框、决定抽样方法、确定样本容量、制订抽样计划、实施抽样计划。

（4）抽样调查的方式可分为随机抽样和非随机抽样两大类。随机抽样包括简单随机抽样、系统抽样、分层抽样、整群抽样；非随机抽样包括任意抽样、判断抽样、配额抽样和滚雪球抽样等方式。

复习思考题

（1）什么是抽样调查？它具有哪些特征？

（2）影响抽样误差的因素有哪些？

（3）降低抽样误差的途径有哪些？

（4）抽样调查的基本程序如何？

（5）随机抽样和非随机抽样的差别是什么？它们各自的优缺点有哪些？

（6）试论述分层抽样和整群抽样的异同点。

课堂实训

实训主题：用随机抽样法抽取样本。
实训目的：练习运用系统抽样、分层抽样、整群抽样等方法。
时间：2课时。
组织：
(1) 分小组进行，由学生自愿组成小组，每组6～8人；
(2) 老师提供全校毕业生总人数、班级个数及样本数目等资料；
(3) 分组分别利用系统抽样、分层抽样、整群抽样等方法抽出规定的样本数目；
(4) 课堂上汇报本小组的抽取过程及抽取结果；
(5) 其他同学提问；
(6) 老师作出评价。
环境与设备：最好每一个小组有单独的思考和讨论空间；有足够的资料。

课外实训

任务：用随机抽样法调查在校学生对某一主题的看法。
目的：培养自信心、锻炼勇气，并熟练运用任意抽样和滚雪球抽样。
要求：(1) 任意抽样：模仿电视节目中街头采访的形式，在学校内采用"任意抽样"的方法抽取样本，并进行对某主题看法的询问。为降低主观影响，可采用固定间隔选取对象，一般不要同时调查走在一起的几个同学。
(2) 滚雪球抽样：根据所选择的调研主题，选择合适的典型的调查对象，并请他介绍熟人作为新的、下一步的调查对象(2～7人)。依此类推，直至完成足够样本数的调查。

案例分析

淘宝"叫板"国家工商总局假货率调查报告取样不准确

2015年1月，国家工商总局网络监管司出台《2014年下半年网络交易商品定向监测结果》。报告显示，工商总局在淘宝抽样51个，最后得出淘宝正品率为37.25%。随后，淘宝官方微博刊发"一位'80'后淘宝运营小二心声"的长微博，对此次调查活动提出了质疑。

国家工商总局的此次调查表示，在电商平台监测方面，共抽查淘宝网、京东商城、天猫、1号店、中关村电子商城、聚美优品等平台。其中,淘宝网样本数量最多,为51个,但正品率最低,仅为37.25%,京东商城、天猫、1号店的样本数量分别为20个、7个和10个,正品率分别为90%、85.71%和80%。聚美优品的3个样本均为正品;中关村电子商城的1个样本为非正品,正品率为0。

淘宝方质疑称,网络监管司此次共抽检了92批次商品。某电商只抽查了1件,得出了正品率为0的结论。另一家电商只抽查了3件,得出正品率100%的结论。可是,淘宝日均在线商品总量超过10亿件,且是拥有数百万商家经营的大平台。简而言之,其质疑核心为国家工商总局取样方式不科学。记者就此采访统计学专家。专家也表示,结合工商总局调查报告来看,"淘宝网样本51个"指的就是单品件数,相较于10亿件的商品总数,抽样规模确实太小。该专家还提出:"如果调查对象达到一定高数量级别,其抽取样本本身的数值大小已经不重要了;抽样的方法更重要,比如怎么分类,还有抽取的随机性。而且抽样对象也不能只在公众质疑性高的范畴内进行。"针对"正品率为37.25%",他也指明从"若干样本"得出的数值反映到10亿多的整体时,结果应该是一个区间而非确定数值,而且样本数量越多,区间误差越小。

除此之外,淘宝方还指出:在2014年12月11日,国家工商总局发布了"双十一"网购抽检报告,发现假冒商品占总样品的3.6%,而本次抽检结果正品率为37.25%。由此可见,两次抽查结果存在较大差异。

针对质疑,工商总局网络监管司回应说,本次抽检与此前"双十一""双十二"的抽查委托的是不同的第三方,抽检的目的就是要发现违法线索,目的就是要找问题,要通过抽检,维护消费者权益。本次抽查的数据并不是为反映整个市场、网购领域的质量有多差,而仅是一个抽检结果,不能过度解读。

网易新闻 http://news.163.com/15/0128/00 作者:夏前坤 部分内容删减 2015-01-28

问题:

1. 针对案例中的情况,应采用何种抽样方法?如果要对一个总数过亿的对象抽样调查,抽取多少样本数量比较合适?

2. 结合案例谈谈决定抽样调查结果"真伪"的关键因素有哪些。

第6章 问卷设计技术

学习要点

知识点

1. 掌握问卷设计的含义和问卷的基本结构；
2. 掌握问卷设计的原则；
3. 掌握问卷的类型及在设计中应该注意的事项；
4. 掌握问卷答案设计中应该注意的事项；
5. 掌握设计调查问卷的基本程序。

技能点

1. 具有设计问卷和合理安排问卷顺序的能力；
2. 具有设计问卷答案的能力；
3. 通过练习能够独立设计问卷；
4. 具有评价调查问卷的能力。

导入案例

《经济日报》读者有奖调查问卷

新时代，新征程。亲爱的读者，2018年《经济日报》读者有奖调查问卷活动又同大家见面了。我们诚挚地邀请您的参与。

参与方式：

1. 请扫描下方二维码参与答卷。欢迎下载《经济日报》新闻客户端或关注《经济日报》微信公众号。
2. 登录中国经济网参与答卷。

奖项设置及奖励办法：

为感谢广大读者、网友和粉丝积极参与此项活动，我们将从有效问卷中抽出一、二、三等奖及纪念奖。抽奖结果将在《经济日报》、中国经济网和两微一端公布。

一等奖10名,各奖1 000元现金;二等奖15名,各奖800元现金;三等奖20名,各奖500元现金;纪念奖500名,各获纪念品一份。

一、您对经济日报社的品牌认知

1. 2017年您对《经济日报》媒体的关注度:
2. 您对《经济日报》的总体评价:

二、您的阅读和参与互动情况

1. 您平时阅读《经济日报》媒体资讯的途径是:(可多选)
  (1) 纸质报纸　(2) 报纸电子版　(3) 新闻客户端　(4) 微信公众号
2. 目前,您在移动端已关注或下载的《经济日报》媒体有:(可多选)
  (1) 新闻客户端　(2) 微信公众号　(3) 法人微博　(4) 中国经济网手机报
3. 您经常在《经济日报》微信公众号、客户端上获取哪些资讯:(可多选)
  (1) 时政新闻　(2) 政策解读　(3) 财经新闻　(4) 深度调查　(5) 新知识
  (6) 民生信息　(7) 热点新闻　(8) 环球资讯　(9) 创业故事
4. 您是否在中国经济网、《经济日报》微信公众号、客户端上参与互动活动:(单选)
  (1) 经常参加　(2) 偶尔参加　(3) 从未参加
5. 您经常以何种形式参与《经济日报》的读者互动:(可多选)
  (1) QQ群　(2) 读者微信群　(3) 法人微博　(4) 电子邮件　(5) 信函
  (6) 座谈会　(7) 参与财经早餐留言　(8) 客户端文章留言
  (9) 微信公众号留言　(10) 中经网留言评论
6. 您在移动端的关注或下载《经济日报》媒体的途径是:(单选)
  (1) 他人推荐　(2) 主动关注或下载　(3) 其他(请填写)
7. 阅读《经济日报》报纸内容时,您首先选择的是:(单选)
  (1) 一版导读　(2) 标题浏览　(3) 图片图表　(4) 文章
8. 阅读《经济日报》新闻客户端各频道资讯时,您首先选择的是:(可多选)
  (1) 头条　(2) 推荐　(3) 政务　(4) 观点　(5) 数据　(6) 公司
  (7) 产业　(8) 证券　(9) 金融　(10) 科技　(11) 数码　(12) 时尚
  (13) 旅游　(14) 国际　(15) 地方　(16) 专题
9. 阅读《经济日报》微信公众号文章内容时,您比较喜欢选择的栏目是:(可多选)
  (1) 财经早餐　(2) 中经创业榜　(3) 中国名片　(4) 大美中国　(5) 夜间荐读
  (6) 夜读　(7) 新规　(8) 观市　(9) 热点　(10) 身边　(11) 新知
  (12) 独家　(13) 健康
10. 通常情况下,您在什么时间段阅读《经济日报》新媒体资讯:
11. 您是否在微信朋友圈分享过《经济日报》新媒体的内容:(单选)

(1) 经常有 　(2) 偶尔有 　(3) 从没有

12. 您是否参与过《经济日报》法人微博、微信公众号、新闻客户端的互动：(单选)

(1) 有，请填写（　　） 　(2) 没有

13. 您希望通过《经济日报》法人微博、微信公众号、客户端参与哪些互动？

(1) 线上留言交流 　(2) 线下活动交流

14. 您是否关注过中国经济网及移动端内容（微信、微博、手机版）：

(1) 有，请填写（　　） 　(2) 没有

15. 您是否对《经济日报》某位记者的稿件或报纸某一版面保持经常关注：(单选)

(1) 有，请列举 　（记者、编辑、版面、栏目、文章、标题） 　(2) 没有

三、您对《经济日报》媒体内容的评价

1. 作为《经济日报》移动用户，请您对《经济日报》两微一端内容的满意度作出评价：

2. 您认为《经济日报》的最大优点是：(可多选)

(1) 信息量大 　(2) 版面灵活 　(3) 新闻性强 　(4) 可读性强 　(5) 权威性强

(6) 知识性强 　(7) 服务性强 　(8) 标题新颖 　(9) 图片图表运用得当

(10) 其他(请注明)

3. 请您对中国经济网的内容作出评价：

四、您的基本信息(请真实填写，避免抽奖名单无效)：

1. 姓名： 　　　　　性别： 　　　　　年龄：

邮政编码： 　　　　手机：

通讯地址：

工作单位：

电子邮箱：

2. 学历：(单选)

(1) 大专及以下 　(2) 本科 　(3) 硕士 　(4) 博士及以上

3. 职业：(单选)

(1) 在职公务员或事业单位 　(2) 在职企业员工 　(3) 农民 　(4) 在校学生

(5) 解放军及武警官兵 　(6) 自由职业 　(7) 离退休人员 　(8) 其他(请注明)

4. 家庭居住区域：(单选)

(1) 直辖市或省(区市)会城市 　(2) 地(市)级城市 　(3) 县级城市

(4) 乡镇(场) 　(5) 村(社区)

资料来源：经济日报，2017-12

6.1 问卷设计概述

在市场调查活动中,获取足够的信息资料是实现调查目的的基础。在收集资料时,往往通过问卷的方式进行。问卷设计是问卷调查的关键,其质量的好坏将直接决定市场调查活动能否获得准确、可靠的市场信息。尽管前期有精心设计的抽样计划和训练有素的调查员,后期已经准备好了仔细认真的数据录入员和完美无缺的编码方案,但是如果中间的问卷设计不好,收集来的信息无效,之前的一切都将毫无意义。失败的问卷会导致不完全的信息、不准确的数据、时间和金钱的浪费,最终推测不出合理、准确的结论。

因此,问卷设计是市场调查活动的一个重要环节,学会问卷设计或熟悉问卷设计的套路是做好市场调查的一门基本功。

6.1.1 问卷设计的含义

问卷调查最早起源于古代中国和埃及以课税和征兵为目的所进行的调查,这是远古意义上的问卷调查;近代问卷调查始于1748年瑞典进行的全国规模的人口普查;现代意义上的问卷调查则是20世纪30年代,从美国新闻学博士乔治·盖洛普成功地运用问卷进行美国总统选举的预测调查后开始的。从此之后,问卷调查迅猛发展。我国自20世纪80年代引入问卷调查以来,目前其已经得到了长足的发展。那么,究竟什么是问卷?下面将对其进行介绍。

1. 问卷的含义

问卷又称调查表,是指调查者根据调查目的和要求所涉及的,由一系列问题(问项)、备选答案、说明及代码表组成的书面文件,是用来收集所需资料和信息的一种调查工具。在市场调查中,问卷与抽样技术相结合的方法得到了广泛的应用。问卷设计不当、结构不完整的问卷往往会造成所需资料的差错和遗漏,加大整理和分析的难度,降低资料的可信度,那些偏离调查目的、设计粗糙的问卷甚至会导致调查的失败。

2. 问卷的作用

1) 实施方便

问卷以近乎统一的标准提出问题和要求作答,让每一个被调查者面对相似的和一致的问题环境,确保了调查结果的统一和标准化。同时,问卷通过措辞、问题流程和卷面形象来争取被访者的合作。如果没有问卷,每一个调查员都会以自己的言语习惯、根据自己理解的调查目的提出自己设计的问题,被调查者在个人的理解处理下说出自己的想法,就会导致所收集的资料本身千差万别,其精度也会大大下降,这也会严重影响调查结果。

2）便于资料的统计和定量分析

问卷中的绝大多数问答题目的答案是可以量化的选项,也就是可以将被调查者的态度、动机、观点、行为等定性的内容转化为定量的数据形式,这样便于利用计算机对数据进行处理、比较与分析。

3）节省调查时间,提高调查效率

由于问卷设计中已经将调查目的、调查内容进行了说明和编排,因此,除了特殊情况外,问卷形式没有必要再由调查员就有关问题向被调查者进行详细说明,只需要被调查者对所选择的答案做上记号即可。这样就大大节省了调查者用于详细解释意图、项目的时间,能够使被调查者在较短的时间内回答更多的信息,加快了调查的进度。

3. 问卷的类型

按照不同的分类标准,可以将调查问卷分成不同的类型。

1）根据市场调查中使用问卷的方法划分

根据市场调查中使用问卷的方法不同,可将调查问卷分为自填式问卷和访问式问卷。

自填式问卷是由调查者通过面谈访问或邮寄调查,将问卷交到被调查者手中,由被调查者自己填写的问卷。这种问卷可以借助被调查者的视觉功能,在问题的制作上相对可以更加详尽、更加全面地将问题叙述清楚。

访问式问卷则是在面谈访问或电话调查中由调查员按照事先设计好的问卷或问卷提纲向被调查者提问,然后根据被调查者的回答进行填写的问卷。这样的问卷要求简便,最好是选择题,一是方便调查员一边提问一边记录答案;二是为了便于被调查者能够听懂并记忆答案。

2）根据调查问卷发放和回收途径划分

根据调查问卷发放和回收途径不同,可将调查问卷分为送发式问卷、报刊式问卷、邮寄式问卷、电话访问式问卷、人员访问式问卷、网上问卷等。其中,前三类可以划为自填式问卷,后面的则属于访问式问卷。

当然,问卷还有其他的划分方法,如可以分为结构式问卷(是指问卷具有一定数目的问题,并且按照一定的提问方式和顺序进行安排)和无结构式问卷(是指问卷问题没有在组织结构中加以严格的设计和安排,适用于深度访谈);还可以分为主题问卷(是达到调查目的、获取必要信息的重要载体)和过滤问卷(是寻找目标对象的方式)。

6.1.2 问卷的基本结构

调查问卷因为调查的形式不同,在具体结构、题型、措辞、版式等设计上会有所不同。通常来说,一份完整的调查问卷包括标题、说明信、甄别部分、主体部分(正文)、被调查者的基本情况、编码、结束语和作业证明的记载。

值得注意的是,在市场调查实践中,问卷设计是兼具科学性与艺术性的活动。不同目的的调查之间,所设计的问卷差别很大,因此,没有普遍适用的问卷结构。

1. 标题

问卷的标题是概括说明调查的主题,使被调查者对所要回答什么方面的问题有个大致的了解,并且能够使其产生兴趣参与其中。这样就要求问卷的标题应该用言简意赅的中性词语陈述调查内容,以易于引起被调查者的兴趣。比如,"2010年中国汽车消费状况调查""我与工资——沈阳市居民2019年工资情况调查"等。在设计问卷标题的时候,最好不要超过15个字,但是也不要简单到就采用"问卷调查"这样的标题。另外,如果使用了敏感性词汇或者倾向性词汇,会影响被调查者的态度。

2. 说明信

说明信也称开场白、问候语、卷首语等,是指写在问卷开头的一段话,也是调查者向被调查者说明调查的目的、意义以及有关回答问卷的要求、注意事项、调查者的身份和表示感谢等内容。说明信一般包括以下内容。

1)问候语

对被调查者的称呼,如"××先生、女士:您好""亲爱的同学:您好""亲爱的学弟/学妹:您好",等等。问候语要选择合适的称呼,要语气亲切、谦虚诚恳,以增加被调查者回答问题的热情,从而争取他们的配合。

2)调查者的身份

通过表明调查者的个人身份或组织名称,可以引起被调查者对调查的重视。

3)调查的目的、意义

对调查的目的、意义简单地介绍,可以说明调查的重要性,并争取合作的请求。这是十分重要的一个环节。

4)匿名性的保证

很多被调查者在填写问卷的时候都会担心自己的个人信息外泄,尤其是面对关于个人隐私的问题时更是难以真实地回答。因此,在问卷的开头就应说明如涉及需为被调查者保密的内容,一定给予保密,或者说明本次调查仅为研究所用,不对外提供等,以消除被调查者的顾虑,获得准确、真实的信息。

5)填写说明

问卷的填写说明通常在自填式问卷中出现,旨在帮助被调查者准确、顺利地回答问题,包括应注意的事项、填写方法、交回问卷的时间要求等。可以集中说明,写在问题前面;也可以在每个问题中说明,用括号括起来。

6)对被调查者的感谢

对于被调查者的积极配合给予真诚的感谢,或者赠送小礼品,是被调查者接触问卷的头几秒钟引起他们参与调查活动的兴趣并打动他们积极配合调查的很好的方式。

说明信可以引起被调查者对调查的重视,使他们消除心理上的压力和顾虑,激发参与意识,争取合作,顺利完成调查。说明信的文字要简洁明确,一般不超过二三百字。访问式短一些,自填式长一些,但也不应超过 300 字。

【例 6-1】

全国文明城市测评调查问卷

地址：_____　发放日期：_____　问卷编号：_____

市民朋友：

您好！我们正在您市进行全国文明城市测评的问卷调查。您的意见将对全国文明城市创建、对政府及其职能部门改进工作起重要的参考作用。请您配合填写以下的问卷内容,谢谢！

【注意事项】

- 请调查人员严格按随机抽样的要求抽选调查样本；
- 所有题目均为必答题且每个选项仅选一个答案,请用"√"确定所选项前的字母。

资料来源：海口日报 2017-06-22

【例 6-2】

尊敬的顾客朋友：

春节快乐！

适逢新春佳节之际,××公司祝您新春愉快、万事如意！为了更好地为您服务,我公司正在开发系列新产品。我们十分想听听您对新产品的意见,请您在百忙中予以合作。谢谢您的支持！

3. 甄别部分

甄别部分也称过滤部分,目的是在开始提问之前对被调查者进行过滤筛选,去掉不需要的部分,然后针对特定的被调查者进行调查。这样做可以筛选掉与调查项目有直接关系的人,排除干扰的因素,也可以确定哪些人是最合适的被调查者。

1）确定合适的调查对象

一般情况下,市场调查都有比较明确的调查对象,也就是企业所选定目标市场上的消费者。在进行主要内容的调查之前,通过问卷的提问,确定面前的人是否符合调查对象的条件。如果符合就开展调查；否则,结束问答,以确保调查资料的针对性和有用性。

一般情况下,通过被调查者的年龄、性别、文化程度、收入等自然状态的因素来进行过滤,锁定合适的人群。比如,在一个高档化妆品市场调查问卷中的甄别部分的设计就应该注意以下情况：

（1）对年龄的甄别。鉴于中国人使用化妆品具有明显的年龄倾向,要排除年少的人和年老的人,所以年龄的甄别问题设计如下：

【例 6-3】 您的年龄：
A. 18 岁以下　　　　　　　中止访问
B. 18～45 岁　　　　　　　继续
C. 45 岁以上　　　　　　　中止访问

(2) 对性别的甄别。假设此产品为女性所专用的,甄别问题的设计如下：

【例 6-4】 您的性别：
A. 男　　　　　　　　　　中止访问
B. 女　　　　　　　　　　继续

(3) 对收入的甄别。在中国,收入影响女性购买化妆品的因素有两个,即个人收入和家庭总收入。因此,对收入的甄别问题的设计就包括两个方面,方式如下：

【例 6-5】 您的个人月收入(包括工资、奖金、第二职业收入等)为：
A. 1 500 元及以上　　　　继续
B. 1 500 元以下　　　　　中止访问

【例 6-6】 您的家庭月总收入为：
A. 3 000 元及以上　　　　继续
B. 3 000 元以下　　　　　中止访问

(4) 对产品适用性的排除。假设这种化妆品只适用于油性皮肤和混合性皮肤,那么其对产品适用性的甄别问题的设计如下：

【例 6-7】 您的皮肤是：
A. 油性　　　　　　　　　继续
B. 混合性　　　　　　　　继续
C. 中性　　　　　　　　　中止访问

2) 排除其他调查干扰因素

为了能够了解到真实的信息资料,要排除因为职业习惯可能对调查结果有影响的因素。这些影响因素主要包括：与调查内容在职业上有关联的调查者；曾经接受过调查的人士(职业被调查者)；属于其他调查公司的人员调查对象；在调查活动中可能提供虚假信息的人士等。它一般有固定的设计格式,人们对产品评价有特殊影响状态的甄别问题的设计如下：

【例 6-8】 您和您的家人是否有在以下单位工作的：
A. 市场调查公司或广告公司　　中止访问
B. 社情民意调查机构、咨询公司　中止访问
C. 电台、电视台、报社、杂志社　中止访问
D. 化妆品生产或经销单位　　　中止访问
E. 以上都没有　　　　　　　　继续

【例 6-9】 在过去 6 个月里,您是否接受过调查公司的访问:
  A. 是   中止访问
  B. 否   继续

4. 主体部分（正文）

问卷的主体部分（正文）是调查所要收集的主要信息,是问卷的核心内容,也是问卷需要了解和掌握的主要信息资料。它是由一系列问句及相应的备选答案项目组成的。这部分的内容是问卷设计的重点,也是问卷的核心内容,所设计的问句应涵盖调查课题研究的全部范围,主要以提问的方式提供给被调查者。

5. 被调查者的基本情况

被调查者的基本情况主要是指被调查者的一些主要特征,通常被放在问卷的最后。当被调查者是个人时,应包括个人的年龄、性别、文化程度、职业、收入等；当被调查者是企业的时候,应包括企业名称、单位代码、行政区划代码、企业地址、企业规模、企业所在国民经济行业、企业登记注册类型、职工人数、销售收入等。

值得注意的是,这部分问题往往是被调查者比较敏感不愿意回答的问题。但这部分所列的项目恰好就是为了方便对调查资料进行分类和分析,因此,具体提问的项目应根据调查目的和资料分析的要求来定。

6. 编码

编码是将调查问卷中的调查项目以及备选答案给予统一设计的代码,编码既可以在问卷设计的同时就设计好,也可以等调查工作完成后再进行。编码一般应用于大规模的问卷中,配合计算机的使用,这样可以大大简化调查资料的统计工作。

7. 结束语

结束语置于问卷的最后,有的问卷也可以省略。结束语要简短明了,用来简短地对被调查者的合作表示感谢；也可以设置开放题,征询被调查者的意见、感受以及其他补充说明等。

8. 作业证明的记载

这个部分就是调查情况记录,一般包括调查员姓名、编号、访问时间等。如有必要,还需注明被调查者的姓名、单位、家庭住址、电话等,以便审核和进一步追踪调查。

6.1.3 问卷设计的原则

问卷设计是一项科学细致的工作,一份好的问卷应该做到：内容简明扼要,信息包含要全；问卷问句要安排合理、合乎逻辑、通俗易懂；便于对资料分析处理。具体设计问卷时,应该注意以下原则。

1. 目的性原则

在问卷的设计中,必须明确调查的目的和内容。问卷的主要目的是提供管理决策所需的信息,以满足决策者的信息需要。问卷设计人员必须透彻了解调研项目的主题,能拟出可从被调查者那里得到最多资料的问题,做到既不遗漏一个问句以致需要的信息资料残缺不全,也不浪费一个问句去取得不需要的信息资料。因此,应从实际出发拟题,问题目的明确、重点突出,没有可有可无的问题。

2. 逻辑性原则

一份设计成功的问卷,问题的排列应有一定的逻辑顺序,符合应答者的思维程序。一般是先易后难、先简后繁、先具体后抽象。这样,能够使调查人员顺利发问、方便记录,并确保所取得的信息资料正确无误。

【例 6-10】 你通常每日读几份报纸?
A. 不读报　　　　　B. 1 份　　　　　C. 2 份　　　　　D. 3 份以上

【例 6-11】 你通常用多长时间读报?
A. 10 分钟以内　　　B. 半小时左右　　 C. 1 小时　　　　D. 1 小时以上

【例 6-12】 你经常读的是下面哪类(或几类)报纸?
A. ×市晚报　　　　B. ×省日报　　　 C. 人民日报　　　D. 参考消息
E. 中央广播电视报　 F. 足球报

在以上的几个问题中,由于问题设置紧密相关,因而能够获得比较完整的信息。调查对象也会感到问题集中、提问有章法。相反,假如问题是发散的、带有意识流痕迹的,问卷就会给人以随意性而不是严谨的感觉。那么,将市场调查作为经营决策的一个科学过程的企业就会对调查失去信心。

因此,逻辑性的要求是与问卷的条理性、程序性分不开的。

3. 考虑被调查者原则

问卷的设计还要考虑阅读对象能否接受,要使填写问卷的人愿意回答。由于市场调查没有法律约束力,调查对被调查者来说是一种额外的负担,被调查者就没有任何义务必须回答问题。因此,问卷设计所用的语言和所提问题要尽量礼貌、有趣味,尽量争取对方的合作,以提高调查质量。

4. 简明性原则

如果受访者对调查题目不感兴趣,一般不会参与调研。问卷设计最重要的任务之一就是要使问题适合潜在的应答者,要使被调查者能够充分理解问句,乐于回答、正确回答。所以,调查内容要简明、易懂、易读,以便于被调查者能够快速、正确理解问卷的内容和目的。没有价值或无关紧要的问题不要列入,还要避免重复,力求以最少的项目涉及必要的、完整的信息资料。调查时间要简短,问题和整个问卷都不宜多。

5. 便于处理性原则

便于处理是指要使被调查者的回答便于进行检查、数据处理和分析。成功的问卷设计除了应考虑到紧密结合调查主题与方便信息收集外，还要考虑到调查结果的容易得出和调查结果的说服力。这就需要考虑到问卷在调查后的整理与分析工作。如果不注意这一点，很可能出现调查结束，信息资料获得很多，但是统计处理却无从下手的难堪局面。

6.1.4 问卷设计的程序

问卷设计是由一系列相关工作过程所构成的。为了使问卷具有科学性、艺术性和可行性等特点，需要按照以下程序进行。

1. 事先准备阶段

事前准备阶段包括确定调查的目的和内容、收集有关研究课题的资料和确定调查方法的类型三个部分。

1）确定调查的目的和内容

问卷设计的第一步就是要把握调研的目的和内容，这一步的实质其实就是规定设计问卷所需的信息。为此，需要认真讨论调查的目的、主题和理论假设，并细读研究方案，向方案设计者咨询，与他们进行讨论，将问题具体化、条理化和操作化，即变成一系列可以测量的变量或指标。

2）收集有关研究课题的资料

问卷设计不是简单的凭空想象，要想把问卷设计得完善，研究者还需要了解更多的东西。根据研究的需要，确定调查所要了解的内容和所要收集的资料，对已有的资料进行分类整理，分析哪些是主要资料，哪些是次要资料，哪些是调查的必备资料，并分析哪些资料需要通过问卷取得，需要向谁调查等。

3）确定调查方法的类型

不同类型的调查方式对问卷设计是有影响的。在面谈访问调查中，被调查者可以看到问题并可以与调查人员面对面地交谈，因此可以询问较长的、复杂的和各种类型的问题。在电话访问中，被调查者可以与调查员交谈，但是看不到问卷，这就决定了只能问一些短的和比较简单的问题。邮寄问卷是自己独自填写的，被调查者与调查者没有直接的交流，因此问题也应简单些，并要给出详细的指导语。在计算机辅助访问中，可以实现较复杂的跳答和随机化安排问题，以减小由于顺序造成的偏差。人员面谈访问和电话访问的问卷要以对话的风格来设计。

2. 实际设计问卷阶段

1）确定每个问答题的内容

一旦决定了访问方法的类型，下一步就是确定每个问答题的内容：每个问答题应包括什么，以及由此组成的问卷应该问什么，是否全面与切中要害。一份问卷的内容不宜过多，否则不但浪费时间和处理资料的费用，还会使被调查者感到厌烦，影响调查的质量。所以，在设计好所有的问题后，我们要针对每一个问题反问自己，"这个问题必须要提出吗？""这件事是否需要设计几个问题去问，还是问一个就可以了呢？"设计问题的最重要原则是，问卷中的每一个问答题都应对所需的信息有所贡献，或服务于某些特定的目的。如果从一个问答题得不到满意的使用数据，那么这个问答题就应该取消。如果一个问题不能充分体现调查内容，还应该加以补充。

2）决定问答题的结构

一般来说，调查问卷的问题有两种类型：封闭式问题和开放式问题。大多数问卷的题目都是以封闭式问题为主，含有少量的开放式问题。两种形式的问题各有利弊，在设计问卷的时候究竟用哪种问题形式要看所研究问题的性质和特点。一般来说，在需要快速回答，对量化结果感兴趣，被调查者教育水平较低的情况下，采用封闭式问题比较合适；如果需要被调查者充分陈述自己的观点和看法，就需要采用开放式问题。

3）决定问题的措辞

问卷中的问题是了解被调查者的想法、意图和提供资料的依据，如何将所需要的内容转化为被调查者容易接受的句子，就必须注意措辞的技巧。提问的措辞要准确、清楚，易于理解和接受；否则，会造成被调查者的拒绝和理解错误，影响调查质量。

4）安排问题的顺序

问卷中的问题应遵循一定的排列次序，因为排列次序是否合理会影响被调查者的参与兴趣、情绪、合作积极性和问卷的质量。通常情况下，应把甄别部分的题目放在问卷的最前面，把简单的、容易回答的、有趣味性的问题放在前面，逐渐增加问题的难度，把敏感的、较难回答的问题放在后面，开放式问题一般也放在后面。问题的安排要按问题的逻辑顺序排列，要符合被调查者的思维习惯。

5）确定格式和排版

问卷设计工作基本完成之后就要开始着手问卷的格式和排版工作了。问卷的格式、题目的排列顺序、题与题之间的距离等都会影响被调查者填写问卷的结果。特别是自填式问卷，问卷的格式和排版更为重要。现在的一些调查问卷，卷面排版凌乱，为了节省用纸或为了使问卷显得简短，压缩了一切可能压缩的空间，使卷面显得异常复杂和冗长，容易使被调查者产生反感情绪；有些问卷用纸粗糙低劣、装订混乱，类似街头小广告，也易遭到拒绝。

问卷的格式和排版的布局的总体要求是整齐美观，便于阅读、作答和统计。具体要求

如下:

(1) 在设计问卷的时候,一定要注意版面尽可能地严肃。版面应该避免使用过多的颜色、字体和不必要的插图等,以使被调查者感到这是一次科学的调查。但值得注意的是,如果是带有娱乐性质的调查活动,还是可以为了宣传目的而采用活泼的版面,以使被调查者感到轻松自在。

(2) 问卷应避免为节省用纸而挤压卷面空间。如为多项选择题的选项,应采用竖排形式。竖排虽占用一定的空间,但能使卷面简洁明快、一目了然,便于阅读和理解。还要注意,同一个问题,应排版在同一页,避免翻页对照的麻烦和漏题的现象。

(3) 问卷的问题按信息的性质可分为几个部分,每个部分中间以标题相分,如第一、二、三、四部分的形式。这样可以使整个问卷更为清楚,也便于后阶段的数据整理与统计。

(4) 调查问卷用纸尽量精良;超过一定的页数时,应把它们装订成小册,配上封面和封底,而不应仅仅用订书钉订在一起。这样既可利用纸的双面进行排版,节省用纸,也便于携带和保存,更可使问卷显得庄重、专业,使被调查者以更认真的态度对待调查。

3. 事后检查阶段

1) 试答和修改

初步设计出来的问卷通常存在着一些问题,因而需要在小范围内进行实验性调查,以便确定问卷在初稿中是否存在问题,了解被调查者是否乐意回答和能够回答所有的问题,哪些语句不清,备选答案是否有重复或遗漏,问题的顺序安排是否合理,答题时间是否过长等情况。如果发现了问题,应作必要的修改,使问卷更加完善。

2) 制成正式问卷

问卷经过调整后,就可以进入最后的印制阶段。问卷如何印刷和装订也可能影响调查结果。如果纸张太薄、太旧,那么被调查者就会觉得这个调查活动不重要,回答质量就会受到影响。

6.2 问卷设计的技术

问题是问卷的核心,一个好的问卷必须合理、科学和艺术地提出每一个问题,罗列每一个备选答案。问题设计的时候,设计者必须对问题的类别、提问的方法仔细考虑;否则,一旦出现问题用语不当的情况,可能使被调查者产生误解不愿意回答或错误回答,甚至引起反感。备选答案的顺序排列不同也会导致调查结果天壤之别。这些都会导致调查的失败。因此,在设计问卷时,必须根据设计问卷的步骤和原则进行,还要根据不同的问题类型反复推敲,才能设计出高水平的调查问卷。

6.2.1 问题的类型

调查问卷的问题分类标准很多,比如,可以根据提问方式的不同,根据提问性质的不同来分类。根据不同标准,调查问卷问题可以分为各种不同的类型。但是,最基本的分类还是按照问题是否提供答案来分类。根据这一标准,调查问题可分为开放式问题和封闭式问题两种类型。

1. 开放式问题

开放式问题也称自由式问题,是指在设计问题的时候,只提出问题,不限定答案,由被调查者自由回答。例如,"你心目中理想的教师的形象如何?""你在学校学习中最苦恼的问题是什么?"等。

开放式问题提问方法比较灵活,可用于不知道问题答案有几种的情况,也可让被调查者自由发挥,能收集到生动的资料,还有利于调动被调查者的兴趣,争取被调查者的合作。因为对答案没有限制,被调查者完全可以按照自己的想法去回答。利用这种提问方式,往往可以获得意外的信息资料。

因此,开放式问题适合于答案复杂且数量较少,或者各种可能答案还不清楚的问题,在消费者动机调查中应用广泛。但是,开放式问题的不足之处也比较明显。因为各个被调查者回答内容千差万别,答案无法标准化,对开放式问题的统计处理常常比较困难,有时甚至无法归类编码和统计,而且在这个过程中很可能会产生误差。另外,开放式问题要求回答者有较高的知识水平和语言表达能力,能够正确理解题意、思考答案,并表达出来,因而适用范围有限。自填式问卷通常不用开放式问题。被调查者回答此类问题,需花费较多的时间和精力,同时许多人不习惯或不乐意用文字表达自己的看法,导致回答率低。

2. 封闭式问题

封闭式问题是指设计调查问题的时候,给出可供选择的答案,要求被调查者从中作出选择。

【例6-13】 您购买万科新城商品房的原因是( )。请在下列答案中选择您认为合适的一个,将其英文编号写在括号里。

A. 地理位置好   B. 价格适中
C. 户型设计好   D. 房屋质量可靠

从调查实施的难易度看,封闭式问题容易回答、节省时间,文化程度较低的调查对象也能完成,被调查者比较乐于接受这种方式,因而问卷的回收率较高。封闭式问题答案标准化程度高,便于调查后期统计分析。

因此,封闭式问题是大多数问卷的主体。但是,设计封闭式问题的时候,某些问题的答案不易列全,被调查者如果不同意问卷列出的任何答案,没有表明自己意见的可能,而调查者也无法发现。如果遇到所调查的问题本身就比较复杂,答案设计的难度较大,难免会产生遗漏的信息或者无法收集深层次的资料。

在实践中,为了避免两种形式的缺点,常常将两者结合在一起使用,这称为混合型问题。其设计的方法是在一个问题中只给出部分答案,让被调查者从中选择,而另一部分答案不给出,要求被调查者根据实际情况自由发挥作答。

综上所述,鉴于开放式问题在适用范围和统计分析等方面的缺陷,目前的问卷调查多以封闭式问题为主。但在一些少数几个答案不能包括大多数情况的提问中,问卷设计者不能肯定问题的所有答案,或者要了解一些新情况时也可采用开放式问题。有时候,为了保证封闭式问题包括全部答案,可以在主要答案后加上"其他"之类的答案,以作补充,避免强迫被调查者选择不真实的答案。

6.2.2 问卷问题的设计

1. 开放式问题的设计

开放式问题有很多的设计方法,主要有以下几种。

1)自由回答法

自由回答法又称无限制回答法,是指设计问题时不设计备选答案,要求被调查者根据问题用文字形式自由表述。

【例 6-14】 您对时下社会上流行使用网络用语的现象有什么看法?

【例 6-15】 您认为佳洁士牙膏的主要优点是什么?

这类问题可以直接了解被调查者的态度和观点,回答不拘形式,可获得深层次的意见,而且在设计的时候不受限制,比较容易。但是,自由回答法不适合所有的人,因为在有限的时间里,有些被调查者不愿对问题作过多的思考,有些调查者不知道如何回答,他们都会放弃作答此类问题,或者作虚假答案。另外,这种方法统计起来比较困难。

2)词语联想法

词语联想法就是将按照调查目的选择的一组字词展示给被调查者,并要求他们立即回答所想到的是什么。在立即反应下,可以获得与"刺激词汇"相对应的联想。常用的设计方式如下:

(1)自由联想法,是指不限制联想性质和范围的方法,回答者可充分发挥其想象力。例如,看到"酒"你联想到什么?被调查者的回答可能"豪爽""醉""浓烈""暴力"等。这从不同侧面反映了酒的特点,可为改进工艺和市场定位提供有关信息。

(2)控制联想法,是指把联想控制在一定范围内的方法。

【例 6-16】 看到"电视"会联想到什么食品?被调查者可能回答自己看电视广告中出现的食品,也有可能是看电视时消费的食品,有的兼而有之,有的则什么都不是。

（3）提示联想法，是指在提出刺激词语的同时，也提供相关联想词语的一种方法。

【例 6-17】 看到"自行车"你会想到什么？请在下面词语中挑选答案。

共享单车、代步、健身、娱乐、载物、运动、其他_____

提示联想法所给出的联想提示带有导向性，如例 6-17 的提示，将联想往自行车功能方向引导，被调查者的思维也由此向这方面集中。

词语联想法是一种最大限度地开发被调查者内心隐藏信息的资料收集方式，常用来比较、评价和测试品牌名称、品牌形象、广告用语、消费者动机和偏好等调查。在使用词语联想法的时候，主要通过分析被调查者的词语反应时间来得出结论。被调查者回答问题越快，说明被调查者对这个词语印象越深刻，越能反映其态度；反之亦然。

3）回忆法

这种方法是用于调查被调查者对品牌名、企业名、广告等的印象强烈程度、记忆程度而使用的一种设计问题的方法。

【例 6-18】 请说出您所知道的口香糖牌子？

运用这种方法，可以比较广告活动前后消费者对品牌的回忆差异，以反映广告效果。但是，使用这种方法的时候要注意计算不同回忆次序和次数的比值，以分析被调查者的回忆强度，还要根据各个项目的回忆量和总回忆量的比值，来分析被调查者对各种品牌的印象深浅程度。

4）问句完成法

问句完成法是将问题设计成不完整的句子，请被调查者补充完成。

【例 6-19】 可口可乐是_____。

【例 6-20】 当您感冒的时候，最先吃的是_____。

与词语联想法相比，问句完成法不用强调被调查者回答问题的时间，由于完成的是句子，调查结果也比较容易分析。因此，常用于调查消费者对某种事物的态度或感受。为了减少被调查者回答问题时的顾虑，设计此类问题的时候应避免使用第一或第二人称。

5）故事构建法

这种方法是由调查者向被调查者提供只有开头或只有结尾的不完整文章，请被调查者按照自己的意愿将其补充完整，使之成为完整的故事。通过这样的方式，调查者可以分析被调查者的隐秘动机。

【例 6-21】

丽丽说："前天，我在新世界百货看到一款 ONLY 的衣服，款式真漂亮，质量也好，就是太贵了！"

"我"说："你买了吗？"

丽丽说："太贵了！我没买。所以说，价格贵的东西都不好卖，再好的质量、款式也没用。"

这个时候,"我"会说什么?

请被调查者以"我"的身份完成对话。

6)卡通测试法

这种方法是按照调查目的设计出两个人物对话的卡通图画,其中一个人说出一句话,由被调查者以另一个人的身份完成图中的对话,从而了解被调查者的想法。

为了使被调查者易于了解和接受调查,设计卡通画的时候要注意整个问卷的主题是文字而不是图画,因此,图画内容尽量不要对语言反映有影响,图画人物表情要中立,保持客观。

7)主题视觉测试法

这种方法是通过向被调查者出示一组漫画或图片,要求被调查者根据自己的理解描述漫画或图片的内容,或者编造一个故事,从中探询被调查者的态度或愿望的一种方法。

总的来说,开放式问题的提问方法比较灵活,既可以使用一般的问卷形式提出问题,又可以用图片、漫画等形式提出问题。其突出的优点是:提问方法比较灵活,可以用一般的问卷形式提出问题,也可以使用产品实体、图片等形式提出问题,这样有利于调动被调查者的兴趣,争取他们的合作;由于对答案没有任何限制,被调查者完全可以根据自己的想法回答问题,因此能够得到较为深入和真实的观点与看法,往往还能获得意外的信息资料。因此,开放式问题适合于答案复杂且数量较少或者各种可能答案还不清楚的问题,在消费者动机调查中应用较为广泛。这种提问的方式也有其不足之处,那就是:由于每个被调查者的答案差异较大,答案标准化程度较低,很难对答案进行分类,所以增加了编码和统计分析的工作量;在调查过程中,由于没有统一的答案,调查人员在记录被调查者的回答的时候,会发生遗漏、误解等差错,产生误差;回答这样的开放式问题需要花费被调查者大量的时间和精力,容易遭到拒答和产生理解偏差;对被调查者的表达能力要求较高,文化水平高、表达能力强的被调查者回答问题比较详尽,能够准确表达自己的想法,提供的资料较多,而表达能力差的被调查者可能无法反映自己真实的观点,可能造成代表性误差。

2. 封闭式问题的设计

封闭式问题在市场调查中应用非常广泛,形式也多种多样,尤其是答案的设计方法,主要以问题需要、统计方便为准则。常用的有以下几种。

1)二项选择法

二项选择法又称为是否法、真伪法、两分法,是指提出的问题仅有性质相反的两种答案可供被调查者选择,回答时只能从中选择其一,如"是"或"否"、"有"或"没有"等。这种问题的回答项目非此即彼、简单明了。问题的形式一般如下:

【例 6-22】 您是否购买过空调?

A. 是 B. 否

这类问题的答案通常是互斥的,调查结果统计得到"是"与"否"的比例,明确简单、便于统计,但得到的信息量太少是其最大的缺点。由于二项选择法仅仅给出了意义截然相反的两个答案,被调查者无法区分自己真实感受的程度差别,当两个答案都不满意的时候,只能勉强选择其一,这就产生了测量误差。

2) 多项选择法

多项选择法是指提出问题有两个以上的答案,被调查者可选择其中一项或多项作为答案。这些问题可以使被调查者完全表达要求、意愿,还可以根据多项选择答案的统计结果,得出各项答案重要性的差异。

【例6-23】 您买平衡车是因为( )。
A. 经济条件允许　　B. 自己骑着玩、个人娱乐　　C. 送给朋友
D. 上下班骑,代步工具　　E. 气派,赶时髦　　　　　F. 周围邻居或熟人有用的
G. 益智运动,开发智力,协调身体　　　　　　　　H. 培养自信,成为人群中的焦点
I. 其他(具体写出)

多项选择法也是问卷中采用最多的一种问题形式,设计的具体类型一般包括三类:
(1) 单项选择类型,是指要求被调查者对所给出的多项答案只选择其中的一项。

【例6-24】 您的年龄是( )。
A. 25岁以下　　B. 25～45岁　　C. 46～60岁　　D. 60岁以上

(2) 多项选择类型,是指让被调查者按照自己的实际情况选择合适的答案,数量不限。

【例6-25】 您从( )了解到《瑞丽》杂志?
A. 广播电视宣传　　B. 报刊广告　　C. 地铁广告　　D. 车身广告
E. 其他户外广告　　F. 互联网　　　G. 销售网点(报刊亭、书店、便利店、超市等)
H. 休闲场所　　　　I. 邮局　　　　J. 其他

【例6-26】 您家有哪些家用电器?
A. 手机通信　　　　　　B. 电脑办公产品　　C. 摄影摄像类　　D. 电视
E. 家庭影院　　　　　　F. 冰箱　　　　　　G. 洗衣机　　　　H. 空调
I. 厨房小家电　　　　　J. 燃气灶具　　　　K. 电热水器
L. 吸尘器(包括扫地机器人)　　　　　　　　M. 个护健康类(包括剃须刀、美容仪等)
N. 空气净化器

(3) 限制选择类型,是指要求被调查者在所给出的多项答案中,选择自己认为合适的答案,但数量要受到一定的限制。

【例6-27】 当初您选择这家公司工作的时候,主要考虑下列哪些因素?(选择三项并排序,填写下列表格)

第一位	第二位	第三位

A. 能改变生活处境　　　　B. 公司的名气大　　　　C. 工资待遇好
D. 能见世面、增长见识　　E. 工作不好找,能有工作就不错了

多项选择法提供的答案包括了各种可能的情况,使被调查者有很大的选择余地,而且资料整理也很简单。但是,多项选择答案的排列顺序可能会影响被调查者的正确选择,排在前面的答案被选中的机会较多。而当设计的备选答案不够全面,被调查者没有合意的选择项时,他们一般倾向于考虑现有答案或者"其他"选项。

在设计这种多项选择的问题时,答案应尽可能地包括所有可能出现的情况,但是绝对不能重复;备选答案也不宜过多,一般不超过 10 个;注意备选答案的排序问题;要对备选答案进行事前编码,以便资料的统计整理。

3)其他方法

从理论上讲,问卷设计中问题的设置方法还很多,但这几种是基本常见的,其他方法也多是从这几种方法引申变化而来的。

(1)一对一比较法,是指把调查对象配对,让被调查者一一比较选择答案。

【例 6-28】 请比较下列每一组不同品牌的智能手机,哪一种质量更好?
A. 苹果□和三星□　　B. 华为□和三星□　　C. 苹果□和华为□

【例 6-29】 请比较下列每一组不同品牌的智能手机,哪一种拍摄更清晰?
A. 苹果□和三星□　　B. 华为□和三星□　　C. 苹果□和华为□

(2)顺位法,就是限制类型的多项选择法的递延。

【例 6-30】 请您按您选择服装时考虑的主次顺序,以 1、2、3、4、5 为序填在下列□内。
价格□　　款式□　　面料□　　颜色□　　做工□

【例 6-31】 请您按您的喜欢程度对以下品牌进行编号,最喜欢者为 1 号,依次类推。
飘柔□　　潘婷□　　沙宣□　　舒蕾□　　海飞丝□　　力士□

(3)矩阵式,是一种将同一类型的若干个问题集中在一起,构成一个问题的表达方式。

【例 6-32】 您对×××网络运营商 4G 网络的评价如何?(请在所选方框内打√)

	很满意	满意	基本满意	不满意	很不满意
① 覆盖区域	□	□	□	□	□
② 资费情况	□	□	□	□	□
③ 网速情况	□	□	□	□	□
④ 网络稳定性	□	□	□	□	□
⑤ 业务服务质量	□	□	□	□	□
⑥ 综合评价	□	□	□	□	□

矩阵式的优点是节省问卷的篇幅,同时把同类问题放在一起,回答方式又相同,节省了回答者阅读和填写的时间。

(4) 表格式,是矩阵式的一种变体,其形式与矩阵十分相似。比如,上述矩阵式问题对应的表格式。

【例 6-33】 您对×××网络运营商 4G 网络的评价如何?(请在所选位置打√)

	很满意	满意	基本满意	不满意	很不满意
① 覆盖区域					
② 资费情况					
③ 网速情况					
④ 网络稳定性					
⑤ 业务服务质量					
⑥ 综合评价					

表格式的问题除了具有矩阵式的特点外,还显得更为整齐、醒目。但应当注意的是,这两种形式虽然具有简单集中的优点,但也同时使人产生呆板、单调的感觉。因此,在一份问卷中这两种形式的问题不易用得太多。另外,这两种形式只能减少问题在问卷中的篇幅,并不能减少其数量,如上述例题中实际上就包含了 6 个问题。

在实际的调查活动中,我们要在独立进行问卷设计的时候多多摸索、熟悉掌握,甚至根据问题的需要创造更多好办法。

6.2.3 问卷设计的注意事项

1. 问题设计应该注意的事项

1) 问题要简洁明了

简洁明了的问题容易被不同文化背景、不同阶层的被调查者理解和接受,也可以避免因为理解错误而产生的回答偏差。主要注意以下几种情况。

(1) 避免提一般性的问题。如果问题的本来目的是在求取某种特定资料,但由于问题过于一般化,被调查者所提供的答案资料无多大意义。一般性的问题对实际调查工作没有指导意义。例如,某酒店想了解旅客对该酒店房租与服务是否满意,那么像"您对本酒店是否感到满意?"这样的问题,显然有欠具体。由于所需资料牵涉房租与服务两个问题,所以应分别询问,以免混乱,应该为"您对本酒店的房租是否满意?"和"您对本酒店的服务是否满意?"

(2) 避免使用冗长复杂的句子。句子越复杂,被调查者就越容易出错。虽然这样做语言显得很优美,但是,被调查者理解起来很困难,增加了填写问卷的时间。因此,在语义表达清楚的前提下,句子要尽量简洁。

2) 措辞要确切、通俗

问题的措辞指的是将所需的问题内容和结构转化为被调查者能清楚、容易理解并接受的句子。如果措辞不当,就会导致被调查者拒绝接受访问或提供错误的信息,最终影响调查的结果。

(1) 尽量避免使用专业化术语。大规模的调查中,调查对象的文化背景、教育水平、知识经验有很大差别,所以应该尽量减少使用专业术语。

【例6-34】 您家本月的收入环比增加多少?同比增加多少?

环比和同比是统计分析中的专业术语,环比在此表示与上月相比较,同比表示与去年同期相比较。如果不作解释,显然答题者是无法作出选择的,即便给出答案也没有意义。

【例6-35】 您是否认为网络平台播出的广告更具有吸引力?

【例6-36】 您觉得××购物广场的DM(直接邮递广告,即常见的优惠赠券、样品目录和单张海报等)怎么样?

(2) 避免用不确切的词。用词一定要保证所要提问的问题清楚明了,具有唯一的意义。不确切的词和含糊不清的问句会使被调查者不知从何答起,如"普通""经常""一些"等,以及一些形容词,如"美丽"等。

(3) 避免使用夸张的词汇。夸张的词语可能转移被调查者的关注点,不利于获得准确的调查结论。

【例6-37】 您认为您会花多少钱购买一件能够防止身体受到辐射而导致癌症的防辐射衣服?

(4) 避免使用含糊不清的句子。

【例6-38】 你最近是出门旅游,还是休息?

出门旅游也是休息的一种形式,它和休息并不存在选择关系。正确的问法是:"你最近是出门旅游,还是在家休息?"

3) 避免否定形式提问

否定句句式有一种加强的语气,会影响被调查者的思维,不利于其对问题的正确理解,容易造成相反意愿的回答或选择。由于受到习惯思维的影响,人们往往不习惯否定形式的提问。比如,"您是否不赞成商店实行'打折'促销活动?"就是依据否定问句,受习惯思维的影响,人们往往倾向于选择答案"是",即"不赞成"。实际上,相当一部分可能并非出自本意。

4) 避免引导性提问

合格问卷中的每个问题都应该是中立的、客观的,不应该带有诱导性和倾向性,应该让被调查者自己去选择答案。如果在问句中包含了调查者的观念或看法,暗示了被调查者,会使被调查者产生顺从心理,导致调查结果产生系统性偏差。

【例6-39】 你对国外快餐对国内消费市场的冲击有何看法?

这个问句中的用词和语气都显示了某种倾向性和暗示性,不利于真实回答。可改成"现在很多地方引进了国外快餐,你对此有何看法?"

5）避免提断定性的问题

有些问题是先判定被调查者已有某种态度或行为，基于此进行提问。例如，"你一天抽多少支烟？"这种问题即为断定性问题。被调查者如果根本不抽烟，就会导致无法回答。正确的处理办法是此问题可加一条"过滤"性问题。即："你抽烟吗？"如果回答者回答"是"，可继续提问，否则就可终止提问。

6）一项提问只包含一项内容

一个问句最好只问一个要点，一个问句中如果包含过多询问内容，会使被调查者无从答起，也给统计处理带来困难。

【例 6-40】 您是否觉得这款西服既时髦又舒适？

【例 6-41】 您认为我们产品的包装和质量如何？

7）避免隐含的假设和选择

隐含的假定是指没有表述清楚假定的背景。

【例 6-42】 您赞成在我国采取高收入政策吗？

这样的询问隐含了"工资和物价同步增长"的意思，会导致过高的"赞成"比例。应改成"如果工资和物价同步增长，您赞成在我国采取高收入政策吗？"

隐含的选择是指没有明显表述清楚的可能选择。

【例 6-43】 在市区内购物时，您愿意乘坐出租车吗？

这样的询问隐含"乘坐公交车或开私家车"的情况，最好改成"在市内购物时您是愿意乘坐出租车，还是愿意开私家车，或者乘坐其他公共交通工具？"

8）避免直接提出敏感性问题

有些关于个人隐私方面的问题，如关于年龄、财产、收入、婚姻状况等问题，一些被调查者不愿意回答或不愿意真实回答，因此在问题用词时要注意隐蔽性。直接询问一些敏感性问题总会使被调查者产生反感而拒答。还有些被调查者可能不愿示弱或怕被看不起而说谎。这类问题直接提问往往会遭拒绝，因此应改为采用非直接、联想式提问。

9）避免推算、估计、需要考虑时间性的问题

在调查活动中，通过一张问卷了解被调查者的消费动机、情感和行为，是一件很复杂的工作。在这样一张问卷中，应该保证被调查者充分理解我们的问题，这也就要求问题应该是具体的，应该能够让被调查者根据实际情况很快地脱口说出自己的答案。那么，那些需要被调查者去推算和估计的提问方式或者需要考虑时间性的问题就是我们的大忌，因为这样困难的问题会使被调查者捏造答案，提供虚假信息。

【例 6-44】 您去年家庭的生活费支出是多少？用于食品、衣服的分别为多少？

这样的问题，除非被调查者连续记账，否则很难回答出来。可以改为"您家上月生活费支出是多少？"显然，这样缩小时间范围可使问题回忆起来较容易，答案也比较准确。

10) 拟订问句要有明确的界限

对于年龄、家庭人口、经济收入等调查项目,通常会产生歧义的理解,如年龄有虚岁、实岁;家庭人口有常住人口和生活费开支在一起的人口;收入是仅指工资,还是包括奖金、补贴、其他收入、实物发放折款收入在内。如果调查者对此没有很明确的界定,调查结果也很难达到预期要求。

2. 问卷答案设计应注意的事项

由于大多数问卷主要由封闭式问题构成,封闭式问题的答案设计是问卷设计的重要组成部分,必须经过多方面周密、细致的考虑。答案设计应注意如下事项。

1) 答案要穷尽

要求答案包括所有可能的情况,只有这样才能使每个被调查者都有答案可以选择,不至于使被调查者找不到合适的可选答案而放弃回答。

2) 答案要互斥

要求答案互相之间不能交叉重叠或相互包含,即对于每个被调查者来说,最多只能有一个答案适合他的情况。

3) 答案选项的排列

答案的顺序也会影响调查结果,在选项较多的时候被调查者更容易被答案的顺序所影响。很多情况是,当被调查者一时选不出十分合适自己的答案时,往往会选择排在前面的答案。要想避免这种问题,常常采取的措施是设计若干种不同排列的问卷,最后放在一起进行汇总,或者在调查员进行访问的过程中在问卷上添加人为的标记符号,更改顺序。

4) 答案中尽量不用贬义词

使用贬义词,会影响调查结果。通常的解决办法是在褒义词的前面加上否定,如"喜欢"和"不喜欢",而不选择"讨厌"这个词。

5) 多项选择题的答案设计不宜过多

被调查者在阅读问卷和思考问题的时候,记忆答案的数量是有限的,一般不超过 10 个。若答案太多,被调查者在回答时就会出现遗忘或者不耐烦的现象。

6) 答案设计要有可读性、趣味性

答案设计过于呆板、单一,会使被调查者失去兴趣,感到乏味、不耐烦。对于文化程度较高的被调查者可以适当考虑用一些成语,如果对普通的市民则要通俗,对小朋友、年轻人则可以适当设计一些漫画或者小故事等。

7) 敏感性问题答案的设计

在实践中,关于敏感性问题往往可以通过不具体询问、假借询问对象等方式来进行。如询问时不需过分具体,而是给出几个范围供被调查者选择。

【例 6-45】 请问您的年龄属于哪一类?
  A. 18 岁以下   B. 18～25 岁   C. 26～30 岁   D. 31～40 岁

E. 40 岁以上

【例 6-46】 请问您的业余时间一般如何安排？

这个问题很多被访者会往"好"的方面说，而不愿真实回答。

因此，可以这样问"您周围的朋友业余时间主要做些什么？"这样，可以保全被调查者的面子，获得的信息的真实性也会相对更强。

6.3 态度量表的设计

在市场调查中，经常需要对消费者的态度、意见、感觉等心理活动进行判别和测量。这样的测量和普通的调查有着很强烈的对比。假设某个调查活动要收集碳酸饮料消费的准确信息，应该了解消费者平均一天喝多少瓶（标准瓶）碳酸饮料。但是，要想收集有关碳酸饮料消费者感觉方面的信息，则应该了解消费者是把自己归入"非常喜欢""喜欢""无所谓""不喜欢"和"非常不喜欢"中的哪一类。这两种问题会产生两种不同的结果，后者便是一种态度测量。态度是一种与我们周围环境的某些方面相关的，包括动机、情感和认知过程的持久结构，是对某一客体所持有的一种比较稳定的赞同或不赞同的内在心理状态。很多情况下，市场调查的目的就是要了解被调查者的态度或意见。正确地使用测量技术，可以将不能通过直接的询问或观察获得的态度问题，直接用数字来表达，对市场调查活动非常有必要。

所谓的测量是指按照特定的规则对测量对象（目标、人物或事件）的某种属性赋予数字或符号，将其属性量化的过程。测量的本质是一个分配数字的过程，也就是用数字反映测量对象的某种属性，进而通过与属性对应的数字或统计量来研究测量对象的性质。重点的是，要测量的不是对象本身，而是对象的某种属性。

那么量表是什么呢？量表可以看作是测量的一个扩充，是试图确定主观的、有时是抽象的概念的定量化测量工具。所谓量表，就是通过一套事先拟订的用语、记号和数目，测定、测量人们心理活动的度量工具，它可以将所要调查的定性资料进行量化。量表的主要优点是对被调查者回答强度进行测量，而量表式应答转换成的数字可以直接用于分析。量表的设计分为两步：首先，设定规则，并根据这些规则为不同的态度特性分配不同的数字；然后，将这些数字排列或组成一个序列，根据受访者的不同态度，将其在这一序列上进行定位。例如，将对于洗衣机的喜欢程度这一变量的程度取值用不同的数字来代表："1"代表"喜欢"，"2"代表"一般"，"3"代表"不喜欢"；然后，根据被调查者回答"喜欢""一般""不喜欢"填写问卷或调查表，这就是一个典型的三级量表。

【小思考】

为什么量表中要用数字代表态度的特性？

6.3.1　量表的类型

量表的种类有很多,可以按照各种不同标准加以划分。依据心理测试的内容,量表一般可分为四种,即类别量表、顺序量表、等距量表和等比量表。这是市场调查中最常用的一种分类。

1. 类别量表

类别量表又称定类量表、命名量表、名义量表,是根据调查对象的性质作出的分类,也就是用数字来识别事物或对事物进行分类。它是最低水平的量表。类别量表中,数字本身没有任何意义,只代表每类答案的编号,其目的就是对调查资料进行分类。

【例 6-47】　您家里有洗衣机吗?

A. 有　　　　B. 没有

【例 6-48】　您家里的洗衣机是什么牌子?

A. 海尔洗衣机　　B. 小天鹅洗衣机　　C. 西门子 SIEMENS　　D. 美的

E. 统帅 Leader　　F. 三洋洗衣机　　G. 松下 Panasonic　　H. 三星洗衣机

I. 小鸭洗衣机　　J. LG 洗衣机　　K. 荣事达洗衣机　　L. 海信洗衣机

M. 其他品牌

【例 6-49】　您喜欢必胜客新推出的"榴梿比萨"吗?

A. 喜欢　　　　B. 无所谓　　　　C. 不喜欢

类别量表可用于测量被调查者的品质属性,如对性别、民族、职业、文化程度等进行分类处理;也可以对被调查者的态度、意见进行分类处理,如对某种商品是喜欢还是不喜欢等问题的测量和处理。

2. 顺序量表

顺序量表又称次序量表、定序量表,表示各类别之间不同程度的顺序关系。它比类别量表的水平高,不仅指明了各类别,还指明了不同类别的大小或含有某种属性的多少,如胖瘦、大小、高矮、销量的多少排名、质量的等级等。但是,这里给出的只是相对的程度,只能表示不同类别的顺序关系,不能指明其绝对差距。

【例 6-50】　以下是一些手机的品牌名称,请将它们按你所喜好的程度排序。(其中 1 表示你最喜欢,5 表示你最不喜欢。)

苹果(　) 　小米(　) 　三星(　) 　华为(　) 　OPPO(　) 　vivo(　) 　其他品牌(　)

对所调查商品"最喜欢"的给 5 分,"较喜欢"的给 4 分,"无所谓"的给3分,"不喜欢"的给 2 分,"很不喜欢"的给 1 分。这里的"1、2、3、4、5"等数字仅表示等级的顺序,并不表明量的绝对大小。答案中的数字都是表示评价高低或前后顺序的一种量化手段,其中的数字既不能进行数学的演算,又不代表实质上的差距。

顺序量表中各等级的评分方法,可采用自然顺序评分法、固定总数评分法等。固定总数评分法是将总分分为 10 或 100,要求被调查者对不同商品或项目打分,但是总分不能超过 10 或 100。

【例 6-51】 请您对下例三种产品的质量打分,满分 100 分

苹果　20　　　三星　45　　　华为　35

定序量表一般用于多种产品的质量、性能、式样、包装、价格等,也用于不同人的能力、知识水平等方面,或者对被调查者的态度进行测量。

3. 等距量表

等距量表又称差距量表、区间量表等,用于测量消费者对于喜欢或不喜欢某种商品次序之间的差异距离。它比顺序量表更为精细,不仅能表示顺序关系,还能测量各顺序位置之间的距离。这种量表在自然现象的测量中用得较多,最典型的实际例子是温度计。温度计量数之间是等距的,39℃ 与 38℃ 之间的差距和 37.5℃ 与 36.5℃ 之间的差距是相等的。给一个产品质量打分,A 产品得 8 分与 6 分之间的差距和 5 分与 3 分的差距也是相同的。

在调查中,用得分给出的态度数据、满意度数据等也常常按等距数据来处理。但不能计算测度值之间的比值,如一个人的数学考试成绩为 0 分,并不能说他没有数学知识,也不能说得 100 分的数学水平是得 50 分的 2 倍。

4. 等比量表

等比量表又称比率量表,是有相等的单位和绝对零点的量表,具有类别量表、顺序量表、等距量表的一切特性,并有固定的原点,是表示各个类别之间的顺序关系成比例的量表。等比量表可以作相互间的加、减、乘、除计算,并使用各种统计方法,但是对被调查者态度进行测量有一定的困难。生活中,像身高、体重、年龄、收入等都是等比量表的例子,而在市场调查活动中,销售额、生产成本、市场份额、消费者数量等变量都要用等比量表来测量。比如,体重 100 千克的人是体重 50 千克的人的 2 倍,计算各类企业的年利润的比例关系也可使用等比量表。

6.3.2　市场调查常用的几种量表

目前,在市场调查活动中常用的量表有评比量表、等级量表、语义差别量表、配对比较量表、瑟斯顿量表和李克特量表。下面分别作简要说明。

1. 评比量表

评比量表是在市场调查活动中最常用的、应用极广的量表形式。调查者在问卷中已经拟订好了有关问题的答案量表,由被调查者自由选择回答。在量表的两端是极端性的答案,在两个极端之间划分了若干个阶段,阶段可多可少,一般为 3 个、5 个、7 个或 7 个以上阶段。评比量表的中间点一般是中性答案,并且每个答案都事先给定一个分数。

【例 6-52】

不喜欢	无所谓	喜欢
1	2	3

注：表中的记分也可采用－1、0、1。

【例 6-53】

很不喜欢	不喜欢	稍不喜欢	无所谓	稍喜欢	喜欢	很喜欢
1	2	3	4	5	6	7

注：表中的记分也可采取－3、－2、－1、0、1、2、3。

【例 6-54】 你喜欢上市场调查这一门课吗？（请在对应的数字上画钩）

很喜欢	喜欢	无所谓	不喜欢	很不喜欢
1	2	3	4	5

被调查者根据自己的实际情况在表格里或者连续直线上适当的位置做出标记，调查者根据整体的反映分布将直线划分为若干部分，或者调查者按图所反映的评比量表的要求，分别进行统计，取得的平均分数值便可以代表被调查者的态度，并且还可以计算各个项目的百分率。

在制定评比量表的时候要注意中间阶段划分不宜过细，过细往往会使被调查者难以作出评价。在使用评比量表的时候，可能产生三种误差：①仁慈误差，即被调查者对客体进行评价的时候，倾向于给予较高评价；②中间倾向误差，即当有些被调查者不愿给予客体很高或很低的评价，或对客体不太了解的时候，往往倾向于给予中间的评价；③晕轮效果，即被调查者对客体有一种整体的印象，可能导致在评价的时候产生系统偏差。在制定量表的时候，也可以采用不平衡量表，偏向于有利态度的答案，以减少答案数目。

2. 等级量表

等级量表是一种顺序量表，是将许多研究对象同时展示给被调查者，并要求他们根据某个标准将这些对象排序或分成等级。例如，要求被调查者根据总体印象对不同品牌的商品进行排序。这种排序通常要求被调查者对他们认为最好的品牌排"1"号，次好的排"2"号，依此类推，直到量表里所列举的所有品牌都得到了一个序号为止，一个序号只对应一个品牌。

【例 6-55】 手机调查

品牌名称	品牌等级
苹果	————
三星	————
小米	————
华为	————
OPPO	————
vivo	————
其他品牌	————

等级量表题目容易设计，被调查者也比较容易回答，所以这种量表应用广泛。等级量表强迫被调查者在一定数目的评价对象中作出比较和选择，从而得到对象间相对性或相互关系的测量数据。但是，这种量表也存在许多不足：第一，只能得到顺序数据，不能对各等级间的差距进行测量；第二，如果备选项中没有包含应答者的选择项，那么结果就会产生误导，或者要测量的某些因素可能完全超出了个人的选择范围，产生毫无意义的数据，如某一应答者从不使用手机；第三，量表中所列举对象的顺序也可能带来顺序误差，如选举活动的时候常常出现类似情况；第四，要注意用于排序的对象个数不能太多，最好少于10个，否则，很容易出现错误、遗漏。

3. 语义差别量表

在市场研究中，常常需要知道某个事物在人们心中的印象，语义差别量表就是一种常用的测量事物印象的方法。语义差别量表是用成对反义形容词测试被调查者对某一项目的态度，主要用于市场比较、个人及群体之间差异的比较以及人们对事物或周围环境的态度研究等。这种方法使用的时候，首先要确定与要测量对象相关的一系列属性，对于每一个属性，选择一对意义相对的形容词，分别放在量表的两端，中间划分为5个（或7个、9个）连续的等级。被调查者按照要求根据自己对被测对象的看法评价每个属性，在合适的等级位置上做标记。带有否定含义的形容词有时放在量表的左边，有时放在右边。

【例6-56】 某某歌手的音乐给您带来的感受是什么？请在线段上适当的位置画圈。

1～7计分法

```
          1    2    3    4    5    6    7
愉悦的   ├────┼────┼────┼────┼────┼────┤ 忧伤的
简单的   ├────┼────┼────┼────┼────┼────┤ 复杂的
不和谐的 ├────┼────┼────┼────┼────┼────┤ 和谐的
传统的   ├────┼────┼────┼────┼────┼────┤ 现代的
```

－3～＋3计分法：

```
          +3   +2   +1    0   -1   -2   -3
愉悦的   ├────┼────┼────┼────┼────┼────┤ 忧伤的
```

简单的								复杂的
不和谐的								和谐的
传统的								现代的

【例 6-57】 测量个人特性的语意差别量表。

```
             1      2      3      4      5      6      7
1. 粗心的    |------|------|------|------|------|------|   细致的
2. 易激动的  |------|------|------|------|------|------|   温和的
3. 不安的    |------|------|------|------|------|------|   平静的
4. 果断的    |------|------|------|------|------|------|   不果断的
5. 节俭的    |------|------|------|------|------|------|   浪费的
6. 快乐的    |------|------|------|------|------|------|   不快乐的
7. 理性的    |------|------|------|------|------|------|   感性的
8. 幼稚的    |------|------|------|------|------|------|   成熟的
9. 正统的    |------|------|------|------|------|------|   放荡的
10. 严肃的   |------|------|------|------|------|------|   不严肃的
11. 复杂的   |------|------|------|------|------|------|   简单的
12. 无趣的   |------|------|------|------|------|------|   有趣的
13. 谦虚的   |------|------|------|------|------|------|   虚荣的
14. 谨慎的   |------|------|------|------|------|------|   随便的
```

语义差别量表的主要优点是可以清楚、有效地描绘形象。如果同时测量几个对象的形象,还可以将整个形象轮廓进行比较。由于功能的多样性,语意差别量表被广泛地用于市场研究,用于比较不同品牌商品、产商的形象,以及帮助制定广告等战略、促销战略和新产品开发计划。

4. 配对比较量表

在配对比较量表中,同时向被调查者展示两个物品,要求被调查者对一系列对象两两进行比较,根据某个标准在两个物品中进行选择。这种方法实际上是一种特殊的等级量表,产生的是顺序量表数据,但是它要求排序的是两个对象,而不是多个。使用这样的方法,要求被调查者从一对物品中选择一个难度相对较小,被调查者比较愿意配合。配对比较量表克服了等级量表存在的缺点,也是一种使用很普遍的态度测量方法。但是,被测量的对象不宜太多,否则,被调查者会产生厌烦情绪,影响回答质量。

【例 6-58】 下面是十对牙膏的品牌,对于每一对品牌,请指出你更喜欢其中的哪一个。在选中的品牌旁边□处打√。

| 高露洁牙膏 | □ | 黑人牙膏 | □ |
| 高露洁牙膏 | □ | 舒适达牙膏 | □ |

高露洁牙膏	☐	云南白药牙膏	☐
高露洁牙膏	☐	竹盐牙膏	☐
黑人牙膏	☐	舒适达牙膏	☐
黑人牙膏	☐	云南白药牙膏	☐
黑人牙膏	☐	竹盐牙膏	☐
舒适达牙膏	☐	云南白药牙膏	☐
舒适达牙膏	☐	竹盐牙膏	☐
云南白药牙膏	☐	竹盐牙膏	☐

5. 瑟斯顿量表

在市场调查中,常常涉及对某一主题的态度测量,如人们对电视商业广告的态度、对品牌的态度、对人寿保险的态度等。1929 年,瑟斯顿的物理测定法开始被应用于测定态度的活动中。瑟斯顿量表是由一系列要求测试对象加以评判的表述语句组成,然后由被测试者选出他所同意的表述语句。这种量表不同于之前的几种量表,前几种量表中的各种询问语句及答案是由调查者事先设计拟订的,而瑟斯顿量表是一种间接量表,它的语句是由被调查者自行选定,调查员在被调查者回答的基础上建立起来的差异量表。这种量表的基本设置步骤如下:

(1) 调查者收集大量的要测量的态度语句(一般应在 100 条以上),保证其中对主题不利的、中立的和有利的语句都占有足够的比例,并将其分别写在特制的卡片上。

(2) 选定一组评判人员,通常在 20 人左右,按照各条语句所表明的态度有利或不利的程度,将其分别归入 11 类。第 1 类代表最不利的态度,依此类推,第 6 类代表中立的态度……第 11 类代表最有利的态度。

(3) 根据评定人员所确定的各组语句的次数,计算每条语句被归在这 11 类中的平均数和标准差。

(4) 删除那些次数分配过于分散的语句。

(5) 计算各保留语句的中位数,并将其按中位数进行归类。如果中位数是 n,则该态度语句归到第 n 类。

(6) 从每个类别中选出一两条代表语句(各评定者对其分类的判断最为一致的),将这些语句混合排列,即得到所谓的瑟斯顿量表。

【例 6-59】 电视商业广告态度测量的瑟斯顿量表:

(1) 所有电视商业广告都应该由法律禁止。

(2) 看电视广告完全是浪费时间。

(3) 大部分商业广告是非常差的。

(4) 电视商业广告枯燥无味。

(5) 电视商业广告并不过分干扰欣赏电视节目。

(6) 我对大多数商业广告无所谓好恶。

(7) 我有时喜欢看电视商业广告。

(8) 大多数电视商业广告是挺有趣的。

(9) 只要有可能,我喜欢购买在电视上看到过广告的商品。

(10) 大多数电视商业广告能帮助人们选择更好的商品。

(11) 电视商业广告比一般的电视节目更有趣。

在设计瑟斯顿量表的时候,有关态度语句并不一定非要划分为 11 类,多一些或少一些都是可以的,但是最好划分为奇数个类别,以中点作为中间立场。分类后在每个类别中至少选择一条代表语句。每条语句根据其类别都有一个分值,量表的语句排列可以是随意的,但每个评定人员都应只同意其中的分值相邻的几个意见。如果一个评判人员的语句或意见分值过于分散,则可以看出此人对要测量的问题没有明确一致的态度,或者量表设计存在缺陷。

瑟斯顿量表的优点是:语句是根据各评定人员的标准差确定的,有一定的科学性;缺点是:量表的确定费时、费力;评定人员的选择应有一定的代表性,否则,当评定人员态度和实际被调查者态度发生较大差异时,会使这种方法失去信度;无法反映被调查者态度在程度上的区别,即当他们表示"反对"时候,并不知道他们是反对、很反对还是极力反对。

6. 李克特量表

李克特量表是问卷设计中运用十分广泛的一种量表,要求被调查者表明对某一表述赞成或否定的程度。李克特量表形式上与瑟斯顿量表相似,都要求受测者对一组与测量主题有关陈述语句发表自己的看法。但是,它们之间也存在很大的区别:第一,使用瑟斯顿量表仅要求被调查者选出同意的陈述语句,而李克特量表要求受测者对每一个与态度有关的陈述语句表明同意或不同意的程度;第二,瑟斯顿量表中的一组有关态度的语句按有利和不利的程度都有一个分值,而李克特量表仅仅需要对态度语句划分是有利还是不利,以便事后进行数据处理。

李克特量表的建立过程如下:

(1) 收集大量(50～100 个)与测量的概念相关的陈述语句。

(2) 根据测量的概念将每个测量的项目划分为"有利"或"不利"两类。

(3) 选择部分被调查者对全部项目进行预先测试,要求受测者指出每个项目是有利的或不利的,并在下面的方向—强度描述语中进行选择,一般采用所谓"五点"量表。

(4) 对每个回答给一个分数,如从非常同意到非常不同意的有利项目分别为 1 分、2 分、3 分、4 分、5 分,对不利项目的分数就为 5 分、4 分、3 分、2 分、1 分。

(5) 根据受测者的各个项目的分数计算代数和,得到个人态度总得分,并依据总分多少将受测者划分为高分组和低分组。

(6) 选出若干条在高分组和低分组之间有较大区分能力的项目,构成一个李克特量表。如可计算每个项目在高分组和低分组中的平均得分,选择那些在高分组平均得分较高,并且在低分组平均得分较低的项目。

【例 6-60】 测量对商场态度的李克特量表。

观　　点	同意	比较同意	一般同意	较不同意	完全不同意
京东商城出售高质量的商品	1	2	3	4	5
京东商城的配送服务很好	1	2	3	4	5
我喜欢在京东商城买东西	1	2	3	4	5
京东商城没有提供足够的品牌选择	1	2	3	4	5
京东商城的信用制度很糟糕	1	2	3	4	5
大多数人都爱在京东商城买东西	1	2	3	4	5
我不喜欢京东商城所做的广告	1	2	3	4	5
京东商城出售的商品种类很多	1	2	3	4	5
京东商城的商品价格公道	1	2	3	4	5
京东商城的网络支付很费劲	1	2	3	4	5

李克特量表有许多优点:容易设计;使用范围比其他量表要广,可以用来测量其他一些量表所不能测量的某些多维度的复杂概念或态度;通常情况下,李克特量表比同样长度的量表具有更高的信度;李克特量表的五种答案形式使回答者能够很方便地标出自己的位置。但是,由于李克特量表是以项目加总的分代表一个人的赞成程度,可大致上区分个体间谁的态度高、谁的态度低,这样也就无法进一步描述他们的态度结构差异。

李克特量表的构成比较简单而且易于操作,因此在市场营销研究实务中应用非常广泛。在实地调查时,研究者通常给受测者一个"回答范围"卡,请他从中挑选一个答案。需要指出的是,目前在商业调查中很少按照上面给出的步骤来制作李克特量表,通常由客户项目经理和研究人员共同研究确定。

6.3.3 选择量表时应考虑的一些基本因素

不同的测量量表可以适用于不同对象的测量,在进行态度测量的时候,应该考虑选择使用哪种量表对给定对象进行测量。选择量表时,应考虑以下一些基本因素:量级层次的个数;采用平衡的量表还是不平衡的量表;采用奇数个层次还是偶数个层次;采用强迫性量表还是非强迫性量表;量级层次的描述方式;量表形式、种类的选择。

1. 量级层次的个数

量表用于测量态度、感觉或动机等的倾向程度,在决定量级层次的个数时,要考虑两方面的因素。如果层次个数太少,如只有同意、无所谓、不同意 3 个层次,那么量表就过于粗略而不够全面；如果层次个数太多，如 10 层量表，又可能超出了人们的分辨能力。通常情况下，评比量表、李克特量表等基本上以 5～9 层为宜。

另外，还要考虑数据收集方法。电话访问中，层次不能多，否则会把受访者搞糊涂；邮寄访问中，层次数要受到纸张大小的限制。数据分析的方法也会影响量级层次的数目。如果只作简单的统计分析，分成 5 层就足够了。而如果要进行复杂的统计计算，可能需要 7 个或更多的层次。

2．采用平衡的量表还是不平衡的量表

平衡的量表是指在量表中肯定态度的答案数目与否定态度的答案数目相等，否则就是不平衡的量表。一般来说，为了保证结果数据的客观性，应该采用平衡的量表。但在某些情况下，回答的分布很可能朝"有利"或"不利"的方向偏斜，这时，就可以采用不平衡的量表，在偏斜的一方多设几个层次。如果用不平衡的量表，在数据分析时要考虑量级层次不平衡的方向和程度。

3．采用奇数个层次还是偶数个层次

偶数个层次的量表意味着没有中间答案。如果没有中间答案，被调查者就会被迫选择一个正向或负向答案，这样，那些确实持有中立意见的人就无法表达他们的观点。奇数个层次的量表，中间位置一般被设计成中立的或是无偏好的选项。中立的选项可能会带来很大的反应偏差，因为有许多人在拿不准自己的感觉、不了解被测对象，或是不愿意表露态度时，倾向于选这种较"保险"的答案。

在设计量表的时候，究竟是采用奇数量级还是偶数量级取决于被调查者是否会对被测对象持中立态度。即使只有少数持中立态度的反应者，也必须使用奇数量级的量表。否则，如果调研人员相信没有反应者会持中立态度，或是想要强迫被调查者作出有利或不利的选择，就应该使用偶数量级的量表。与此相关的一个问题是，是采用强迫性量表还是非强迫性量表。

4．采用强迫性量表还是非强迫性量表

在量表中，选择中间答案的人可以分成两类，即真正持中间态度的人和那些不知如何回答问题的人。在强迫性量表中，没有"没有意见"这样的选项，被调查者被迫表达自己的意见。在这种情况下，确定没有意见的被调查者不得不选择一个答案，通常是靠近中间位置的答案。如果有相当多的被调查者对题目的主题没有意见，将会引起测量结果的偏差。一个问卷若在被调查者事实上缺少足够信息，不能作出决定时仍继续要求他们给一种意见，那么这样的问卷会导致一种厌恶情绪而致使调查访问过早结束。

5．量级层次的描述方式

量级层次有许多种不同的描述方式，这些方式可能会对测量结果造成影响。量级层次可以用文字、数字甚至图形来描述。而且，调研人员还必须决定是标记全部层次、部分

层次还是只标记两极的层次。对每个量级层次加以标记并不能提高收集数据的准确性和可靠性,却能减少理解量表的困难。对于量级层次的描述应尽可能地靠近各层次。

对量表两极进行标记时所使用的形容词的强度对测量的结果会有所影响。使用语气强烈的形容词,如 1＝完全不同意,7＝完全同意,受访者不大可能会选择靠近两端的答案,结果的分布将比较陡峭和集中。而使用语气较弱的形容词,如 1＝基本不同意,7＝基本同意,将得到较为扁平和分散的结果分布。

6. 量表形式、种类的选择

同一个量表可以用多种形式表达。量表可以是水平的、垂直的。量级层次可以用方框、线段、数轴上的点表示,各层次可以标记数字,也可以不标。如果用数字标记量级层次,可以使用正数、负数或是二者都用。

同时,量表制作与测量的难易程度是研究人员选择的重要因素。绝大多数研究人员都倾向于使用制作简单,而且测量操作也非常容易的量表。所以在实践中,制作相对容易的评比量表、等级量表、配对量表和李克特量表经常被使用,而制作过程冗长、复杂的瑟斯顿量表已很少被使用。语义差别量表的制作和开发也比较复杂,但是此量表用于特定问题的测量效果非常好,所以仍然经常被使用。究竟选择哪种量表,设计什么样的形式,原则上还是取决于所要解决的问题和想要知道的答案。一般情况下,在一份调查问卷中会使用多种不同形式的量表。

本章小结

（1）问卷又称调查表,是指调查者根据调查目的和要求所设计的,由一系列问题(问项)、备选答案、说明及代码表组成的书面文件,是用来收集所需资料和信息的一种调查工具。

（2）问卷的作用：实施方便；便于资料的统计和定量分析；节省调查时间；提高调查效率。

（3）问卷的类型。按照不同的分类标准,可以将调查问卷分成不同的类型：根据市场调查中使用问卷的方法不同,可将调查问卷分为自填式问卷和访问式问卷；根据调查问卷发放和回收途径不同,可将其分为送发式问卷、报刊式问卷、邮寄式问卷、电话访问式问卷、人员访问式问卷、网上问卷等。

（4）调查问卷因为调查的形式不同,在具体结构、题型、措辞、版式等设计上会有所不同。通常来说,一份完整的调查问卷通常包括标题、说明信、甄别部分、主体部分(正文)、被调查者的基本情况、编码、结束语和作业证明的记载。

（5）问卷设计的程序包括：事先准备阶段(确定调查的目的和内容,收集有关调查课题的资料,确定调查方法的类型)、实际设计问卷阶段(确定每个问答题的内容,决定问答题的结构,决定问题的措辞,安排问题的顺序,确定格式和排版),事后检查阶段(试答和修改,制成正式问卷)。

(6) 开放式问题也称自由式问题,是指在设计问题的时候,只提出问题,不限定答案,由被调查者自由回答。

(7) 封闭式问题是指设计调查问题的时候,给出可供选择的答案,要求被调查者从中作出选择。

(8) 开放式问题有很多的设计方法,主要有自由回答法、词语联想法、回忆法、问句完成法、故事构建法、卡通测试法、主题视觉测试法。

(9) 封闭式问题有很多的设计方法,主要有二项选择法、多项选择法和其他方法。

(10) 问题设计应该注意的事项包括:问题要简洁明了,措辞要确切、通俗,避免否定形式提问,避免引导性提问,避免提断定性的问题,一项提问只包含一项内容,避免隐含的假设和选择,避免直接提出敏感性问题,避免推算和估计,问句要考虑到时间性,拟订问句要有明确的界限。

(11) 问卷答案设计应注意的事项包括:答案要穷尽,答案要互斥,答案选项的排列,答案中尽量不用贬义词,多项选择题的答案设计不宜过多,答案设计要有可读性、趣味性,敏感性问题答案的设计。

(12) 量表的种类有很多,可以按照各种不同标准加以划分。依据心理测试的内容,量表一般有四种,即类别量表、顺序量表、等距量表和等比量表。

(13) 在市场调查活动中常用的量表有评比量表、等级量表、语义差别量表、配对比较量表、瑟斯顿量表和李克特量表。

(14) 不同的测量量表可以适用于不同对象的测量,在进行态度测量的时候,应该考虑选择使用哪种量表对给定对象进行测量。选择量表时,应考虑以下一些基本因素:量级层次的个数,采用平衡的量表还是不平衡的量表,采用奇数个层次还是偶数个层次,采用强迫性量表还是非强迫性量表,量级层次的描述方式,量表形式、种类的选择。

复习思考题

(1) 问卷设计的概念与程序各是什么?
(2) 封闭式问题的设计方法有哪些?
(3) 开放式问题的设计方法有哪些?
(4) 问卷的结构由哪几部分构成?
(5) 问卷设计应注意哪些问题?
(6) 问卷设计的程序是什么?
(7) 设计一个用来评估中小学生"减负"问题的李克特量表。

（8）下面是在一些问卷中挑出的不恰当问句,请指出其错误之处,并改正。
- 您是经常还是偶尔坐飞机?
- 您用什么剃须刀?
- 请问去年以来,您都用过哪些品牌的卫生纸?
- 请问您的年龄?
- 您的月收入是多少?
- 您的轿车是贷款买的吗?
- 您认为葡萄酒的分销渠道是否充分?
- 您认为《销售与市场》杂志是最好的营销类杂志吗?
- 买可口可乐,让外国人赚更多的钱;买非常可乐,扶持民族产业,您的选择是什么呢?
- 为了减少环境污染,所有的洗衣粉都应该是无磷的,您是否同意这个观点?

课堂实训

实训主题:问卷设计。
实训目的:能够独立完成问卷的设计工作。
时间:2课时。
组织:
（1）学生5~6人一组;
（2）每组选择一个能在校园内调查的主题,确定调查对象;
（3）组内每人围绕这个主题选择不同的访问调查方法,每人设计一份不同的调查问卷;
（4）选择班内至少10名同学作为调查对象进行问卷测试;
（5）以小组为单位讨论修改问卷,小组进行分析;
（6）以小组为单位汇报总结,对问卷设计过程及测试结果归纳总结;
（7）教师点评。
环境与设备:计算机和图书资料。

课外实训

任务:设计调查问卷,实施调查。
目的:根据调研项目,列出所需资料清单,选择调查对象,设计与预试调查问卷。
要求:一个人为单位,确定主题和调查对象,并设计问卷;问卷完成之后印刷20份,选择合适的调查对象进行问卷的发放。

考核点：根据每个人的调查问卷表述问题是否清晰，措辞是否恰当，所提问题与调研目标是否吻合，调查问卷结构、外观是否符合要求等，评定优、良、中、及格、不及格。

案例分析

电商助力实体经济问卷调查

您好！为全面了解电商与实体经济之间的关系，作为制定相应政策的重要数据支撑，贸促会研究院组织开展本调查。问卷所有数据只用于统计分析，请按照实际情况填写。对于认真填写调查问卷的企业，贸促会研究院将优先提供智力支持。

一、贵公司应用电商的基本情况

1. 贵公司的企业规模是
   A. 大型企业　　　　B. 中型企业　　　　C. 小型企业　　　　D. 微型企业
2. 贵公司线上销售额占总销售额的年均比例大致是以下哪种？
   A. 很低　　　　　　B. 较低　　　　　　C. 一般　　　　　　D. 较高
   E. 很高
3. 贵公司选择合作的电商平台为？（可多选）
   A. 阿里系　　　　　B. 京东系　　　　　C. 苏宁易购　　　　D. 亚马逊
   E. 当当网　　　　　F. 唯品会　　　　　G. 其他 B2C 平台，如 _____
4. 贵公司的仓储方式以哪种方式为主？（可多选）
   A. 自建仓库　　　　B. 租用仓库　　　　C. 委托第三方公司　D. 委托电商平台
5. 贵公司的配送方式以哪种方式为主？
   A. 委托第三方公司　B. 委托电商平台　　C. 其他，如 _____
6. 贵公司电商部门就业人数占营销部门人数的比例大致是以下哪种？
   A. 很低　　　　　　B. 较低　　　　　　C. 一般　　　　　　D. 较高
   E. 很高
7. 贵公司线上渠道成本占总渠道成本的比重大致是以下哪种？
   A. 很低　　　　　　B. 较低　　　　　　C. 一般　　　　　　D. 较高
   E. 很高
8. 贵公司使用电商平台后，销售总额增加的程度是以下哪种？
   A. 很少　　　　　　B. 较少　　　　　　C. 一般　　　　　　D. 较多
   E. 很多
9. 贵公司使用电商平台后，利润增加的程度是以下哪种？

A. 很少　　　　　B. 较少　　　　　C. 一般　　　D. 较多

E. 很多

二、电商对贵公司成本方面的促进作用

10. 贵公司使用电商平台后,采购成本降低的程度大致是以下哪种?

   A. 很少　　　　　B. 较少　　　　　C. 一般　　　　　D. 较多

   E. 很多

11. 贵公司使用电商平台后,库存成本降低的程度大致是以下哪种?

   A. 很少　　　　　B. 较少　　　　　C. 一般　　　　　D. 较多

   E. 很多

12. 贵公司使用电商平台后,相比于线下同等销售规模,与供应商进行协调的员工数量降低了多少?

   A. 很少　　　　　B. 较少　　　　　C. 一般　　　　　D. 较多

   E. 很多

13. 贵公司使用电商平台后,与供应商协调所需要的时间缩短了多少?

   A. 很少　　　　　B. 较少　　　　　C. 一般　　　　　D. 较多

   E. 很多

三、电商对贵公司市场方面的促进作用

14. 贵公司使用电商平台后,销售地区(省级)扩大了多少?

   A. 很少　　　　　B. 较少　　　　　C. 一般　　　　　D. 较多

   E. 很多

15. 贵公司使用电商平台后,产品市场份额的变化是以下哪种?

   A. 减少很多　　　B. 略有减少　　　C. 不变　　　　　D. 略有增加

   E. 增加很多

16. 贵公司使用电商平台后,能够提供给客户的服务完善程度是以下哪种?

   A. 很少　　　　　B. 较少　　　　　C. 一般　　　　　D. 较多

   E. 很多

四、电商对贵公司效率方面的促进作用

17. 贵公司使用电商平台后,资金周转率提升的程度是以下哪种?

   A. 很少　　　　　B. 较少　　　　　C. 一般　　　　　D. 较多

   E. 很多

18. 贵公司使用电商平台后,库存周转率提升的程度是以下哪种?

   A. 很少　　　　　B. 较少　　　　　C. 一般　　　　　D. 较多

   E. 很多

19. 贵公司使用电商平台后,公司管理效率提升的程度是以下哪种?

A. 很少   B. 较少   C. 一般   D. 较多

E. 很多

五、电商对贵公司研发方面的促进作用

20. 贵公司因电商平台的信息反馈研发的新产品数量大致是以下哪种?

     A. 很少   B. 较少   C. 一般   D. 较多

     E. 很多

21. 贵公司因电商平台的信息反馈改进的产品数量大致是以下哪种?

     A. 很少   B. 较少   C. 一般   D. 较多

     E. 很多

六、电商对贵公司品牌方面的促进作用

22. 贵公司使用电商平台后,品牌增加了多少?

     A. 0 个   B. 1 个   C. 2 个   D. 3 个

     E. 4 个以上

23. 贵公司使用电商平台后,品牌知名度提升的程度是以下哪种?

     A. 很少   B. 较少   C. 一般   D. 较多

     E. 很多

24. 贵公司使用电商平台后,品牌满意度提升的程度是以下哪种?

     A. 很少   B. 较少   C. 一般   D. 较多

     E. 很多

25. 贵公司使用电商平台后,品牌忠诚度提升的程度是以下哪种?

     A. 很少   B. 较少   C. 一般   D. 较多

     E. 很多

26. 贵公司所经营的行业范围(可多选):

     A. 农副食品加工业   B. 食品制造业

     C. 酒、饮料和精制茶制造业   D. 烟草制造业

     E. 纺织业   F. 纺织服装、服饰业

     G. 皮革毛皮羽毛制鞋业   H. 家具制造业

     I. 木材加工、木竹藤棕草制品业   J. 造纸和纸制品业

     K. 印刷和记录媒介复制业   L. 文教、工美、体育、娱乐用品制造业

     M. 化学制品制造业   N. 医药制造业

     O. 橡胶和塑料制品业   P. 非金属矿物制品业

     Q. 金属制品业   R. 汽车制造业

     S. 通用设备制造业   T. 其他运输设备制造业

     U. 电气机械和器材制造业   V. 仪器、仪表制造业

W. 其他制造业　　　　　　　　　　X. 计算机、通信和其他电子设备制造业

Y. 其他未归类产业，如 _____

感谢您的认真填写，惠请留下贵公司名称：　　　　　邮箱：

资料来源：中国国际贸易促进委员会网站 http://www.ccpit.org/，2017-05

问题：

1. 请根据上述案例资料说明问卷的基本结构。

2. 请问上述问卷中采用了哪些问题设计方法？

第7章 市场调查资料的整理与分析

学习要点

知识点

1. 了解调查资料整理的流程;
2. 熟悉调查资料的分析方法。

技能点

1. 学会对调查资料进行审核、分类及汇总;
2. 能够用统计图表将所整理的数据进行显示和分析。

导入案例

经典影片《点球成金》里的大数据与统计分析

影片《点球成金》改编自迈克尔·刘易斯的《魔球:逆境中致胜的智慧》,由贝尼特·米勒执导,布拉德·皮特、乔纳·希尔和菲利普·塞默·霍夫曼等联袂出演。

由布拉德·皮特饰演的比利·比恩是一个毕业于耶鲁大学经济学专业的棒球队总经理。在竞争激烈的美国职业棒球联盟,他组建的奥克兰运动家棒球队无论在人员和物质配备以及资金实力上都仅仅是"下三流"之列。但是就是凭借比利·比恩的"出其不意"和逆向思维的管理方式,在好友的帮助下,在召集和物色了一批表面上看去都身怀缺点、性格偏癖,但骨子里却都拥有在棒球运动的某方面的超强能力的队员,以打破常规、突破传统的经营模式,在一片批评与质疑声中取得了骄人的比赛成绩,甚至达到了比肩实力雄厚的纽约扬基队的程度。影片中比利·比恩的逆向思维的管理方式就是通过对球员的数据进行分析,建立棒球统计模型,来挖掘那些在传统经验和个人主观因素评判下价值被低估的球员,在纯理性的数据分析下,使每个球员都了解到自己的优点和漏洞,清楚自己上场的任务,并获得比赛的胜利。最终,比利·比恩的大数据统计思维方式颠覆了棒球行业传统的经营模式。

大数据领域中的有一句至理名言："混乱是还未被发现的数列。"由此可见，通过数据分析得出规律是我们发现世界、认识世界的一种方式，依赖于数据和分析而产生的决策行为也更加科学可靠、更加接近真实。

资料来源：综合网络资料

7.1 市场调查资料的整理

市场调查所呈现的结果均来自于各个分散的被调查单位，这些数据是原始的、零星的、不系统的。为得出正确的、系统的、综合化的市场调查报告，需要按照一定程序和科学的方法对市场调查获得的信息进行初加工，为分析研究准备数据。

7.1.1 市场调查资料整理的意义

市场调查资料整理是根据市场分析研究的需要，对市场调查获得的大量的原始资料进行审核、分组、汇总、列表，或对二手资料进行再加工的工作过程。其任务在于使市场调查资料综合化、系统化、层次化，为揭示和描述调查现象的特征、问题和原因提供初步加工的信息，为进一步的分析研究准备数据。

例如，一项以上海迪士尼景区的网络评论满意度为主要研究对象的调查活动就是运用网络爬虫技术从携程网、大众点评、猫途鹰等旅游网站上获得游客对香港迪士尼、上海迪士尼等景点的网络评价，基于隐马尔可夫（HMM）模型的中文分词、向量空间（VSM）模型，将文本转向量等一系列数据源和数据预处理后，通过机器学习中的多层感知器（MLP）神经网络进行建模，并构建主题模型。该调查比对世界各地迪士尼景区，从整体满意度水平、二级评价主题差异和分项满意度差异、满意度随时间趋势变化等多角度进行挖掘，加强对网络评论文本的深度解读，从而能够更有针对性地对评论对象提出意见建议。

整个调查活动中，对于网络评价的内容如果不进行整理和处理，调查者将无法从整体上认识调查现象；如果不利用特定方法将定性数据转化为定量数据，就无法提高数据的挖掘和分析能力，更无法得到充分接近真实的调查结论和结果。因此，市场调查资料的整理是从信息获取过渡到分析研究的承上启下的重要环节，是从个体调查到总体分析的必由之路。

7.1.2 市场调查资料整理的基本原则

原始的信息资源表现为问卷或调查表中的原始数据、定性调研的原始资料或二手资料等，它们往往是零星的、不系统的，甚至还是矛盾的。因此，需要对这些原始信息进行加工开发，并且遵循如下原则。

1. **真实性**

市场调查资料的整理首先要保持原始数据的真实性,绝对禁止弄虚作假或主观杜撰。真实性是整理调查资料的最根本要求。

2. **目的性**

市场调查资料的整理要服从市场调查的目的要求,要根据市场调查需要解决的问题,有针对性地加工开发出综合性数据。

3. **完整性**

整理反映某一现象的资料,应尽可能全面、完整,避免以偏概全。

4. **时效性**

市场千变万化,刚刚发现的很可能稍纵即逝。而市场调查资料的整理往往需要耗费一定的时间,如果不提高加工整理的效率,数据的时效性就会受到影响。因此,应利用计算机技术及时对最新数据进行加工处理和传输反馈。

总之,整理出来的数据要力求真实、准确、完整、及时,并能够为调查目的本身服务。

【小资料 7-1】

7.1.3 市场调查资料整理的流程

市场调查资料的整理一般遵循如图 7-1 所示的流程。

1. **设计整理方案**

市场调查资料整理方案一般包括整理的目的要求、资料审核、整理内容、汇总方法、整理时间、人员安排、数据管理等方面的设计和规定。

2. **审核校订调查资料**

为保证录入数据的有效性,对回收的问卷进行审核和数据校订是市场调查特别是数据分析过程中必不可少的步骤。如果掌握的是二手资料,同样也需要对其可靠性、准确性、时效性、可比性进行评估取舍。

在这个环节中,主要是审核调查问卷的完备性、完整性和填答的准确性,并对发现的问题及时修正和补充。

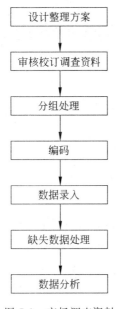

图 7-1　市场调查资料整理的流程

1）复核审查

原始数据一经汇总处理,其差错就被掩盖起来。因此,原始资料的加工处理首先要重视对收回的问卷进行审核,主要内容包括：

(1) 受访者是否真正参与了调查；

(2) 受访者是否符合被调查条件；

(3) 调查过程是否按照标准进行；

(4) 问卷内容是否完整(包括信息的齐备性、完整性、准确性、真伪性和时效性等)。

2）编辑整理

(1) 登记与编号(包括调查员姓名、调查地区、调查时间、实发问卷数、收回问卷数、有效问卷数等)；

(2) 查验存在的问题(访员作弊、疏忽遗漏、回答是否真实合理等)；

(3) 筛选出无效问卷(无效问卷包括不完整、回答不完全、被调查者误解问题、所有答案差不多、缺乏时效性、调查对象不符合要求、记录不准确、答案前后不一致等)。

3）问卷校订

在审核问卷之后,要对问卷上一些答案模糊、前后不一致、分叉错误等信息进行修正校订。对于不满意的答案,通常有三种处理办法：

(1) 返还现场。对于存在不合格回答的调查问卷,当样本容量小、调查对象易于辨认时,可以将这些问卷返还调查现场,与调查对象重新取得联系。

(2) 找出遗漏值。当不可能将调查问卷退还现场的时候,可以通过进一步的信息整理来避开遗漏信息,保留剩余有用信息。

(3) 排除不合格问卷。在以下几种条件下,可以选择将不合格的问卷剔除：样本容量相当大；不合格问卷占总量比例较小；缺少对关键变量的回答；不合格回答在一份问卷中所占比例较大,等等。

3. 分组处理

调查资料审核无误后,可进入分组处理。分组是根据调研需要,按照一定标准将总体各单位区分为若干组的一种数据加工处理方法。通过分组,把相同性质的现象归纳在一起,把不同性质的现象分开,从而反映出被研究对象的本质和特征,为后续分析工作打下良好基础。

1）分组的作用

(1) 通过分组,可以对各种社会经济现象的类型在本质上进行区分,可以识别各种类型现象的本质特征及其发展变化规律。例如,工程招标代理公司在寻求高层次投标合作企业时,经常会调查这些企业的性质是国有、民营还是"三资"等,因为不同类别的企业在诸如效益分配、领导者思维方式和享受国家政策等方面存在较大差异。

(2) 分组可以用来分析、研究社会现象之间的依存关系和因果关系。例如,分析经常(一周三次以上)在公寓使用违章电器的大学生和不经常(一周三次以下)在公寓使用违章电器的大学生对学生食堂餐饮满意度是否相同,就是反映不同类型大学生的态度,从而可以帮助高校通过改善食堂服务水平来减少大学生违章电器的使用率。

(3) 通过分组能反映事物内部结构和比例关系,从而为企业寻找目标市场提供基础数据。科学的分组方法,一方面,可以明确表明组中频数的分布情况,使研究者对被调查对象的结构情况有一个大体了解;另一方面,可以使许多普通分组显示不出来的结论明显化,为企业寻找目标市场提供基础数据。

2) 分组的步骤

(1) 选择分组标志。

例如,为反映性别与文化程度,进行如表 7-1 所示的分组。

分组标志是将总体资料分为各个性质不同部分的标准,也是分组的前提条件和关键问题。究竟选择何种分组标志,要根据调研目的和总体本身的特点决定。按标志特征不同可分为品质标志分组和数量标志分组。品质标志分组是按反映事物属性的标志分组,如按性别、职业等分组,表 7-1 就是按性别分组的品质标志分组。数量标志分组是按照某一标志的不同数量,将总体单位划分为若干组,如收入、人口、年龄、企业规模等。

表 7-1　按调查者性别与文化程度分组　　　　　　　　　　单位:人

性别 文化程度	男	女	合计
小学以下	6	4	10
初中	210	176	386
高中高职	297	321	618
专科	248	265	513
大学本科	226	177	403
硕士博士	48	22	70
合计	1 035	965	2 000

(2) 确定分组界限。分组界限是组与组之间划分的界限,分组标志确定后,就需要确定分组界限。对于品质标志分组而言,性别、职业等分组界限就比较明确、简单。数量标志分组因素包括组数、组距、组限、组中值的确定。

组数是分组的个数。组距是各组中最大值和最小值的差额。组距相等的叫等距分组,组距不相等的叫不等距分组。当标志值变动不均匀时,可采用不等距分组。组限是组距的两个端点,每组最小值为组的下限,每组最大值为组的上限。

$$组中值=\frac{上限+下限}{2}$$

(3) 注意事项。进行分组过程中,不要遗漏任何原始资料所提供的数据。组距尽可能取整数,并且尽量使用等距分组。如果问卷已经是分类进行提问的,尽量按照已有分类进行排列。使用的组距应该是出现在问卷答案中间的。分类间隔是相互排斥的。

4. 编码

编码是将原始资料转化为数字(或符号)的资料转化过程,对每个问题中的每种可能回答都规定一个相应的数字来表示。编码有三个目的:一是便于数据录入;二是计算机统计分析软件对数据处理更有效;三是便于调查资料的量化,尤其是对品质标志分组来说,编码环节尤其重要。根据进行时间,可将编码分为当时编码和事后编码。

当时编码是指在设计问卷时,即将编号标注在各备选答案旁边。

例如,请问您目前正在使用的手机是什么牌子?

① 苹果　　　　② 三星　　　　③ 华为

④ OPPO　　　　⑤ vivo　　　　⑥ 其他(请注明)

当时编码的最大优点是节省时间和劳动力。但当时编码只适用于篇幅短、内容较为简单的问卷;而对于复杂资料,特别是开放式问题,问卷设计者是无法用当时编码概括全部回答的。

事后编码是在问题作答之后,给予每个答案一个数字代码或符号,是由专门编码员完成的。事后编码一般应用于封闭式问题答案的"其他"项或开放式问题答案,不仅便于简化编码,还允许研究者对于单一变量的多种回答进行编码。例如,一个问题可能有10多个可选答案,而被调查者实际只选择了5个,此时只需要5种编码就够了。再例如,如果要求被调查者从5项答案中任选1个作答,但由于问卷设计欠周到或调查过程中出错,导致较大规模多项作答时,无法决定哪一项作为分析资料,此时事后编码可以在不歪曲原始数据的基础上进行分析。

1) 编码原则

编码要与分组相适应,具有唯一性、完备性。要正确掌握分类尺度,对于每个问题中的分类应含义明确,避免与其他分类产生交叉。

2) 编码方法

(1) 封闭式问题。封闭式问题多用于当时编码,方法较为简单,在此不再赘述。

(2) 开放式问题。相对于封闭式问题的当时编码而言,开放式问题所采用的事后编码难度较大,通常可采用以下四个步骤:

① 列出答案。编码人员需列出一份载有每个开放式问题答案的清单。当总体数量较小时,所有答案都应该列出。在大型抽样调查中,只需列出某些样本的回答即可。

② 合并答案。对于开放式问题而言,有些回答尽管形式上不同,但本质一致,可以将这类回答合并为一类。例如,"您为什么选择那个品牌的计算机?"有 12 个回答者的内容如表 7-2 所示。

表 7-2　为何选择某品牌计算机的理由

问题:您为什么选择那个品牌的计算机? 列出答案如下	
1. 质量好	7. 名牌
2. 外形美观	8. 大家都买这个牌子
3. 价格适中	9. 经常在广告中见到
4. 耐用	10. 说不清
5. 高科技	11. 不知道
6. 体积小	12. 没什么特别原因

可以看出,以上答案中有些可以合并为一类,如第 1、4、5 项可以合并为一项"质量好"。

③ 设置编码。在合并答案之后,对每个合并后的类别分配一个数字编码。例如,表 7-2 中的 12 个答案可以编码为表 7-3。

表 7-3　开放式问题的合并与编码

回答类别描述	表 7-2 的回答	分类的数字编码	回答类别描述	表 7-2 的回答	分类的数字编码
质量好	1、4、5	1	体积小	6	4
外形美观	2	2	名牌	7,8,9	5
价格适中	3	3	不知道	10,11,12	6

④ 选定编码。选定编码的主要内容包括:读取每个开放式问题的回答;找出与该回答相符的合并类别;确定该类别的数字编码;在调查表的适当地方,注明每个回答的数字编码。

3) 编码手册

编制编码手册是编码的首要工作,目的就是要知道编码过程及规定数字代码的意义,说明变量在数据文件中的位置。对于事后编码和包括许多无法安全预测答案的开放式问题,编制一本独立的编码手册是有必要的。下面结合实例来说明编码过程和编码手册的编制。

例如,××病患者调查问卷。

问卷编号_____

1. 请问您的性别_____。

2. 请问您的年龄_____。

3. 请问您的职业_____。

　　A. 工人或普通职员　　　　　　　　B. 教师或科研工作者

  C. 企事业机关干部   D. 军人

  E. 个体或私营业主   F. 其他

4. 请问您平均每月收入是_____元(包括工资、奖金、各种补贴及其他收入)。

5. 您得×病有_____年了。

6. 请问您认为目前该病对您身体的影响_____。

  A. 非常小   B. 比较小   C. 一般   D. 比较大

  E. 非常大

7. 请问您主要使用_____治疗。

  A. 进口药   B. 国产药

8. 请问您每月用于购买治疗该病的药物花费是_____元。

9. 如果以下甲、乙两种药,您都使用过,请您分别给它们评分,分数有5个等级,1分为最低,5分为最高(如果这两种药中有一种未使用过,则填"0")。

  甲_____   乙_____

  上面列出的9个问题可以分为两类:一类是开放式问题(1、2、4、5、8、9);另一类是封闭式问题(3、6、7)。开放式问题需要进行事后编码,以职业为例,可以规定工人或普通职员代码为01、教师或科研工作者代码为02,等等。封闭式问题采用的是当时编码。因此,此例的编码手册可以编制为表7-4。

  从表7-4中可以看出编码手册包括四个主要栏目:

  (1) 数据栏位。如1~3位意味着资料卡片上1~3位的数字是被调查者编号的编码,也说明本次调查的人数不多于999人。

表7-4 编码手册示例

栏位	问题	变量	内容说明
1~3	0	被调查者编号	研究人员确定每份问卷的编号
4	1	性别	0 男性　　1 女性
5~6	2	年龄	被调查者的回答
7	3	职业	1 工人或普通职员 2 教师或科研工作者 3 企事业机关干部 4 军人 5 个体或私营业主 6 其他
8~11	4	平均月收入	被调查者的回答
12~13	5	病龄	被调查者的回答

续表

栏位	问题	变量	内容说明
14	6	对病的态度	1 非常小 2 比较小 3 一般 4 比较大 5 非常大
15	7	主要使用药物	1 进口药 2 国产药
16~19	8	月平均药物支出	被调查者的回答
20	9.1	对甲药的评价	被调查者的回答
21	9.2	对乙药的评价	被调查者的回答

（2）问题号码。编码手册上的问题号码与问卷上的题号要完全一致。

（3）变量。即问卷中所要调查的问题或项目是什么。

（4）编码的内容说明。即变量值实际意义的说明。如果资料卡第一行出现这样的数字"204066466301241034034"，可以根据编码手册译为：此第 204 号被调查者，男性，年龄 66 岁，职业为军人，每月平均收入为 6 630 元，其患该病已有 12 年，认为目前病对自身影响比较大，使用进口药，每月用于购买治疗该病的药物为 340 元，对甲药的评价为 3 分，对乙药的评价为 4 分。

5．数据录入

根据编码手册，每一问卷可转译为一个数字记录，即数据录入。这个过程是要将计算机中不可识别的数据形式转换成计算机能够识别的形式。这一环节要求录入人员耐心细致，严格遵循编码手册的规定，对原始资料逐题进行编码，通常也要借助专业的数据库软件。

目前，我国大多数调查数据都是通过键盘录入，即由录入员通过计算机终端直接把原始数据录入统计软件的数据库。以 SPSS 软件为例，数据录入包括录入变量、数据录入和对录入数据质量审核三个步骤。在下节中，我们将专门对 SPSS 软件进行应用说明，这里只介绍如何对录入数据的质量进行审核。

数据录入工作由人工完成，难免出现差错。可能出现的错误一般有两种：一是录入选项在回答项目中无法找到。如性别编码只有 1 和 2，男性为 1，女性为 2，如果编码为 6，显然是错误的。二是回答内容不真实。

检查错误的方法有两种：一是软件的错误自动识别，如输入性别编码 6 时，系统自动提示输入无效；二是逻辑差错，以被调查者的年龄和学历为例，通过交叉分析，即可查到错误所在，如表 7-5 所示。

表7-5　人口年龄与学历查对表

年龄	无	小学	初中	高中或中专	大学及大学以上
0～5岁	10	1	—	—	2
6～11岁	—	15	2	—	—
12～14岁	—	4	20	1	—
15～17岁	—	—	5	25	2
18～22岁	—	—	5	—	11
22岁以上	2	3	4	7	8

从表7-5可以看出,0～5岁年龄段有2人为大学及大学以上学历,很显然出现了逻辑错误。22岁以上被调查者中存在2人无任何受教育经历,也是值得重新审核的。而其余数字则看不出明显的逻辑错误。

6. 缺失数据处理

在实际的数据库中通常会遇见缺失值,也就是对某个变量的取值不明。在大型的随机访问中,即使有非常严格的质量控制,含有缺项、漏项的记录也是非常容易达到10%。而在遇到家庭收入、婚外伴侣等敏感问题的调查时,缺失值问题更会突出。常见的处理方法有如下几种:

(1) 用平均值代替。这种方法不能保证准确性,因为实际答案可能高于也可能低于平均值。

(2) 用模型计算代替。例如,牙膏使用量可能与家庭规模有关,通过建立二维模型,根据调查对象的家庭规模计算出牙膏的使用量。

(3) 删除整例。删除整份问卷可能会导致小样本,另外丢弃大量数据也浪费巨大的人力、物力。当存在缺失值的问卷与完整的问卷存在总体上的差异时,如将整例删除将严重影响分析结果。

(4) 结对删除。在结对删除时,研究人员不是丢弃有缺失值的问卷,而是分别在每一步计算中采用有完整答案的问卷。这种方法只适用于样本数量大、缺失数据不多、变量间不是高度相关的情况。

7. 数据分析

在所需要的数据全部录入统计软件之后,需要按照调研目的,利用各种数量分析方法,特别是统计分析方法对各类数据及其相互关系进行分析处理,以便为撰写调研报告提供可靠依据。

7.2 市场调查资料的分析

市场调查资料分析是指对市场调查和整理的资料进行对比研究,以得出调研结论的过程。市场调查资料分析主要运用统计分析方法对调查数据进行分析处理,统计分析可以分为描述性分析和推论性分析两大类。描述性分析是对已经初步整理的数据资料进行分析。推论性分析是在随机抽样调查的基础上根据样本资料或其他资料对总体进行推断的一种方法,主要包括相关分析和回归分析两类。本节主要介绍描述性分析的静态分析和动态分析。

7.2.1 市场调查资料静态分析

静态分析抽象了时间因素和具体变动过程,静止地对比分析数据间的相互关系。常用的静态分析方法有集中趋势分析和离中趋势分析。

1. 集中趋势分析

数据的集中趋势是指频数分布趋向集中于一个分布的中心。其特点是频数分布中心附近的变量值的频数较多,而相距频数分布中心较远的变量值,其频数较少。集中趋势分析就是通过集中趋势量的计算来描述调查总体的集中趋势特征。集中趋势分析常用的指标有众数、平均数、中位数等。

1) 众数

众数是变量取值中出现次数最多的值。例如,某项对大学生平均每次使用社交软件的时间的调查资料如表 7-6 所示。

表 7-6 大学生平均每次使用社交软件的时间统计

平均每次使用社交软件的时间	相应被访问者
0.5 个小时以内	21
0.5~1 小时	20
1~3 小时	11
3~5 小时	29
5~7 小时	10
7~9 小时	9
9 小时以上	10
合计	100

从表 7-6 可以看到,平均每次使用社交软件的时间为 3~5 小时的频数最多,共出现 29 次,也就是众数为 29。

2) 平均数

平均数是总体中各单位标志值之和除以单位总数得到的数值,是最常用的集中趋势分析指标。平均数的计算公式为

$$算术平均值(\bar{x}) = \frac{总体标志总量}{总体单位总量} = \frac{\sum_{i=1}^{n} x_i}{n}$$

式中,n 表示总体中单位个数;x_i 表示各个数值;$\sum$ 表示 x_i 值的累加。如 30 名大学生每周去学生食堂就餐次数总计为 398 次,其平均数为 13.27 次,即大学生每周在食堂就餐次数大约为 13 次。

3) 中位数

中位数是一组有序数列中居于中间位置的变量值。当使用中位数指标进行分析时,首先要将总体中各单位按某一指标值的大小顺序排列,位于中间位置的标志值就是中位数。例如,上例中 30 名大学生每周就餐于学生食堂次数的排列为 7、8、8、9、9、10、10、10、12、12、12、13、13、14、14、14、14、15、15、15、15、16、17、17、17、18、18、19,则中位数为 14。

中位数的计算公式为

$$中位数的位置 = \frac{n+1}{2}$$

式中,n 表示标志值的项数。当 n 为奇数时,取数列中间一项为中位数;当 n 为偶数时,则取数列中间两项标志值为中位数。

2. 离中趋势分析

离中趋势是指频率分布呈集中趋势的状态下,同时存在的偏离次数分布中心的趋势。集中趋势变量对数据的概括只能反映事物的一般水平,当数据存在差异性和呈现变化趋势的时候,就需要借助离中趋势进行变化性的分析,通常通过全距、标准差、标准差系数等来反映。

1) 全距

$$全距 = 最大标志值 - 最小标志值$$

当样本中存在特别大或特别小的数值时,全距很难正确反映标志值真实的变异程度。因此,在实际应用中,全距一般适用于经济现象离散程度比较稳定的情况。

2) 标准差

标准差又称均方差,是指样本观测值与平均值差的平方和的均值的平方根。标准差

是进行离中趋势分析时使用最多的指标,它对现象的反映能力较强。其计算公式为

简单标准差:

$$S_x = \sqrt{\frac{\sum_{i=1}^{n}(x_i - \bar{x})^2}{n}}$$

加权标准差:

$$S_x = \sqrt{\frac{\sum_{i=1}^{n}(x_i - \bar{x})^2 f_i}{\sum_{i=1}^{n} f_i}}$$

其中,x_i 表示各单位标志值;$\bar{x}$ 表示算术平均值;n 表示总体单位数;f 表示各组频数。

3) 标准差系数

标准差系数是标准差与相应的平均指标对比而得出的相对数值。其计算公式为

$$V = \frac{\sigma}{\bar{x}} \times 100\%$$

7.2.2 市场调查资料动态分析

动态分析又称时间数列描述性分析,其核心是处理和分析动态数据,用以解释现象发展变化的水平、速度、趋势和规律。动态分析主要包括水平分析、速度分析、季节变动分析等方法。

1. 水平分析

利用水平分析时,常见的描述性词语是"增加到""增加为""降低到""降低为"。例如,2010 年政府工作报告中的表述:"扎实推进新型农村社会养老保险试点,试点范围扩大到 23% 的县。……今年要把城镇居民基本医保和新农合的财政补助标准提高到 120 元……"时间数列的水平分析通常可以计算动态平均数和平均增长量。

1) 动态平均数

动态平均数是对一定时期内的各期发展水平求平均数,用以反映现象在一定时间内的一般发展水平。

2) 增长量

增长量是报告期水平与基期水平之差。根据采用的基期不同,可以分为逐期增长量和累积增长量。逐期增长量为报告期水平与前期水平之差,累积增长量为报告期水平与固定基期水平之差。

3) 平均增长量

平均增长量是一定时期平均每期增长水平,即

$$\text{平均增长量} = \frac{a_n - a_0}{n} = \frac{\text{累积增长量}}{\text{时期数}} = \frac{\text{逐期增长量之和}}{\text{时期数}}$$

例如,表7-7是A市2009—2014年城镇居民人均消费支出与食品消费支出的水平分析,从表中可以看出,由于食品消费支出的逐年增长量慢于消费支出逐年增长量的增长变化,致使恩格尔系数呈现下降趋势,这种变化趋势是符合恩格尔定律的。即随着居民收入的增长,食品消费支出占全部消费支出的比重呈下降趋势。

表7-7　A市2009—2014年城镇居民人均消费支出与食品消费支出　单位:元/人

年份	消费支出		食品消费支出		恩格尔系数/%
	数额	增长量	数额	增长量	
2009	3 638	—	1 936	—	53.21
2010	3 886	248	1 958	22	50.39
2011	4 098	212	1 987	29	48.48
2012	4 317	219	1 998	11	46.28
2013	4 575	258	2 010	12	43.93
2014	4 880	305	2 038	28	41.76
平均	4 149	348.5	1 904.7	108.2	45.91

2．速度分析

速度分析是分析现象在一定时期内发展变化的程度和快慢,主要指标有发展速度、增长速度、平均发展速度和平均增长速度。

1) 发展速度

根据采用的基期不同,可以分为两种。

定基发展速度:$\frac{a_1}{a_0}, \frac{a_2}{a_0}, \frac{a_3}{a_0}, \cdots, \frac{a_n}{a_0}$

环比发展速度:$\frac{a_1}{a_0}, \frac{a_2}{a_1}, \frac{a_3}{a_2}, \cdots, \frac{a_n}{a_{n-1}}$

2) 增长速度

由于采用的基期不同,也可以分为两种。

$$\text{定基增长速度} = \text{定基发展速度} - 1$$
$$\text{环比增长速度} = \text{环比发展速度} - 1$$

3) 平均发展速度和平均增长速度

平均发展速度等于 n 个环比发展速度的连续乘积的 n 次方根,用 x 表示为

$$x = \sqrt[n]{x_1 \cdot x_2 \cdot x_3 \cdots x_n} = \sqrt[n]{\prod x}$$

$$=\sqrt[n]{\frac{a_n}{a_0}}=\sqrt[n]{R}$$

其中，x 表示平均发展速度；x_n 表示各期环比发展速度；R 表示总发展速度；a_0 表示最初发展水平；a_n 表示最末发展水平；n 表示环比发展速度的项数；$\prod$ 表示连乘的符号。

$$平均增长速度 = 平均发展速度 - 1$$

需要指出的是，平均发展速度总是正值，而平均增长速度可正可负。正值表明现象在一定时期内逐期平均递增的程度，负值则表现逐期平均递减的程度。

3. 季节变动分析

在一个以月份或季度为顺序编制的时间序列中，往往存在季节变动。例如，某年12个月中A市对冰激凌的消费量。通常用季节指数来反映季节变动所带来的相关影响。

季节指数又称平均季节比率，它是以各年同月（季）平均数与全时期月（季）总平均数相比，用求得的比较相对数来反映季节变动的数量规模。其计算公式为

$$月（季）季节指数 = \frac{各年同月（季）平均数}{全时期月（季）总平均数} \times 100\%$$

各月（季）季节指数之和为 400%。一般来说，季节指数大于 100% 为旺季，小于 100% 为淡季。根据季节指数，可以由年内某几个月的实际数来预测全年可能达到的总水平。预测公式为

$$月（季）预测数 = \frac{年度预测数}{12（或4）} \times 月（季）季节指数$$

$$年度预测数 = \frac{某几个月（季）的实际数之和}{相应的季节指数之和} \times 12（或4）$$

例如，根据表 7-8 中的数据，预计 2015 年的消费品零售总额可达到

$$\frac{197.82}{101.53\% + 97.69\%} \times 4 = 397.19（亿元）$$

表 7-8　A 市 2011—2014 消费品零售总额季节变动分析　　单位：亿元

年份	一季度	二季度	三季度	四季度	全年
2011	70.6	68.8	66.6	78.6	284.6
2012	80.3	77.5	74.9	85.5	318.2
2013	89.4	85.6	78.6	90.4	344.0
2014	92.8	88.6	85.5	98.6	365.5
季平均数	83.275	80.125	76.400	88.275	82.019
季节指数/%	101.53	97.69	93.15	107.63	400.00

【小资料 7-2】

7.2.3 统计分析软件 SPSS 简介

随着我国市场经济的发展,统计方法的应用日益受到人们的重视,而现代统计方法的使用必须借助先进的统计分析软件,如 SPSS、EVIEWS、Excel、SAS 等,其中 SPSS 是当今世界上应用最为广泛的统计分析软件。

SPSS(statistical product and service solutions)是"统计产品与服务解决方案"软件的简称,它是世界上著名的统计分析软件之一。20 世纪 60 年代末,SPSS 软件由美国斯坦福大学的三名硕士研究生研制开发,目前已推出九个语种版本,广泛应用于通信、医疗、银行、证券、保险、制造、商业、市场研究、科研教育等多个领域和行业,是世界上应用最广泛的专业统计软件。SPSS 的基本功能包括数据管理、统计分析、图表分析、输出管理等。SPSS 统计分析过程包括描述性统计、均值比较、一般线性模型、相关分析、回归分析、对数线性模型、聚类分析、数据简化、生存分析、时间序列分析、多重响应等多个大类,每个大类中又下分很多统计过程,如回归分析中又分线性回归分析、曲线估计、Logistic 回归、Probit 回归、加权估计、两阶段最小二乘法、非线性回归等统计过程,而且每个过程中又允许用户选择不同的方法及参数。SPSS 也有专门的绘图系统,可以根据数据绘制各种图形。

SPSS for Windows 由于操作简单,已经在我国社会科学、自然科学的各个领域发挥了巨大作用。在此,本节将介绍基本的操作方法和技术,即最常用的命令和程序。

1. SPSS 系统运行管理方式

SPSS for Windows 启动后即在屏幕上显示出主界面、统计结果输出窗口和新数据窗口,如图 7-2 所示。主界面的最上行由 11 个菜单项组成:①文件;②编辑;③视图;④数据;⑤转换;⑥分析;⑦图形;⑧实用程序;⑨附加内容;⑩窗口;⑪帮助。

在主界面的左下角有两个观看/选择按钮:①数据视图;②变量视图。

2. 建立 SPSS 数据文件的方法

单击变量视图,在 name 处分别输入变量,单击数据视图,分别录入数据。

3. 数据统计分析的基本准备工作

(1) 定义变量功能。即给变量和分组值以标签,以增加统计报表的可读性。操作方法为双击所要定义的一个变量名,在出现的对话框中单击名称栏,在新的对话框中键入变

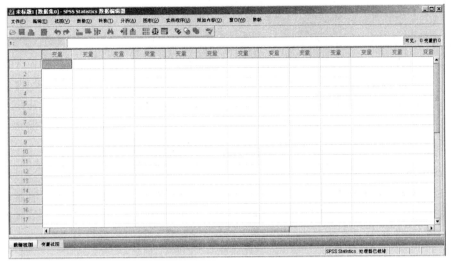

图 7-2　SPSS 主界面

量名称。

（2）新增变量的计算。根据已有的原始数据之间的逻辑关系，可计算出许多新变量，以满足统计分析的需要。如图 7-3 所示。

图 7-3　新增变量对话框

(3) 变量的重新分组。根据研究目的和统计清单的要求，对变量重新分组。

4. 统计基本分析

SPSS for Windows 的数值分析程序在主菜单的分析（Analyze）中，其下拉子菜单中主要有七个统计分析程序，即描述性统计分析（Descriptive Statistics）、平均值比较（Compare Mean）、聚类分析（Classify）、相关分析（Correlate）、回归分析（Regression）、数据降维分析（Data Reduction）和生存分析（Survival）等。统计分析者可以根据被调查对象的数据特征和实际情况来选择合适的分析方法。

5. 统计图表的绘制

SPSS 的制图功能很强，能够生成和编辑多种统计图表。除了在各种数值统计分析过程中产生设定图形外，还特别在主菜单中有一个图形项，将制图作为一个单独分析项目。图表绘制选择界面见图 7-4。

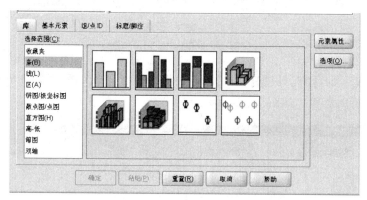

图 7-4　图表绘制选择界面

本章小结

(1) 市场调查资料整理是根据市场分析研究的需要，对市场调查获得的大量的原始资料进行审核、分组、汇总、列表，或对二手资料进行再加工的工作过程。市场调查资料的整理需要遵循如下原则：真实性、目的性、完整性和时效性。

(2) 市场调查资料的整理步骤依次为设计整理方案、审核校订调查资料、分组处理、编码、数据录入、数据处理、数据分析。

(3) 编码是将原始资料转化为数字（或符号）的资料转化过程，对每个问题中的每种可能回答都规定一个相应的数字来表示。根据进行时间，可将编码分为当时编码和事后编码。

（4）市场调查资料分析是指对市场调查和整理的资料进行对比研究，以得出调研结论的过程。市场调查资料分析主要运用统计分析方法对调查数据进行分析处理，统计分析可以分为描述性分析和推论性分析两大类。描述性分析包括静态分析和动态分析。

（5）静态分析包括集中趋势分析、离中趋势分析；动态分析包括水平分析、速度分析、季节变动分析等。

（6）SPSS是"统计产品与服务解决方案"软件的简称，是当今世界上应用最为广泛的统计分析软件之一。

复习思考题

（1）市场调查资料整理的一般流程是什么？
（2）市场调查资料的审核包括哪些内容？
（3）编码有哪些方法？如何处理开放式问题的编码？
（4）市场调查资料的静态分析有哪些方法？
（5）市场调查资料的动态分析有哪些方法？

课堂实训

实训主题：市场调查资料的分析。

实训目的：通过在课堂上对已经整理完成的数据进行统计分析，掌握市场调查资料的分析方法。

时间：按照题目复杂程度规定时间。

组织：教师课前选好2~3组已经整理好的数据资料，以表格形式展示给学生，要求学生在规定时间内选择合适的方法，对数据资料进行统计分析。

环境与设备：可用投影仪投放数据资料，也可以在黑板上现场写出数据。

课外实训

任务：统计年鉴数据的整理和分析。

目的：学会整理和分析市场调查资料。

要求：每5名学生组成小组，利用一周时间到所在城市图书馆查找本市历年统计年鉴，就某一方面经济现象作动态分析。每组选择1~2名代表向全班同学作出汇报，要求有投影展示。

考核点：统计资料选择是否准确，统计分析方法是否得当，汇报是否完整，语言是否流畅。

案例分析

中国网上超市购消费者行为专题研究报告

2016年9月,京东联手易观发布了《中国网上超市购消费者行为专题研究报告(2016)》,报告显示:随着消费升级浪潮和中产阶级的崛起,中国网上超市当中非生活必需品销售增速超过必需品,居民消费开始向享受型消费升级。本报告研究的对象为中国大陆所有使用PC端、移动智能终端的用户,不包含港澳台地区用户。本次研究基于易观千帆、京东大数据平台数据,对网上超市用户特征、行为分析研究。使用TGI算法,在部分指标中,比对京东超市与京东全站用户差值。使用易观独有的分析模型,对海量数据进行科学有效的分析归纳。

一、网上超市的发展现状

1. 网上购物成为中国重要的零售渠道

截至2015年,中国网上零售市场交易规模达3.83万亿元人民币,在整个网上零售发展已较为成熟的背景下,增长率(33.9%)依然维持高位,成为中国经济社会中一股不可忽视的力量。

2. 居民收入快速增长,新兴中产阶级崛起,消费结构从生存型消费向享受型、发展型消费转变

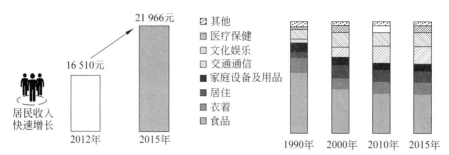

2012—2015全国居民人均可支配收入

中国城镇居民消费结构变化趋势

3. 中国消费品类正在从大众产品向品质化产品升级

数据显示,通过对各消费品类中降级消费品牌个数、升级消费品牌个数计数统计,升级品牌个数较多的消费品类更多表现在非大众产品(即非生活必需品)。国内消费升级呈现出旺盛的势头和活力,非生活必需品销售增速超过了必需品类。

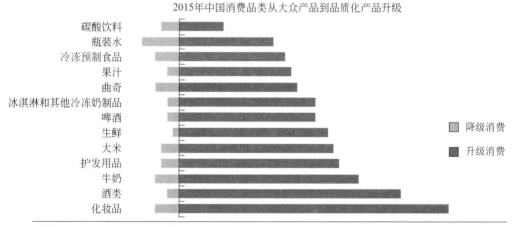

2015年中国消费品类从大众产品到品质化产品升级

数据来源:麦肯锡2016全球消费者信心调查中国消费品类变化　　　　www.analysys.cn

4. 国内政策利好"互联网＋零售"

2008—2016年,网上零售业发展得到业界高度重视,更多助推网上零售业向规范化、高效化升级的利好政策相继出台,加速了网上零售业的发展。

5. 更多消费者偏爱网上超市

网上超市相对线下超市的诸多优势促使消费者选择在网上超市消费,包括消费者可以在网上超市一站式选购到更多线下超市未能覆盖的品牌、产品,并且享受便利的递送服务。

6. 2016年国内综合电商平台全面进军网上超市

	2008—2011	2012—2013	2014	2015	2016
战略	1号店成立 1号店获沃尔玛投资	天猫超市上线 京东超市上线	1号店和全家/FamilyMart携手开通上海300个自提点	京东43.1亿元人民币入股永辉超市	麦德龙入驻天猫超市 京东收购1号店
服务区域扩张		1号店在上海推出"准时达"服务	1号店"社区直达"服务升级 1号店华南区总部东莞正式运行	1号店"小区雷购"布局全国八大城市 天猫超市意10亿在天津实现"当日达"	天猫超市"双20亿计划" 天猫超市实行"贵一赔十" 菜鸟在新疆建立商品集货地 京东超市与天天果园合作
品类扩充	1号店大规模上线生鲜产品	1号店自营生鲜产品上线			
品牌合作		1号店携手宝联欧三大品牌启动"品牌直通车"战略			资生堂、雪肌精、悦诗风吟入驻京东超市 上海家化和京东签署战略合作

二、网上超市消费者洞察

1. 新世代、高收入、理性消费人群构成了网上超市新族群,也成为中国经济社会中一股不可忽视的力量。这一人群主要来自"80后"和"90后","理性""关注品质""富裕""新中产"是他们的主要标签。

2. 用户对平台品牌辨识度提高,个护化妆品类增长明显,宠物生活、园艺绿植引领了新增品类消费增长。网上超市用户中,女性占比70%,90后、80后占比超过70%,70%以上的用户为高学历,白领、金融工作者、医务人员、公务员、学生教师占比超过85%。随着网络消费者品质关注度的提高,正品+服务成为用户体验的TOP关键词。用户对商品品牌、平台品牌的辨识度提高,具有明显品牌优势的个护化妆领域增长最为明显。

3. 非生活必需品销售增长高于必需品品类,居民消费向享受型消费升级。造型、饮用水、糖果巧克力、护发增长超过100%,牛奶乳品、米面杂粮销量增长超200%。同时,带有"健康""有机""绿色"标识的健康食品、进口食品销量大幅增加。

4. 网上超市品类开始强力吸引新用户。目前在网上超市,首单在1年以内的新用户,与3年以上的老用户比例相当。在食品饮料、酒类、母婴品类中,老用户消费占比略高。在品类更新表现突出的个护化妆、园艺绿植品类,新用户购买力明显较高。说明用户流从3C、家电品类向超市渗透的模式已有改变,网上超市商品品类本身开始吸引新用户。

5. 网上超市深入西部地区。西部地区GMV和用户增长率领跑全国,一方面是电商渠道下沉已见成效,同时与西部地区品牌关注度高,网上超市用户社会阶层高等原因有关。天津、上海、浙江等经济发达省市增长较缓,这与发达地区信息饱和、消费者基数较高有关。网上超市可针对不同人群策划活动,有效吸引潜在用户。

6. 网上超市购线级城市呈现阶段特征。三、四线城市家乐福、沃尔玛等大型连锁超市分布少,线下商品品类有限。相比之下,网上超市能够提供更丰富品类、品牌和优惠价格的商品,因而三、四线城市网上超市销售额在全品类中占比也更高。对比低线级城市,

一、二线城市线下超市力量较强,网上超市品类占比快速增长,在全品类订单中占比居中,仍有增长潜力。五、六线城市农村用户在小商店、集市购物习惯明显,渠道下沉逐渐打开农村市场,线上超市业务具有较大的增长空间。

7. 用户在网上超市中自由选择多种支付方式。在线支付成为多数用户的支付习惯,其中,"白条"等消费信贷业务增长迅速,越来越多的用户开始花明天的钱。

8. 80后男士购买食品饮料、个护化妆商品时更愿意花未来的钱。以"白条"为例,网上超市消费信贷用户中,男性占比比女性高20%以上,其中80后男性更为显著。80后占消费信贷用户50%以上,是90后、70后用户的三倍。每十个订单中,就有一个80后男士在购买食品饮料或个护化妆商品中使用白条支付。对比其他品类,酒类、食品饮料、个护化妆品类的消费者更多使用白条支付。

9. 北、上、广用户在网上超市中更多使用未来的钱。一线、二线城市领跑网上超市消费信贷的使用。北京使用消费信贷支付领先全国,广东、江苏、上海、四川消费信贷也十分活跃。

10. 低线级城市跨越进入移动消费时代。整体来看,越是低线级城市,网络超市移动端渗透率越高。西部地区(陕西、西藏、青海、宁夏、贵州)网上超市移动端用户占比超过80%,个别城市移动端占比90%以上。低线级城市网络消费发展已跨过PC端,直接进入移动消费时代。

11. 网上超市,购在午休、下班或午夜。网络超市订单高峰产生在"下班前""睡前"时段。上午10点至12点,下午15:30至17点皆为上班时间,午休和下班之前精力下降,白领们利用这段时间"逛超市"能大大提高生活效率。如果选择当日达商品,上班时间下单,晚上回家享用将是很好的用户体验。

12. 非必要消费品搜索量增加,消费者越来越投入享受型消费。数据显示,越来越多的用户明确自己想要什么,对特定品牌的搜索量大幅提升。"京东自营"搜索量超过大部分品牌,平台的品牌影响力同样受消费者关注。

三、网上超市消费者画像

1. 网上超市用户渗透率年龄分布向两端延伸。网上超市女性用户占比超过70%,大幅高于全站。不同年龄的渗透率呈现向两端延伸的趋势,即19~25岁用户、35岁以上用户网上超市购物的渗透率高。80后用户比例略低于全站,需要针对80后促销敏感度高、评价关注度高的特点制定销售策略,激活80后商超购物的增长潜力。

2. 网上超市用户呈现明显中产阶级特色。对比电商全站,网络超市用户呈现出高学历、高收入、品质关注度高的特点。其中,本科以上学历人群占比超过70%,白领、事业单位、学生教师、金融工作者、医务人员占比超过85%。

3. 网上超市用户理性选择更忠诚。对比电商全站,网上超市理性购物用户占比高出10%,20%以上的用户属于目标明确型。以理性选择为基础,网上超市用户的忠诚度超过

90%。整体来看,每18个用户中,有15个忠诚用户,偶然型、浏览型、投机型用户各一名。

4. 男性老用户忠诚度高。对比女性,男性忠诚度略高。忠诚用户的年龄分布呈现U形态,45岁以上的用户、15至25岁用户忠诚度高。80后忠诚度水平出现低洼,与80后信息饱和、促销敏感度高有关。网上超市可通过80后喜欢购买的母婴、个护、食品饮料等品类进行品类扩充、品质升级、策划促销,提高80后的忠诚度。

5. 男性用户、年长用户在购物中更具理性。对比女性用户,男性用户在网上超市消费中更理性。35岁以上用户理性比较型占比最高。80后用户理性比较指数低于全站,促销敏感度高于全站。随着80后进入30岁开始养家,经济压力增加,开始由冲动型消费向成熟家庭消费转型。

6. 网上超市社交化,用户评价为重要参考。社交化是网上超市的特色之一,通过商品评价、转发推荐、网络晒单等形式,消费者可以自主交流用户体验。网上超市用户普遍关注用户评价,男性用户关注度高于女性。年龄分布中,70后忠诚度比例高,对评价关注度较低。

7. 网上超市用户对促销普遍敏感,大促期囤货特征明显。对比电商全站,网上超市用户促销敏感度略高。由于网上超市"品质化"、"大包装"等特点,大促期间囤货特征明显。年龄分布中,80后对促销敏感度最高。80后步入30岁,经济压力较大,物美价廉是他们最好的选择。

8. 品质关注度普遍提高,食品、母婴、化妆用品最受关注。对比电商全站,网上超市用户的品质关注度更高。品质关注度从一线城市向下拓展,江苏、四川、湖北等地消费者也表现出较高的品牌关注度;食品饮料、个护化妆、母婴类产品最受关注。

9. 品质关注度高的用户更多偏爱母婴、食品饮料、个护化妆类产品。超市主体用户品牌关注度明显高于平均水平。白领、学生教师、公务员对商品品质的关注较高。一线城市北、上、广用户高度关注商品品质,低线城市品质关注度不断提高,四川、江苏、天津、湖北等二三线省份关注度较平均。

10. 购物"个性化",80后为宝宝买,90后爱护肤。各年龄层用户在网上超市购买"个性化"趋势明显。80后买走了50%以上的母婴用品。90后更愿意为个护化妆买单,70后购买集中于食品饮料。福建、内蒙古、西藏、新疆地区的90后男性白领最爱购买休闲食品,却把最多的钱花在了面部护肤用品上。黑龙江、海南的90后男白领最爱购买休闲食品,在食品饮料品类的消费也最多。

11. 个护化妆类:消费者最关注"正品"。个护化妆商品满足用户的"美丽"需求,消费者更注重商品品质,"是否正品"是决定购买行为的首要因素。随着网上消费选购商品更丰富多元,用户对品牌的认同与依赖加深,品牌商品已等同于保障质量安全的重要防线。

12. 食品饮料类:用户最关注味道、价格、口感。消费者的消费向享受型消费迁移,除了注重基本食用功能外,更会从口味、价格、口感等体验细节中评价食品。

13. 母婴类：用户最看重质量、品牌、实物与推广的相符程度。母婴品类是品牌辨识度最明显的品类，在各级城市的品质关注度高于平均水平。母婴用品，进口奶粉、纸尿裤销量占比较高。用户最关注商品质量，选择大品牌是保证质量的可靠方法。

14. 酒类消费者特点

（1）整体看，南部和东部用户更爱从网上超市买酒，酒类商品在整个网上超市购物订单量占比排行中，广东、上海、福建、天津、黑龙江名列前茅。80后、90后购买酒类商品与70、60后购买总量相当。其中，80后酒量最大，买走了三分之一的酒类商品，海南、福建、山东、黑龙江80后更能豪饮。

（2）随着酒类产品越来越赋予用户优雅、时尚的内在生活元素，更多的女性将饮酒小酌纳入生活，有三分之一的酒类消费来自女性用户。全国来看，北方女性酒类消费高于其他地区，五成的女性酒类消费来自天津、北京、海南、黑龙江、山东。更多80后女性在生活之余通过饮酒为生活增色，山东、河南的80后女性买酒更多。此外，很多地区60后女性酒类消费高于70后，例如北京、吉林、天津、重庆，特别是北京的60后女性酒类消费高于70后、80后。

15. 男性面部护理产品消费者特点。整体来看，男性面部护理的消费超过女性。北京、上海、江苏、安徽、内蒙古男士最爱购买护肤品。90后男性、80后男性比同龄女性更爱买个护化妆用品。与其他职业相比，白领、学生最爱护肤。内蒙古、辽宁、河南、湖北、广东、上海的80后男士购买护肤品最多。江苏、安徽、浙江、上海的90后男士更早开始护肤。

16. 奶类产品消费者特点。与其他品类相比，浙江、内蒙古、海南、河南的用户购买奶粉更多，进口品牌销量靠前。浙江、天津、北京、海南消费奶粉占全国30%，其余地区购买较分散。

17. 尿裤湿巾产品消费者特点。福建、广东、浙江、黑龙江、贵州用户偏爱购买尿裤湿巾。

四、网上超市发展趋势分析

1. 消费人群方面：新世代成为消费主力，并将引导未来消费潮流。

2. 消费理念：由满足常规所需逐步转变至提升生活品质。比如：健康消费方面，家庭观念更强，均衡、健康、安全、体验式的消费成为新常态；非生活必需产品方面，葡萄酒、牛奶、护肤品等享受型消费起飞；创新产品方面，人们愿意尝试、接纳创新能力更强的产品；品牌互动方面，消费者更主动参与到符合个人气质的品牌消费传播当中。

3. 消费渠道方面：购物接触点碎片化，消费者越来越倾向选择便利的购物渠道。

资料来源：中国网上超市购消费者行为专题研究报告（2016）

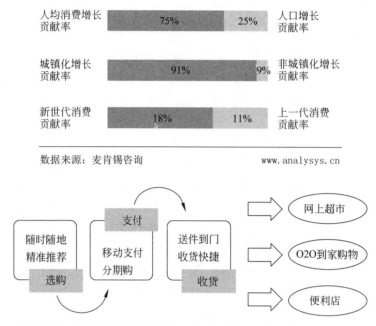

2015—2030年全球消费增长影响因素

数据来源：麦肯锡咨询　　　　　　　　　　www.analysys.cn

资料来源：中国网上超市购消费者行为专题研究报告（2016）

问题：

1. 该报告对网上超市购消费者行为做了哪些方面的详细分析？统计方法有哪些？
2. 案例给了我们哪些启示？

第8章 市场预测基本理论

学习要点

知识点

1. 了解市场预测的含义；
2. 熟悉市场预测的种类、内容；
3. 掌握市场预测的一般步骤。

技能点

1. 市场预测的类型；
2. 市场预测的一般过程。

导入案例

精准的大数据预测

大数据可以帮助人们了解未来物价走向，提前预知通货膨胀或经济危机。单个商品的价格预测更加容易，尤其是机票这样的标准化产品，去哪儿网提供的"机票日历"就是价格预测，告知用户几个月后机票的大概价位。商品的生产、渠道成本和大概毛利在充分竞争的市场中是相对稳定的，与价格相关的变量相对固定，商品的供需关系在电子商务平台可实时监控，因此价格可以预测，基于预测结果可提供购买时间建议，或者指导商家进行动态价格调整和营销活动以利益最大化。

基于用户搜索行为、浏览行为、评论历史和个人资料等数据，互联网业务可以洞察消费者的整体需求，进而进行针对性的产品生产、改进和营销。百度基于用户喜好进行精准广告营销、阿里根据天猫的用户特征包下生产线定制产品、亚马逊预测用户点击行为提前发货均是受益于互联网用户行为预测。

受益于传感器技术和物联网的发展，线下的用户行为洞察正在酝酿。免费商用WIFI、摄像头影像监控、室内定位技术、NFC传感器网络、排队叫号系统，可以探知用户线下的移动、停留、出行规律等数据,进行精准营销或者产品定制。

中医可以通过望闻问切手段发现一些人体内隐藏的慢性病,甚至看体质便可知晓一个人将来可能会出现什么症状。人体体征变化有一定规律,而慢性病发生前人体已经会有一些持续性异常。理论上来说,如果大数据掌握了这样的异常情况,便可以进行慢性病预测。

基于人们的搜索情况、购物行为预测大面积疫情暴发的可能性,最经典的"流感预测"便属于此类。如果来自某个区域的"流感""板蓝根"搜索需求越来越多,自然可以推测该处有流感趋势。

凡此种种,正确的决策依赖于精准的预测,而预测的前提则需要足够多的数据作为支撑,同时需要借助有利的工具,适用的预测方法。

资料来源:经管之家:http://bbs.pinggu.org/thread-3873586-1-1.html

8.1 市场预测的含义和作用

市场调查和市场预测是市场研究的重要手段。市场调查是市场预测的前提,调查结果不仅为市场预测提供原始的数据和资料,还可以为修正预测值提供依据。市场预测要在市场调查的基础上进行科学分析,将调查中取得的资料、数据用于对未来变动趋势的预测之中,使调查结果不仅为总结市场实践经验提供依据,更有益于提高预测的精度,并对发现、利用市场机会发挥实际作用。

8.1.1 市场预测的含义

企业开展营销调研的主要原因之一是为了确定它的市场地位并预测它的市场机会。调研前期的信息资料收集和整理工作结束以后,就要着手对整理后的资料进行定量分析和定性分析,并作出有依据的预测。

所谓预测,是指根据调研所获得的经过整理的信息、数据、资料及过去的经验,运用经验、软件程序和决策模型对事物未来的发展趋势作出客观的估计和科学判断的过程。预测是研究未来的,人们称之为"探索未来之窗",人们之所以要研究未来,就是为了能更好地指导自己当前的行动。预测的研究范围很广,几乎涉及自然界和人类社会的各个领域,如社会发展预测、科学技术预测、经济预测等。其中,每个领域的预测又可细化为许多分支。以经济预测为例,则可按部门分成工业经济、农业经济、商业、财政、金融、交通运输等预测,也可按行业分为食品行业预测、纺织行业预测、机械行业预测等。对于每一分支还可以再细化为若干专题预测,如需求预测、资源预测、价格预测等。

对于企业而言,预测能够帮助企业决策者掌握市场未来发展趋势,寻找并把握市场机会,作出科学的经营决策。如对企业未来一段时间的销售预测,能帮助财务部门确定下一阶段筹集投资和经营上所需的资金,帮助制造部门估计生产能力和产出水平,能够被采购部门用来确定采购原材料的数量,被人事部门用来确定所需员工的数量等。

市场预测是经济预测的一个分支。所谓市场预测,是指在市场调查的基础上,运用预测理论与方法,预先对所关心的市场未来变化趋势与可能的水平作出估计与测算的活动过程。市场预测并非凭空猜测,首先,它的依据是市场调查所获得的资料和信息,必须依据这一基础进行测算和判断;其次,这种判断要运用一定的科学方法,即预测理论或技术。所以,市场预测是具有一定的科学性的。这一性质保证了市场预测结果的准确度,能够帮助企业决策者作出科学的经营管理决策。但市场预测也有其局限性,它只能大概地或近似地描述事物未来发展变化的轨迹。因为影响事物的发展因素错综复杂,有些甚至是不可预测的。同时,由于人的客观知识和主观经验的局限性,预测难免存在一定的偏差。所以,在进行预测分析时一定要按科学的程序进行,以尽可能地减小偏差,提高预测精度。

8.1.2 市场预测的作用

1. 市场预测是企业制定经营计划的前提条件与重要依据

企业搞好经营的基础之一就是做好市场预测工作。企业应生产经营哪些产品、应生产多少;应开发什么新产品,应投入多少资源;产品定价多少,如何销售;应配备什么样的生产设备,采购什么样的原材料等问题的解决都要依赖于市场预测。为此,必须在生产经营过程开始之前,制订经营计划时,对消费者的需要作出预测。

2. 市场预测是企业做好经营决策的前提

市场预测有益于决策者趋利避害,减少决策中的不确定性。各种社会、经济、文化、政治、心理及自然等构成因素是处于运动和变化之中的,大多数企业管理决策都有一定程度的不确定性,为避免在市场风险中失利,减少经营管理的盲目性,需要通过市场预测,对将来的经营条件及其对企业经营的影响作出准确的预见和判断,以便根据预测作出正确的经营决策。

3. 市场预测有利于企业更好地满足市场需求

企业的生产经营者只有向消费者提供能满足其需求的商品,才能求得企业的生存和发展。通过市场调查可以获得当前消费者对企业产品的需求的各种数据,在此基础上运用科学的方法进行市场预测,则可以获得未来一段时间内消费者的需求趋势及预测值,企业可以依据这一结果提前做好生产经营安排,准确、及时地满足市场需求。

4. 市场预测有利于企业提高竞争能力与应变能力

市场是千变万化的,企业要提高竞争力,不仅要关心现有的市场,还要研究未来的市场,而市场预测就是对未来市场需求的估计和判断。因此,要使企业在竞争中得到发展,必须通过市场预测活动，随时了解市场上各种商品的供求变动情况及趋势，随时把握消费者的潜在需求，指导企业正确选择或调整生产经营方向，选择新产品开发，采取正确的经营决策及时打入并占领市场，不断扩大产品销售，提高市场占有率。只有这样，企业才能更好地适应市场变化，提高企业竞争力。

综上所述，市场预测可以提高人们对市场发展规律的认识程度，增强经营管理的自觉性，减少盲目性，为正确制定各项管理决策，对生产经营活动进行有效组织和控制提供必要的保证。

8.2 市场预测的内容和种类

市场预测是企业制定营销战略和营销策略的依据。在市场调查的基础上，企业利用一定的市场预测方法或技术，测算一定时期内市场供求趋势和影响市场营销因素的变化，从而为企业的营销决策提供科学的依据。同时，企业要想在市场竞争中占据有利地位，必须在产品、价格、分销渠道、促销方式等方面制定有效的营销策略。但有效营销策略的制定取决于在相关方面的准确预测，即只有通过准确的市场预测，企业才能把握市场机会，确定目标市场和相应的价格策略、销售渠道策略、促销策略等，进而促进产品销售和效益的提高。

8.2.1 市场预测的内容

市场预测的内容十分广泛。从国家宏观管理部门角度进行的宏观市场预测，要研究社会商品购买力和商品供给量的平衡问题，分析商品供求大致变动趋势，预测各种商品的市场需求量和供给量。从企业角度进行的微观市场预测，主要是企业在特定市场上，对一定时期内商品种类、品质、规格、式样、质量等供与求的状况进行预测，它必须以宏观市场预测为前提。为了研究市场商品供需变化，也需要研究与市场商品供需有关的各种必需因素。

1. 市场环境预测

企业的生产经营活动总是在一定的环境中进行的，与环境的各个方面都有一定的联系，环境的变化，会对企业的经营产生影响。企业经营环境中的政治因素、经济条件、社会影响、文化水平、竞争结构等外部因素，对企业来说都是不可控制的。但是，这些外部因素对企业的影响，又是可认识、可预测的。为了达到经营目标，企业可充分利用其可控因素，如价格水平、分销途径、促销业务等方面的调整，重新组合，尽可能地适应营销环境的变化。

2. 市场需求预测

市场需求预测是指一个产品在一定地理区域和一定时期内，在一定销售环境和营销方案下，特定的顾客群体愿意购买的总数量。它包括需求量的预测和需求商品的品种、规格、型号、款式、质量、包装、品牌、商标、需要时间等变动趋势的预测。企业的营销主管需要估计的有总市场潜量、区域市场潜量、实际销售额和市场份额。

1）总市场潜量

总市场潜量是指在一定时期内，在一定的行业营销努力水平和一定的环境条件下，一个行业全部企业所能获得的最大销量。一个常用的估计方法是：估计潜在的购买者数量乘以一个购买者的平均购买量，再乘以每一单位的价格。即计算公式为

总市场潜量＝潜在购买者数量×一个购买者的平均购买量×每单位产品价格

在公式中，最难估计的成分是特定产品或市场的购买者数量，我们可以从中国的总人口入手，这称为总群体，下一步排除显然不会购买该产品的人数，再排除低购买力的人数，最后得到一个中心顾客群，可以把这个数字作为潜在购买者人数，并计算总市场潜量。

2）区域市场潜量

企业面临的问题是选择最佳区域并在这些区域最适当地分配它的营销预算。因此，企业需要估计各个不同省份、地区、城市的市场潜量。

3）实际销售额

除了估计总的潜量外，企业还需要知道发生在市场上的实际行业销售额。也就是说，它还必须辨认其竞争对手并估计竞争者的销售额。

行业协会虽然对各个企业的销售量并不一一列出，但它经常收集和公布总的行业销售额。每个企业可以利用这个渠道估算自己在本行业中的绩效。对销售额进行估计的另一方法是向审计总销量和品牌销售量的营销调研公司购买报告，这样可以得到总产品品种的销售额和品牌销售额。

4）市场份额

企业在获得实际销售额的同时，还应把自身绩效同整个行业或一个特定的竞争者进行比较，以考察本企业在市场份额上的得失。市场占有率的概念直接反映了企业在本行业中的竞争地位。根据市场占有率不同，可以把企业分为市场领先者、市场挑战者、市场追随者和市场补缺者四类。市场份额和产品所处的生命周期两个因素，决定了四类企业所采取的不同营销战略。

3. 市场供给预测

市场供给是指在一定时期内可以投放市场以供出售的商品资源。这些商品资源主要来自生产部门，其次是进口，此外还有国家储备、商业机构的商品储存以及社会潜在物资。

市场供给预测是对进入市场的商品资源总量及其构成和各种具体商品市场可供量的变化趋势的预测。它同市场需求预测结合起来，可以预见未来市场供求的变化趋势。

预测生产的发展及变化趋势。首先，要收集历史资料，了解有关产品历年的成本、产值和销量等情况；其次，要了解同类产品现有的生产企业的数量、生产能力、原材料供应等

现状,以及各项经济指标在同行业达到的水平;最后,要了解生产企业的设备更新、技术引进及近期革新、改造的措施和基建规划,并在预测生产结构的基础上,研究各种产品在预测期内可能提供商品资源的企业及其生产能力,已有产品的数量、质量、规格等发展变化,以及新产品的生产发展趋势,生产技术、能源消耗、成本和价格等的变化,进而测算出商品资源量、适应市场需求的程度及其发展趋势。

商品供给的预测要重视关联性商品的相互变化和新产品销售与需求的预测。随着科学技术的不断进步,新技术、新工艺、新材料的不断涌现,商品的生命周期越来越短。由于商品更新速度加快,销售周期也随之缩短。如果不了解市场商品资源和销售变化的趋势,还继续生产原来的产品,大量进货,势必会给企业的经营带来危机。

所以,只有在摸清商品资源的基础上,预测出各种产品的发展前景,才能结合市场需求的变化,较为精确地预测市场供求关系的发展趋势,作出正确的经营决策。

8.2.2 市场预测的种类

根据预测的目的、精度、时间的不同,可将市场预测分为不同的类型,以便于选用相应的预测方法。通常分为以下几种类型。

1. 按时间长短分类

按市场预测时间的长短不同,可以分为短期预测、中期预测和长期预测。短期预测以日、周、旬、月为时间单位,一般在一年以内。它为企业确定短期内生产经营活动和落实实施方案及措施提供依据。中期预测是以年为时间单位,对 1 年以上、3 年或 5 年以内的市场发展前景进行预测。主要用于安排跨年度工作和修订长期计划。长期预测是以年为时间单位,一般在 3 年或者 5 年以上。如对产品未来需求情况的预测,这种预测主要用于指导新产品开发、制定企业长期发展规划等。

2. 按空间范围分类

按市场预测的空间范围不同,可以分为全国性市场预测、地区性市场预测、当地市场预测以及行业或企业市场占有率预测。全国性市场预测是指对全国统一市场需求的发展变化及趋势进行预测。目的是指导企业的生产经营发展方向,调节全国的商品供、产、销关系,是合理分配关系国计民生的重要商品的依据。地区性市场预测是指对某地区或某经济区的市场需求及发展前景进行预测。目的是为该地区或该经济区安排生产、组织货源、指导消费提供信息,更好地满足地区市场的需要。当地市场预测是指对企业所在地的市场需求及发展趋势进行预测。目的是为企业正确地确定经营的商品数量、品种结构、规格等提供资料,生产经营适销对路的商品,以满足市场上各种各样的需求。行业或企业市场占有率预测是指在专业分工的基础上,对某个市场范围内本行业在市场销售总量(额)中所占的比例及变化趋势,或本企业生产经营的某种产品在同一行业、同一市场、同一种产品总销售量(额)中所占比重及发展趋势进行预测。

3. 按预测方法的性质分类

按市场预测方法的性质不同,可以分为定性预测和定量预测。

定性预测是指凭经验分析、逻辑判断、主观推理的思维,根据事物过去和现在的运动状态,对事物未来的变化规律和发展趋势进行预测和推断,并对事物的未来状态作出描述与评价。定性预测是一种基于估计和评价的预测方法,其本身带有一定的主观性和判断性。常用的定性预测方法有对比分析法、德尔菲法、集合意见法等。

定量预测是指根据大量准确、完备而系统的数据资料以及研究对象的特点,结合实际经验和客观条件,选择或建立定量化的数学模型,通过分析、计算推断出对象在未来可能出现的状态和结果。定量预测方法种类非常多,模型各有所长,常用的方法有时间序列分析、回归分析法、计量经济模型预测。

8.3 市场预测的一般步骤

市场预测过程包括归纳和演绎(推断)两个阶段。归纳阶段,从确定预测目标入手,收集有关资料,经过对资料的分析、处理、提炼和概括,再用恰当的形式描述预测对象的基本规律。演绎阶段,利用所归纳的基本演变规律,根据对未来条件的了解和分析,推测出预测对象在未来某期间可能的水平,并对其进行必要的评价。整个预测过程大致分为以下步骤:确定预测目标、广泛收集资料、进行分析判断、选择预测方法并建立预测模型、作出预测、评价预测结果、撰写预测报告。

1. 确定预测目标

进行市场预测首先要明确预测的目标是什么。所谓目标是指预测的具体对象的项目和指标,为什么要进行这次预测活动,这次预测要达到什么直接目的。其次还要分析预测的时间性、准确性要求,划分预测的商品、地区范围等具体问题。

对市场经济活动可以从不同的目的出发进行预测,预测目标不同,需要的资料、采取的预测方法也都有一些区别。有了明确的预测目标,才能根据目标需要收集资料,才能确定预测进程和范围。

确定了预测目标后,接着要分析预测的时间性和准确性要求。如果是短期预测,允许误差范围要小;而中长期预测,误差为 20%～30%是允许的。预测的地区范围应是企业的市场活动范围,每次预测要根据管理决策的需要,划定预测的地区范围,过宽过窄都会影响预测的进程。

2. 广泛收集资料

进行预测必须要有充分的市场信息资料,因此,在选择、确定市场预测目标以后,首要的工作就是广泛、系统地收集与本次预测对象有关的各方面的数据和资料。收集资料是市场预测工作的重要环节。按照市场预测的要求,凡是影响市场供求发展的资料都应尽可能地收集。资料收集得越广泛、越全面,预测的准确性就能相应提高。在这里,市场调查材料是一个重要的信息来源。

收集的市场资料可分为历史资料和现实资料两类。历史资料包括历年的社会经济统计资料、业务活动资料和市场研究信息资料。现实资料主要包括目前的社会经济和市场发展动态,生产、流通形势、消费者需求变化等。收集到的资料,要进行归纳、分类、整理,最好分门别类地编号保存。在这个过程中,要注意标明市场异常数据,要结合预测进程,不断增加、补充新的资料。

3. 进行分析判断

分析判断是对收集来的资料进行综合分析、判断和推理,以便透过市场的各种现象来揭示其内在的联系和本质规律,这是市场预测的关键性阶段。分析判断要注意分析市场因子同市场需求的依存关系,市场需求的趋势是由多种市场因子的发展变化决定的,每一种市场因子的变化都会引起市场需求的相应变化。

4. 选择预测方法并建立预测模型

在分析判断的过程中,要考虑采用何种预测方法进行正式预测。市场预测有很多方法,选用哪种方法要根据预测的目的和掌握的资料来决定。各种预测方法有不同的特点,适用于不同的市场情况。一般而言,掌握的资料少、时间紧,预测的准确程度要求低,可选用定性预测方法。掌握的资料丰富、时间充裕,可选用定量预测方法。在预测过程中,应尽可能地选用几种不同的预测方法,以便互相比较,验证其结果。

5. 作出预测

这是根据预测的目标、有关资料的分析判断,对市场作出测定的过程。预测的方法主要有两种:一是由上而下的预测方法。这种方法首先根据经济发展形势确定市场容量,求得总的市场预测值,然后根据市场预测总值按市场因子指数进行区域市场分配,最后根据市场占有率和销售能力确定销售预测值。二是由下而上的预测方法。这种方法是在各市场作出需求预测后加以综合,最后作出对整个市场的需求预测。

6. 评价预测结果

通过计算产生的预测结果,是初步的结果,这一结果还要加以多方面的评价和检验,才能最终使用。检验初步结果,通常有理论检验、资料检验和专家检验。理论检验是运用经济学、市场学的理论和知识,采用逻辑分析的方法,检验预测结果的可靠性程度。资料检验是重新验证、核对预测所依赖的数据,将新补充的数据和预测初步结果与历史数据进行对比分析,检查初步结果是否合乎事物发展逻辑、是否符合市场发展情况。专家检验是邀请有关方面专家,对预测初步结果作出检验、评价,综合专家意见,对预测结果进行充分论证。

7. 撰写预测报告

把预测的最终结果编制成文件和报告，向有关部门上报或以一定的形式公布，并提供和发布预测信息，供有关部门和企业决策时参考。预测报告应概括预测研究的主要活动过程，列出预测目标、预测对象、相关因素分析、主要资料和数据、预测方法的选择及模型的建立，以及模型的评价修正等。

本章小结

（1）预测是指根据调研所获得的经过整理的信息、数据、资料以及过去的经验，运用经验、软件程序和决策模型对事物未来的发展趋势作出客观的估计和科学判断的过程。

（2）市场预测是指在市场调查的基础上，运用预测理论与方法，预先对所关心的市场未来变化趋势与可能的水平作出估计与测算的活动过程。

（3）市场预测的作用：市场预测是企业制订经营计划的前提条件与重要依据；市场预测是企业做好经营决策的前提；市场预测有利于企业更好地满足市场需要；市场预测有利于企业提高竞争能力与应变能力。

（4）市场预测内容包括市场环境预测、市场需求预测和市场供给预测。

（5）市场预测的种类：按照市场预测时间的长短不同，可以分为短期预测、中期预测和长期预测；按市场预测的空间范围不同，可以分为全国性市场预测、地区性市场预测、当地市场预测以及行业或企业市场占有率预测；按市场预测方法的性质不同，可以分为定性预测和定量预测。

（6）市场预测过程包括归纳和演绎（推断）两个阶段。

（7）市场预测的一般步骤包括确定预测目标、广泛收集资料、进行分析判断、选择预测方法并建立预测模型、作出预测、评价预测结果和撰写预测报告。

复习思考题

（1）市场调查与市场预测是什么关系？
（2）市场预测有哪些种类？定性预测和定量预测有什么区别？
（3）市场预测的一般过程是什么？

课堂实训

实训主题：举例预测。

实训目的：通过实训，使学生理解并掌握市场预测的几种分类：时间、空间和性质三方面。

时间：每人2~3分钟。

组织：安排学生结合实际举例说明市场预测的分类问题，同学之间可以互相补充不足，在发言与讨论过程中掌握知识与技能。

课外实训

任务：自我预测。

目的：掌握预测一般过程的前三个步骤。

要求：每人自成一组，全面思考与充分调查自己过去以及当前的学习情况，收集资料，并进行初步预测，预测自己下个学期的学习情况走势。

考核点：明确自我预测的目标，注意广泛收集相关资料，初步分析和判断。

案例分析

谁能接管蓝田公司

蓝田公司一家大型制造企业，创建已有五年的时间，主要生产经营某一产品P1，目前生产的P1产品在本地市场知名度很高，客户满意度也很高。蓝田拥有自己的厂房，生产设施实施齐全，运行良好。

最近，一家当地权威机构对蓝田公司所在行业本地市场未来六年的发展前景进行了预测（见图8-1），认为P产品（P系列包括P1、P2、P3和P4四种产品）将会从当前相对低水平上升为一个高科技产品。因此，公司的董事会决定聘请一批优秀、有活力的新人为公司制定适合的发展战略。

这批新人接手公司后，新团队中的小李建议按照原来的战略继续生产和经营P1产品，而小张却持反对意见，小张认为在接管之后的第一年为过渡期，可以维持原有状态；第二年继续生产P1，并开始研发P2、P3产品；第三年减少P1产品的产量，上线生产并销售P2产品；第四年继续降低P1产量，生产P2，上线生产并销售P3产品；第四年后P1产品可以停产，逐渐降低P2产量，大量生产P3产品。

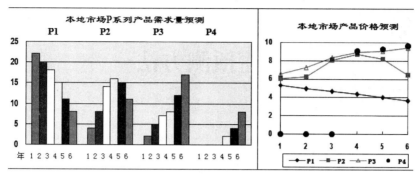

图 8-1 P 产品市场未来六年发展前景预测

问题：
1. 你对小李和小张的意见怎么看？
2. 根据案例，阐述市场预测对企业的重要性。

定性预测方法

学习要点

知识点

1. 了解定性预测的优缺点；
2. 了解几种对比类推法；
3. 熟悉集合意见法的预测思想；
4. 掌握德尔菲预测方法。

技能点

1. 集合意见法；
2. 德尔菲法预测的要点。

导入案例

定性预测在建筑行业的应用

建筑材料的价格受到通货膨胀的影响，尤其对基建规模的变化很敏感，实际上很难有一个简单方便的数学模型描述它。对于施工企业来说，预测材料价格变化的最好方法是采用德尔菲法。具体的做法是在每年初或年末，采用专家调查法预测以后 1~2 年内的价格变动情况(通常是以上涨或下降的百分率表示)。由于单位工程的工期往往在 2 年内，选择预测期为 1 年和 2 年可以满足实际需要，最后再根据专家的意见采用平均法求得预测值。

在预测所需数据欠缺，或影响因素复杂，难以量化的问题上，定性预测方法就会发挥极大的效用。

资料来源：定性预测方法在建筑中是如何应用 CBI 建筑网 http://www.cbi360.net

9.1 定性预测方法的概念

企业经营管理者在很多情况下不可能清楚地掌握预测对象的历史资料和现实资料，且影响预测对象的因素复杂多变，以致对主要影响因素有时难以进行量化分析。在此情况下，经营管理者往往需要借助定性预测进行分析。

定性预测是指预测者根据已经掌握的部分历史资料和直观资料，运用个人的经验和主观判断能力对事物的未来发展作出性质和程度上的预测，侧重于事物的发展性质。

9.1.1 定性预测的优点

无论是有意还是无意的，定性预测在工程实践中被广泛使用。其特别适合于对预测对象的数据资料（包括历史的和现实的）掌握不充分，或影响因素复杂，难以用数字描述，或对主要影响因素难以进行数量分析等情况。

定性预测偏重于对市场行情的发展方向和施工中各种影响施工项目成本因素的分析，能发挥专家经验和主观能动性，比较灵活，而且简便易行，可以较快地提出预测结果。但是在进行定性预测时，也要尽可能地收集数据，运用数学方法，其结果通常也是从数量上作出测算。

定性预测的特点在于：

(1) 着重对事物发展的性质进行预测，主要凭借人的经验以及分析能力；

(2) 着重对事物发展的趋势、方向和重大转折点进行预测。

定性预测的优点在于：注重事物发展在性质方面的预测，具有较大的灵活性，易于充分发挥人的主观能动作用，不需要高深的数学知识，简单迅速，省时、省费用，便于普及推广。

9.1.2 定性预测的不足

定性预测方法虽然具有上述优点，但也有其不足之处，具体表现在：

(1) 定性预测方法只能预测一些简单的事件，对一些技术要求比较高的决策事件无法提供准确的预测结果。

(2) 定性预测方法的主观性较强，往往由于个人主观的错误而带来整个预测结果的偏差。

(3) 由于个人之间的意见有时偏差较大，所以一般不易得出综合性的意见。

在市场经济活动中，常常会出现这样的情况：

(1) 由于建立某个定量模型缺少数据和资料，如要预测某个新产品的销售量和销售价格；

(2) 由于社会环境或市场经济环境发生了巨大变化,从而过去的历史数据不再具有代表性。

在以上两种情况下,人们的判断是唯一现实的预测方法。

为了提高定性预测的准确程度,应注意以下几个问题:

(1) 应加强市场调研,努力掌握影响市场经济发展的有利条件、不利因素和各种动态的情况,从而使预测者对市场前景的分析判断更加接近实际;

(2) 进行市场调研、收集资料时,应当数据和事实并重,使定性分析数量化,也就是通过定性分析进行量的估计,进行有数据、有事实的分析判断,提高定性预测的说服力。

【小思考 9-1】

什么情况下不适合使用定性预测法?一旦使用会有什么不良后果?

9.2 对比类推法

世界上有很多事物的发展变化规律带有某种相似性,尤其是同类事物之间。所谓对比类推法是指由预测人员把预测的经济现象或经济指标与其他相类似的现象或指标加以对比分析来推断未来发展变化趋势的一种方法。这种对比类推的基本思想是将不同空间、同类经济现象的相关情况进行对比类推,找出某种规律,推断出预测对象的发展变化趋势。对比类推法根据类推目标的不同,可以分为产品类推法、地区类推法、行业类推法和局部总体类推法等。

9.2.1 产品类推法

产品类推法就是以国内市场上的同类产品或类似产品在发展中所表现出来的特征来类推某产品的生命周期。许多产品在功能、构造、用途等方面具有很大的相似性,因而这些产品的市场发展规律往往也有某种相似性,我们可以利用这些相似性进行类推。例如,可以利用黑白电视机的发展特性来类推彩色电视机的发展特性,利用直角平面电视机的发展特性来类推纯平彩色电视机的发展特性。

与性质相近、相似产品的类比,特别适合于新产品开发方面的预测。如可以根据消费者在口味和香型方面的需求,类比推断卷烟制品香型的发展趋势,开发水果香型的卷烟等。

9.2.2 地区类推法

地区类推法是依据其他地区(或国家)曾经发生过的事件来进行类推的市场预测方法。这种推算方法是把所要预测的产品与国内外同类产品的发展过程或变动相比较,找出某些相类似的变化规律,用来推测目标的未来变化趋向。

同一产品在不同地区或国家有领先或落后的发展状况,可以根据某一地区的市场状况类推另一地区的市场。如把预测对象与另一地区同类产品发展变化的过程或趋势相比较,找出相类似的变化规律,用来推测预测对象未来的发展趋势。

【例 9-1】 某市下辖 A1、A2、A3、A4 四个区,各区人口及去年卷烟销量见表 9-1,经过对 A1 区卷烟消费者的抽样调查,预测今年 A1 区的人均卷烟需求为 7.8 条/人。假设今年人口数不变,各区保持和去年同样的销售比率,请运用地区类推预测法,根据 A1 区情况预测各区今年的卷烟销售量(保留三位小数)。

表 9-1 某市去年四区卷烟销售量

区	A1	A2	A3	A4
实际销售量/万条	150	185	146	228
人口/万人	20	25	20	30

分析及计算过程如下:

(1) 确定预测目标。确定预测目标就是确定预测对象以及预测的目的和要求。这里的预测目标是根据 A1 区今年的卷烟需求(7.8 条/人),预测今年 A2、A3、A4 各区的卷烟销售量。

(2) 因为四个区同属一市,可以认为四个区的卷烟需求变化具有相同趋势。可采用地区类推法,将 A1 区今年卷烟需求(7.8 条/人)作为类推基准,预测 A2、A3、A4 区今年的卷烟需求,进而预测各区今年的卷烟销售量。

(3) 具体类推计算如下:

第一,计算去年各区人均卷烟需求。

$$A1 \text{ 区去年人均卷烟需求} = 150/20 = 7.5 (\text{条}/\text{人})$$
$$A2 \text{ 区去年人均卷烟需求} = 185/25 = 7.4 (\text{条}/\text{人})$$
$$A3 \text{ 区去年人均卷烟需求} = 146/20 = 7.3 (\text{条}/\text{人})$$
$$A4 \text{ 区去年人均卷烟需求} = 228/30 = 7.6 (\text{条}/\text{人})$$

不妨把 A1 区的去年人均卷烟需求视为 1,则其余各区相对于 A1 区的去年人均卷烟需求相对值为

$$A2 \text{ 区相对值} = 7.4/7.5 = 0.987$$
$$A3 \text{ 区相对值} = 7.3/7.5 = 0.973$$
$$A4 \text{ 区相对值} = 7.6/7.5 = 1.013$$

第二,类推计算今年各区人均卷烟需求。

已知 A1 区今年人均卷烟需求为 7.8 条/人,以此为类推基准,且其余各区相对值保持不变,则其余各区今年人均卷烟需求可类推得到:

A2 区今年人均卷烟需求＝7.8×0.987＝7.699（条/人）
A3 区今年人均卷烟需求＝7.8×0.973＝7.589（条/人）
A4 区今年人均卷烟需求＝7.8×1.013＝7.901（条/人）

第三,计算各区今年卷烟销售量预测值。

A1 区：20×7.8＝156.0（万条）
A2 区：25×7.699＝192.475（万条）
A3 区：20×7.589＝151.78（万条）
A4 区：30×7.901＝237.03（万条）

9.2.3 行业类推法

行业类推法是根据同一产品在不同行业使用时间的先后,利用该产品在先使用行业所呈现出来的特性,类推该产品在后使用行业的规律。许多产品的发展是从某一行业市场开始的,逐步向其他行业推广,如计算机最初是在科研和教育领域使用,然后才转向民用和家用的。这种对比类推往往用于新产品开发预测,以相近行业的相近产品的发展变化情况来类比某种新产品的发展方向和变化趋势。

9.2.4 局部总体类推法

局部总体类推法是以某一企业的普查资料或某一地区的抽样调查资料为基础,进行分析、预测和类推。在市场预测中,普查固然可以获得某一行业或整个市场的全面、系统的资料,但由于主客观条件的限制,如不可能进行全面普查,只有局部普查资料或抽样调查。因此,在许多情况下,运用局部普查资料或抽样调查资料,预测和类推全面或大范围的市场变化,就成为客观需求。

【小思考 9-2】

本节所介绍的对比类推法在实际使用时需要注意什么？

9.3 集合意见法

集合意见法是集合企业内部经营管理人员、业务人员等的意见,根据他们的经验和判断共同讨论市场趋势而进行市场预测的方法。由于经营管理人员、业务人员等比较熟悉市场需求及变化动向,他们的判断往往能反映市场的真实趋向。因此,集合意见法是进行短期市场预测的常用方法,适用内容有市场开发、市场容量、产品销售量、市场占有率预测。

集合意见法可以归纳为三种具体的组织形式：一是集合企业经营管理人员的意见；

二是集合企业内部业务人员的意见;三是集合企业外部业务人员的意见。

9.3.1 集合企业经营管理人员意见法

集合企业经营管理人员意见法就是集合经理、管理人员和业务人员三方面的预测方案,加以归纳、分析、判断,从而确定企业的预测方案。其具体步骤如下:

(1) 由经理根据经营管理的需要,向下属管理单位和业务人员提出预测项目和预测期限的要求。

(2) 下属单位和业务人员根据经理指示提出各自的预测方案。

(3) 将经理的、管理人员的和业务人员的预测方案进行综合分析、判断,定出企业的市场预测值。

这种预测形式充分调动了管理人员和业务人员预测的积极性,可以使企业上下结合,制定出反映客观实际的预测方案。它实际上是领导与群众相结合、质的分析与量的分析相结合的方法,比较适合我国商业企业的经营管理现状。

9.3.2 集合业务人员意见法

集合业务人员意见法是集合所属经营机构的业务人员、分支机构的业务主管人员、有业务关系的批零企业的业务主管人员以及联合企业的业务主管人员的预测意见而制定的企业预测方案。这种形式的预测过程与集合企业经营管理人员意见法基本相同,但有其自身的优点:

(1) 业务人员经常接近购买者,对购买者的意向有着比较全面、深刻的了解,比其他人员有着更为丰富的知识和敏锐的洞察力,尤其是对受技术发展变化影响较大的产品。

(2) 集合业务人员意见法不仅包括企业内部业务人员的预测意见,还包括企业外部有关业务人员的预测意见。

(3) 该方法所涉及的业务人员都具有一定的专业知识和业务经验,对市场情况比较熟悉,他们的预测意见在企业短、近期预测中较为接近市场需求的客观实际。

(4) 这些业务人员都直接从事业务活动,都在承担实现预测方案的责任,因此使预测方案的实施有着广泛的群众基础。

(5) 通过该方法,也可以获得按产品、区域、顾客或业务人员划分的各种业务预测。

但是,也正是由于提供预测意见者是位于业务第一线,直接从事业务活动,并负有实现预测方案责任的业务人员,因而提出的预测值往往偏低,并且容易受最近业务成败的影响。另外,他们一般不是从事市场研究的专职人员,容易忽视宏观经济因素对市场的影响,并且业务人员也可能对这种预测没有足够的知识、能力和兴趣。因此,在运用集合业务人员意见法时,不应当仅对预测数值进行简单综合,必须在可能的范围内对影响市场需求的各种因素进行分析、判断，对综合的预测方案进行反复调整，以确定符合市场实际的预测值。

9.3.3　业务人员意见综合法

业务人员意见综合法是提供预测方案的人员仅限于企业内部的业务人员，如批发企业的采购人员和供应人员、零售企业的进货员和销售员等。这种方法与集合企业经营管理人员意见法和集合业务人员意见法基本相同，也具有上述两种方法的某些特点。但由于这种方法仅反映了企业内部业务人员的预测意见，因而具有一定的局限性。这种方法可以用于企业短期预测，不宜用于近期预测和中期预测。

9.4　德尔菲法

德尔菲法是采用背对背的通信方式征询专家小组成员的预测意见，经过几轮征询，使专家小组的预测意见趋于集中，最后作出符合市场未来发展趋势的预测结论。德尔菲法又名专家意见法，是一种依据系统的程序，采用匿名发表意见的方式，即团队成员之间不得互相讨论，不发生横向联系，只能与调查人员发生关系，反复地填写问卷，以集结问卷填写人的共识及收集各方意见，可用来构造团队沟通流程，应对复杂任务难题。

9.4.1　德尔菲法的基本概念

德尔菲法(Delphi method)是在20世纪40年代由赫尔姆和达尔克首创，经过戈尔登和兰德公司进一步发展而成的。德尔菲这一名称起源于古希腊有关太阳神阿波罗的神话，传说中阿波罗具有预见未来的能力。因此，这种预测方法被命名为德尔菲法。1946年，兰德公司首次用这种方法来进行预测，后来该方法被迅速、广泛采用。

德尔菲法依据系统的程序，采用匿名发表意见的方式，即专家之间不得互相讨论，不发生横向联系，只能与调查人员发生关系，通过多轮次调查专家对问卷所提问题的看法，经过反复征询、归纳、修改，最后汇总成专家基本一致的看法，作为预测的结果。这种方法具有广泛的代表性，较为可靠。

德尔菲法的典型特征是：

(1) 吸收专家参与预测，充分利用专家的经验和学识；

(2) 采用匿名或背靠背的方式，能使每一位专家独立自由地作出自己的判断；

(3) 预测过程几轮反馈，使专家的意见逐渐趋同。

德尔菲法在实施过程中达到了资源利用的充分性。由于吸收不同的专家参与预测，充分利用了专家的经验和学识，从而使最终结论具有可靠性。由于采用匿名或背靠背的方式，每一位专家能够独立地作出自己的判断，不会受到其他繁杂因素的影响，从而使最终结论具有统一性。预测过程必须经过几轮的反馈,使专家的意见逐渐趋同。

正是由于德尔菲法具有以上这些特点,它在诸多判断预测或决策手段中脱颖而出。这种方法的优点主要是简便易行,具有一定科学性和实用性,可以避免会议讨论时产生的害怕权威、随声附和,或固执己见,或因顾虑情面而不愿与他人意见冲突等弊病;同时也可以使大家发表的意见较快收敛。

9.4.2 德尔菲法的运用

1. 德尔菲法的预测步骤

(1) 组成专家小组。按照课题所需要的知识范围确定专家。专家人数的多少,可根据预测课题的大小和涉及面的宽窄而定,一般不超过20人。

(2) 向所有专家提出所要预测的问题及有关要求,附上有关这个问题的所有背景材料,并请专家提出还需要什么材料。然后,由专家作书面答复。

(3) 各个专家根据他们所收到的材料,提出自己的预测意见,并说明自己是怎样利用这些材料并提出预测值的。

(4) 将各位专家第一次判断意见汇总,列成图表、进行对比,再分发给各位专家,让专家比较自己同他人的不同意见,修改自己的意见和判断。也可以把各位专家的意见加以整理,或请身份更高的其他专家加以评论,然后把这些意见再分送给各位专家,以便他们参考后修改自己的意见。

(5) 将所有专家的修改意见收集起来,汇总,再次分发给各位专家,以便作第二次修改。逐轮收集意见并为专家反馈信息是德尔菲法的主要环节。收集意见和信息反馈一般要经过三四轮。在向专家进行反馈的时候,只给出各种意见,并不说明发表各种意见的专家的具体姓名。这一过程重复进行,直到每一个专家不再改变自己的意见为止。

(6) 对专家的意见进行综合处理,通常多用中位数法处理。中位数是指将各专家对预测目标的预测数值按大小顺序进行排列,选择居于中间位置的那个数表示数据集中的一种特征数。当整个数列的数目为奇数时,中位数只有一个;当整个数列的数目为偶数时,中位数则应为数列中间位置两个数的算术平均值。

这里需要注意两点:

(1) 并不是所有被预测的事件都要经过四步。可能有的事件在第二步就达到统一,而不必在第三步中出现。

(2) 在第四步结束后,专家对各事件的预测也不一定都达成一致。不一致也可以用中位数和上下四分点来作结论。事实上,总会有许多事件的预测结果是不一致的。

2. 注意事项

(1) 由于专家组成员之间存在身份和地位上的差别以及其他社会原因,有可能使其中一些人因不愿批评或否定其他人的观点而放弃自己的合理主张。要防止这类问题的出现,必须避免专家们面对面地集体讨论,而是由专家单独提出意见。

(2) 对专家的挑选应基于其对企业内外部情况的了解程度。专家可以是第一线的管理人员,也可以是企业高层管理人员和外请专家。

(3) 为专家提供充分的信息,使其有足够的根据作出判断。例如,为专家提供所收集的有关企业人员安排及经营趋势的历史资料和统计分析结果等。

(4) 所提问的问题应是专家能够回答的问题。

(5) 允许专家粗略地估计数字,不要求精确。但可以要求专家说明预计数字的准确程度。

(6) 尽可能将过程简化,不问与预测无关的问题。

(7) 保证所有专家能够从同一角度去理解员工分类和其他有关定义。

(8) 向专家讲明预测对企业和下属单位的意义,以争取他们对德尔菲法的支持。

【小思考 9-3】

德尔菲法与专家会议法是什么关系?

9.4.3 德尔菲法的优缺点

1. 德尔菲法的优点

(1) 匿名性。即每次专家的分析判断是在背靠背的情况下进行,这样被征询的专家不会出现迷信权威或因慑于权威而不敢发言的现象,也不需要顾全自己的面子而坚持己见,从而把影响每个人畅所欲言的引力系数降到最低程度,创造一种平等、自由的气氛,鼓励专家思考,充分发表意见。

(2) 反馈性。即预测结果是在经过几轮征询,专家不断修正其预测意见的基础上得出的。

(3) 统计性。即在几轮的征询过程中,每次专家意见都经过统计归纳处理,专家意见逐渐趋向一致,预测值趋于收敛。

2. 德尔菲法的缺点

(1) 预测过程主要是凭借专家的主观判断,缺乏一定的客观标准,轮番征询时间较长。这种方法多用于缺乏数据资料的长期预测。

(2) 责任较为分散,估计值权数相同。

(3) 一般仅适用于总额的预测,而用于区域、顾客群、产品大类等的预测时,可靠性较差。

为了克服以上局限性,可以采取以下一些措施:

(1) 向专家说明德尔菲法的原理,使他们对该方法的特点有较清楚的了解。

(2) 尽可能详尽地提供与调查项目相关的背景资料。

（3）请专家将自己的判断结果分成最高值、一般值、最低值等不同类别，并分别估计其概率，以保证整个判断的可靠性，减少轮番征询的次数。

【小资料 9-1】

9.5 其他定性预测法

9.5.1 购买意见预测法

购买意见预测法是指通过一定的调查方法（如抽样调查、典型调查等）选择一部分或全部潜在购买者，直接向他们了解预测期购买商品的意向，并在此基础上对商品需求或销售作出估计的方法。

在缺乏历史统计数据的情况下，运用这种方法，可以取得数据，作出推断。因而，这种方法在市场调查预测中得到广泛应用。特别是对高档耐用消费品比较适应，能使供应商向市场提供适销对路的产品。但该预测方法的缺点是只能预测一些具有共同特征的产品，而对某种具体品牌的产品缺乏指导意义。

9.5.2 预购测算法

预购测算法是根据顾客预购订单和预购合同，来推测估计产品的需求量。这种方法主要运用于一些生产企业和批发企业的微观预测。对生产企业来说，适宜用这种方法测算新产品、特需商品以及价格高的商品需求量，这样可以避免由于产品资金的积压而给企业带来损失。对商业企业而言，特别是商业批发型企业，常用该方法来测算估计销售额，用该法可以避免在数量和品种上造成适销不对路。

预购测算法是一种比较简单有效的方法，在使用过程中应该注意两点：一是要考虑订货单和购货合同的履约率。因为订货单和购货合同并不等于商品已售出。由于市场的宏观环境和微观环境无时不在变化，变更订货单和合同的情况是客观存在的，预测人员可根据多年合同的执行情况，估计一个履约率。二是要考虑订单和合同的追加率。出于对合同履约率产生原因的同样考虑常常会发生签约后临时追加订货的情况，因此，预测人员在采用预购测算法预测需求时，应根据合同订单的履约率和追加率，对各订货数进行修正、调整。

9.5.3 消费水平预测法

消费水平预测法是专门用于预测各类消费品需求量的方法。这种方法主要是利用对消费水平和消费总人数(或户数)的直观分析判断,并辅以简单的数学推算来预测消费品的需求量。消费品需求量预测是市场预测的重要内容,它能给生产企业提供需求量信息,便于安排生产,便于经营企业组织进货,及时满足消费者对商品的需求,这对提高企业经营管理水平、节省费用具有重要的作用。

根据消费品的消费特点不同,一般可分为非耐用消费品、一般耐用消费品和高档耐用消费品。相应地,消费水平预测法就有以下三种形式。

1. 非耐用消费品需求量预测

非耐用消费品主要是指那些被消费使用后,商品实体随之消失,或虽然实体尚在,但其价值较低,使用期较短的商品。例如,日常饮食品:粮食、蔬菜、肉食品、水产品、禽、蛋、烟、酒、茶叶、食糖、糖果等;日常生活用品:肥皂、手巾、洗衣粉、牙膏、牙刷、火柴、茶杯等;穿着方面:棉布、服装、床单、袜子等。

非耐用消费品需求量预测就是把一定时期内消费的人口数(或户数)与消费水平相乘,求得预测值。

计算公式如下:

$$S = Q \cdot G$$

式中,S 表示预测期内需求量;Q 表示人数(户数);G 表示每人(户)单位时间内(如月、季、年)的消费量,即消费水平。

采用消费水平预测法进行需求量预测,关键在于正确估算消费水平。

消费水平一般由以下方法确定:

(1) 在分析历年的消费水平的基础上估计预测期的消费水平。如历年消费水平变化平缓,可取历年消费水平的平均值作为预测期的消费水平;若历年消费水平呈上升(或下降)趋势,可在预测前期的消费水平上增加一个历年消费水平的平均增长率(或递减率)作为预测期的消费水平。

(2) 利用相关因素分析法估计预测期的消费水平,即在预测前期的消费水平的基础上,分析各种影响消费水平变化的因素,并进一步分析哪些因素促使预测期消费水平提高,哪些因素促使预测期消费水平下降,最后对消费水平发展变化趋势作出推断。

(3) 利用调查资料得到,如可直接利用某些消费者购买调查估算平均消费水平,也可利用我国各级城乡经济调查队的有关调查资料,掌握不同收入水平的家庭对某种消费品的人均(户均)需求量数据,从而推算出预测期的消费水平。

2. 一般耐用消费品需求量预测

一般耐用消费品的特征是使用时间较长(一般为几年),几乎家家户户不可缺少,如暖水壶、脸盆、铁锅、钢精锅、高压锅、饭盒、布伞、背包、手提包、灯管、门锁、打气筒等。一般耐用消费品大都属于低价值商品,消费量大。对这类商品的需求主要来源于对原有消费品的更新,即更新量。故这类消费品的需求不仅与原拥有量有关,还与商品的年更新率,即年更新系数有关,年更新系数大,相对需求量大;反之,相对需求量就小。

此类消费品的需求量预测有以下公式:

$$S = Q \cdot G \cdot i$$

式中,S 表示预测期内的需求量(即预测值);Q 表示人数(或户数);G 表示消费水平;i 表示年更新系数。

年更新系数是指现有保有量中每年废弃部分需要更新补充的比例系数,通常以百分率表示。耐用消费品被废弃有两种情况:一是完全失去使用价值,不能修理使用,只能废弃;二是商品本身具有一定的使用价值,但因花色、款式等陈旧而废弃不再使用。前者的年更新系数,可根据耐用消费品的平均使用年限估计,如热水瓶,使用年限为 4 年,年更新系数为 1/4,即 25%。这种更新称为失效更新。后一种更新称为淘汰更新(因花色、款式太陈旧而遭淘汰),这一更新系数可以通过抽样调查获得。

若两种更新情况同时存在,可以一并通过抽样调查获得总的年更新系数。若两者的年更新系数都已分别得到,总的更新系数可直接把两者相加得到。

3. 高档耐用消费品需求量预测

高档耐用消费品的特征是价格较高,使用年限较长,并且较能适应时代的需要,如彩色电视机、空调机、音响设备、高级家具等。由于这类商品价格高,一般情况下未达到饱和状态,故这类商品的需求量中包含两部分:一部分是更新量,这与一般耐用消费品是相类似的;另一部分是新增量,即某些家庭原来没有的,后需要新购部分,这部分与预测耐用消费品的新增普及速度有关。

对高档耐用消费品需求量预测比较复杂,它涉及饱和普及率、社会拥有量、年更新系数等多方面因素。其计算公式如下:

$$S = G \cdot (a_1 - a_2) \cdot i_1 + G \cdot a_2 \cdot i_2$$

式中,S 表示需求量预测值;G 表示户数或人数;a_1 表示将来要达到的饱和普及率;a_2 表示已达到普及率;i_1 表示预测期购买系数;i_2 表示更新系数。

上式中,$G \cdot a_2 \cdot i_2$ 表示高档耐用消费品因每年更新而新增加的需求量,其含义和计算与一般耐用消费品相似。上式中 $G \cdot (a_1 - a_2) \cdot i_1$ 表示高档耐用消费品每年新增加的需求量,即原先没有高档耐用消费品的居民现在要购买的数量。

普及率可通过以下途径进行估算:

(1) 对于已达到的普及率 a_2,可以通过对居民抽样调查来获得。如抽样调查 100 户居民有音响设备 25 套,则居民音响设备普及率为 25%。

(2) 对 $(a_1-a_2) \cdot i_1$（每年新增的普及率）的估算，一般采用德尔菲法（或其他经验判断法），预测出饱和普及率与达到饱和普及率的时间，再以饱和普及率与现有普及率之差 (a_1-a_2) 乘以预测期的购买系数 i_n，得到预测期新增普及率。

本章小结

(1) 定性预测是指预测者根据已经掌握的部分历史资料和直观资料，运用个人的经验和主观判断能力对事物的未来发展作出性质和程度上的预测。

(2) 对比类推法是指由预测人员把预测的经济现象或经济指标同其他相类似的现象或指标加以对比分析来推断未来发展变化趋势的一种方法。

(3) 对比类推法根据类推的目标，可以分为产品类推法、地区类推法、行业类推法和局部总体类推法等。

(4) 集合意见法是集合企业内部经营管理人员、业务人员等的意见，根据他们的经验和判断共同讨论市场趋势而进行市场预测的方法。

(5) 集合意见法可以归纳为三种具体的组织形式：一是集合企业经营管理人员的意见；二是集合企业内部业务人员的意见；三是集合企业外部业务人员的意见。

(6) 德尔菲法是采用背对背的通信方式征询专家小组成员的预测意见，经过几轮征询，使专家小组的预测意见趋于集中，最后作出符合市场未来发展趋势的预测。

(7) 除了对比类推法、集合意见法和德尔菲法外，常常使用的还有其他定性预测法，即购买意见预测法、预购测算法和消费水平预测法。

复习思考题

(1) 定性预测方法的优缺点是什么？
(2) 三种集合意见法有何异同？
(3) 简述德尔菲法的预测过程。在预测过程中需要注意什么？
(4) 如何正确估算消费水平？

课堂实训

实训主题：地区类推法。
实训目的：通过实训，使学生理解并掌握运用对比类推法进行市场预测的原理。
时间：5分钟。
组织：由教师出题，学生课堂练习，最后讲解，对于预测正确的同学给予好评。

课外实训

任务：演习德尔菲法。

目的：掌握德尔菲法预测的过程。

要求：12～20人为一小组，小组推选出一名同学作为组织者，选择熟悉的产品模拟德尔菲法进行市场预测。

考核点：掌握德尔菲法预测过程，以及预测过程中需要注意的事项。

案例分析

管理寓言故事：占卜者

管理寓言：占卜者坐在市场里收钱算卦，忽然有人赶来告诉他，他家的门被撬，家里的所有东西都被偷走了。占卜者大吃一惊，气得跳了起来，唉声叹气地赶回家中，查看所发生的事。一位旁观者见此便说："喂，朋友，你不是宣称能预知别人的祸福吗，怎么连自己的事情都没预测到呢？"

寓意：这故事适用于那些连自己的事都预料不到，却扬言可以预测未来的人。

管理点评：预测事务的发展方向与趋势，然后作出合理、科学的决策，这是每一个领导者必修课程。长寿企业想要成为"百年老店"，必须高瞻远瞩、远见卓识地预见企业的前进方向与产品的发展方向，在别人没有意识到或者还没有行动之前，采取措施，提前进入"下一个单元"，抢先一步获得市场技术垄断地位，获得第一位的市场份额，让模仿者与复制者，还有后进者占据不了有利的市场地位。纵观现在一流的企业，往往都是那些敢于"吃第一只螃蟹者"。例如，现在的阿里巴巴公司的淘宝、天猫网购平台，腾讯公司的QQ与微信产品，百度的搜索引擎等，都是比其他公司抢先一步，抢占先机，让其他后进者难以超越。抢先一步与抢占先机都是建立在预测未来的基础的，是准确的判断力、决策力与预知未来能力的有效结合。想要预测准确，就必须建立在科学的预测技术之上。

科学的决策是由科学的预测技术来实现的。现今的预测技术有如下几种：

第一种是经验判断预测法。这种方法是依靠领导者的个人智慧、经验与逻辑思维能力，通过揭示事物发展的客观未来，以预测未来。经验判断预测法又分为个人经验判断预测法与集体经验判断预测法。

第二种是专家会议法。这是把有相关知识的专家学者集中起来，通过会议的方式，对事物进行预测。

第三种是德尔菲法。这是通过函询调查，把若干专家对某一问题的预测意见集中起来，经过综合整理后，将归纳出的几种结果在不公布姓名的条件下返回给专家，再征求意见，再综合，通过反复多次，从而使意见趋于合理。

第四种是 LCCT 集体决策技术。LCCT 集体决策技术具体的操作步骤是：

（1）安排 7 到 11 位高管参加会议，主持人是总裁，记录员 2 人。

（2）由主持人提出要解决的问题，然后记录员给参会者每人发一张纸或者卡片、笔。

（3）参会者每人秘密填写三条解决方案。主持人不参与填写方案。

（4）由记录员收集所有填写方案者的纸或卡片，然后在黑板或者投影仪列出不同的解决方案，相同内容的解决方案合并为一条。

（5）所有解决方案排列完毕后，由参会者给每条解决方案打 1 至 10 分的分值。

（6）统计每条解决方案所得分数，最高分的解决方案为所有人都认可的方案，可视为最佳方案。

（7）相同分数的解决方案列为前三名的，可以针对这条方案重新打分。

（8）如果对最佳方案还有疑惑的，可以取分数前三名的解决方案，按各要素设权重，进行评分，计算加权分数，加权分数最高的为最佳决策方案。

（9）此决策会议时间限定在两个小时内。

（10）此决策会议不需要进行讨论与争论，由参会者安静地思考。

（11）会议地点设在安静的会场，所有手机一律关机，所有有声响或者会影响会场的东西统一交给记录员，由记录员保管。

（12）决策方案的落实，要安排执行人、执行时间、执行人所承担的责任。执行工作完毕后，要对决策结果进行评估，总结经验，提出执行结果改善措施。

（13）对执行人与执行效果进行考核，并且给予奖惩。

第五种是推演法。这是设立某个演算模型，然后向模型内输入各种情境因素与现实数据，通过演算得出相关推演结果，这个推演结果就是预测结果。

第六种是时间序列法。这是根据历史和现有资料，从中分析出发展趋势，并且假定这种趋势会同样延续到将来某个时候，然后按时间顺序进行推算得出预测结果。

第七种是模拟实验预测法。通过做实验，模拟实际事物的发展过程，从中得出第一手实验数据，通过对这些实验数据的分析，预测同类事物在相同条件下的发展趋势和状态。

资料来源：中国营销传播网 作者：李文武 2017-01-12

问题：

1. 案例中 7 种预测技术哪些是定性预测？说明理由。

2. 如果对下年度服装流行趋势进行预测，应该采用哪种预测方法？

第10章 时间序列预测法和回归分析预测法

学习要点

知识点

1. 了解时间序列法的预测步骤;
2. 了解时间序列法和回归分析法的分类;
3. 熟悉一元线性回归分析和多元线性回归分析的原理;
4. 掌握平均预测法、指数平滑预测法的预测过程。

技能点

1. 平均预测法;
2. 指数平滑预测法。

导入案例

神经网络与时间序列混合预测需求

人工神经网络是人工智能学科中的一个分支。近年来,国际上掀起了一股人工神经网络研究的热潮,人工神经网络独特的结构和处理信息的方法,使它在许多实际应用中取得了显著的成效,解决了不少传统计算方法难以解决的问题。当前神经网络的主要应用领域有:模式识别、故障检测、智能机器人、自适应控制、市场分析、决策优化、物资调运、智能接口、知识处理和认知科学等。

时间序列预测方法的基本思想是:预测一个现象的未来变化时,用该现象的过去行为来预测未来,即通过时间序列的历史数据揭示现象随时间变化的规律,将这种规律延伸到未来,从而对该现象的未来做出预测。现实中的时间序列的变化受许多因素的影响,有些起着长期的、决定性的作用,使时间序列的变化呈现出某种趋势和一定的规律性;有些则起着短期的、非决定性的作用,使时间序列的变化呈现出某种不规则性。

协同供应链上的某品牌日用品的供应商,通过信息共享平台,从多个大型超市获得一周该日用品的总需求量,以周为单位进行神经网络和时间序列的预测,以前十二周的周销售数据为样本,预测未来一周的需求量。用历史数据训练 2 000 次的神经网络,预测效果精准,在此基础上利用时间序列方法中的整合自回归移动平均模型,由预测结果来看,神经网络和时间序列混合的预测方法,供应链上日用品供应商和零售商的协同需求预测结果比较满意,预测模型的预测能力大为优化,预测的各项指标均好于一般的神经网络。一般的神经网络对初始权值的筛选以及训练样本数据的个数比较敏感,很小的变化就可以影响预测的效果。但是运用遗传算法对神经网络进行优化后,随着时间的推移,初始训练数据对于将要预测的样本点的影响越来越小,说明提高了神经网络的鲁棒性。

资料来源:计算机应用研究 第 10 期 作者:杨雪洁、赵姝、张燕平 2008-10

10.1 时间序列预测法

时间序列是变量依相等时间间隔的顺序而形成的一系列统计数据值。大量社会经济统计指标都依年、季、月或日统计其指标值,随着时间的推移,形成了统计指标的时间序列。因此,时间序列是某一统计指标长期变动的数量表现。时间序列预测是定量预测方法的一种。

10.1.1 时间序列预测法概述

1. 时间序列预测法的概念

时间序列也叫时间数列、历史复数或动态数列,是将某种统计指标的数值按时间先后顺序排列所形成的数列。时间序列预测法就是通过编制和分析时间序列,根据时间序列所反映出来的发展过程、方向和趋势,进行类推或延伸,借以预测下一段时间或以后若干年内可能达到的水平。其内容包括:收集与整理某种社会现象的历史资料;对这些资料进行检查鉴别,排成数列;分析时间数列,从中寻找该社会现象随时间变化而变化的规律,得出一定的模式;以此模式预测该社会现象将来的情况。

2. 时间序列预测法的步骤

(1) 收集历史资料,加以整理,编成时间序列,并根据时间序列绘成统计图。时间序列分析通常是把各种可能发生作用的因素进行分类,传统的分类方法是按各种因素的特点或影响效果分为四大类:①长期趋势;②季节变动;③循环变动;④不规则变动。

(2) 分析时间序列。时间序列中每一时期的数值都是由许许多多不同的因素同时发生作用后的综合结果。

(3) 求时间序列的长期趋势变动(T)、季节变动(S)和不规则变动(I)的值,并选定近似的数学模式来代表它们。对于数学模式中的诸未知参数,使用合适的技术方法求出其值。

① 长期趋势变动（T）。长期趋势是时间序列的主要构成要素，是指现象在较长时期内持续发展变化的一种趋向或状态。它表示时间序列中数据不是意外的冲击因素所引起的，而是随着时间的推移逐渐发生变动。它描述了一定时期内经济关系或市场活动中持续的潜在稳定性，即它反映观察目标（预测目标）所存在的基本增长趋向、基本下降趋向或平稳发展趋向的模式。

② 季节变动（S）。季节变动一般是指市场现象由于受自然因素和生产、生活条件的影响，在一年内随着季节的变换而引起的比较有规律的变动。季节变动中的"季节"一词是广义的，它不仅指一年中的四季，还指任何一种周期性的变化。

③ 不规则变动（I）。不规则变动是指时间序列数据在短期内由于偶然因素而引起的无规律的变动，如战争、自然灾害等偶然因素所导致的不规则变动。对于这些因素的影响，预测者虽然可以辨别，但对其发生的时间和影响量却难以确定。当对时间序列进行分析，采取某种方法预测时，往往是剔除偶然因素的影响来观察现象的各种规律性变动。

（4）利用时间序列资料求出长期趋势、季节变动和不规则变动的数学模型后，就可以利用它来预测未来的长期趋势值（T）和季节变动值（S），在可能的情况下预测不规则变动值（I）。然后用以下模式计算出未来的时间序列的预测值（Y）：

$$加法模式\ T+S+I=Y$$
$$乘法模式\ T \cdot S \cdot I=Y$$

如果不规则变动的预测值难以求得，就只求长期趋势和季节变动的预测值，以两者相乘之积或相加之和为时间序列的预测值。如果经济现象本身没有季节变动或不需预测分季分月的资料，则长期趋势的预测值就是时间序列的预测值，即 $T=Y$。但要注意这个预测值只反映现象未来的发展趋势，即使很准确的趋势线在按时间顺序的观察方面所起的作用，本质上也只是一个平均数的作用，实际值将围绕着它上下波动。

3. 时间序列预测法的基本特征

1) 时间序列分析法

时间序列分析法是根据过去的变化趋势预测未来的发展，它的前提是假定事物的过去延续到未来。

时间序列分析正是根据客观事物发展的连续规律性，运用过去的历史数据，通过统计分析，进一步推测未来的发展趋势。事物的过去会延续到未来这个假设前提包含两层含义：一是不会发生突然的跳跃变化，是以相对小的步伐前进；二是过去和当前的现象可能表明现在和将来活动的发展变化趋向。这就决定了在一般情况下，时间序列分析法对于短、近期预测比较显著，但如延伸到更远的将来，就会出现很大的局限性，导致预测值偏离实际较大而使决策失误。

2) 时间序列数据变动存在着规律性与不规律性

时间序列中的每个观察值的大小，是影响变化的各种不同因素在同一时刻发生作用的综合结果。从这些影响因素发生作用的大小和方向变化的时间特性来看,这些因素造成的时间序列数据的变动分为四种类型。

(1) 趋势性:某个变量随着时间进展或自变量变化,呈现一种比较缓慢而长期的持续上升、下降、停留的同性质变动趋向,但变动幅度可能不相等。

(2) 周期性:某因素由于外部影响随着自然季节的交替出现高峰与低谷的规律。

(3) 随机性:个别为随机变动,整体呈统计规律。

(4) 综合性:实际变化情况是几种变动的叠加或组合。预测时设法过滤除去不规则变动,突出反映趋势性和周期性的变动。

时间序列预测法根据对资料分析方法的不同,又可分为平均预测法、指数平滑法、趋势延伸法和季节指数预测法等。

10.1.2 平均预测法

平均预测法属于平稳时间序列的预测方法,可以分为简单平均法和移动平均法。

1. 简单平均法

简单平均法是以一定时期内观察值的算术平均值作为下期预测值的预测方法。这种方法适用于趋势平稳的时间序列的短期预测,其计算公式为

$$\bar{x} = \frac{1}{n} \sum_{t=1}^{n} x_t$$

式中,$\bar{x}$ 表示简单平均数(即预测值);n 表示观察期内观察值的个数;x_t 表示各期的实际观察值。

【例 10-1】 某超市 2020 年 1—6 月牙膏的销售量分别是 3 千盒、4.5 千盒、2.8 千盒、3.2 千盒、5 千盒、5.5 千盒。利用简单平均法预测 2020 年 7 月该超市牙膏的销售量。

根据前六个月的销售量预测,则

$$\bar{x} = \frac{1}{n} \sum_{t=1}^{n} x_t = \frac{3+4.5+2.8+3.2+5+5.5}{6} = 4(千盒)$$

简单平均法计算简便,但是它将预测对象的波动平均化了,因而不能反映预测对象的变化趋势,所以该方法只适用于相对平稳的企业波动不大的预测对象。

2. 移动平均法

移动平均法是用一组最近的实际数据值来预测未来一期或几期内公司产品的需求量、公司产能等的一种常用方法。移动平均法适用于即期预测。当产品需求既不快速增长,又不快速下降,且不存在季节性因素时,移动平均法能有效地消除预测中的随机波动,修匀时间序列。另外,它是利用前 T 期的平均值作为下一期预测值的方法,其数据存储量较少。

移动平均法根据预测时使用的各元素的权重不同,可以分为简单移动平均法和加权移动平均法。

1)简单移动平均法

简单移动平均法也称一次移动平均法,是指由连续移动形成的各组数据,用算术平均法计算各组数据的移动平均值,并将其作为下一期的预测值。计算公式为

$$\hat{x}_{t+1} = M_t^{(1)} = \frac{x_t + x_{t-1} + \cdots + x_{t-n+1}}{n}$$

式中,$\hat{x}_{t+1}$ 表示第 $t+1$ 期的预测值;$M_t^{(1)}$ 表示第 t 期的简单移动平均值;x_t 表示第 t 期的观察值;n 表示数据的个数,即移动平均的期数。

【例 10-2】 表 10-1 是某物流配送公司 6 个月的配送记录,试用简单移动平均法预测该公司的配送情况。

表 10-1 某物流配送公司各月配送记录

月份	配送量	$n=2$	$n=3$
1	26	—	—
2	29	—	—
3	32	(26+29)/2=27.5	—
4	35	(29+32)/2=30.5	(26+29+32)/3=29
5	38	(32+35)/2=33.5	(29+32+35)/3=32
6	41	(35+38)/2=36.5	(32+35+38)/3=35
7		(38+41)/2=39.5	(35+38+41)/3=38

计算简单移动平均值见表 10-2。

表 10-2 某物流配送公司各月配送记录

月份	配送量	$x_{n+1}(n=3)$	月份	配送量	$x_{n+1}(n=3)$
1	26	—	5	38	33.8
2	29	—	6	41	36.8
3	32	—	7		39.8
4	35	30.8			

2)加权移动平均法

加权移动平均法就是根据同一个移动段内不同时间的数据对预测值的影响程度,分别给予不同的权数,并将其加权计算出移动平均值,以移动平均值为基础进行预测的方法。

加权移动平均法不像简单移动平均法那样,在计算平均值时对移动期内的数据同等

看待,而是根据越是近期数据对预测值影响越大这一特点,不同地对待移动期内的各个数据。对近期数据给予较大的权数,对较远的数据给予较小的权数,以此来弥补简单移动平均法的不足。

加权移动平均法的公式为

$$x_{n+1} = \frac{w_t x_t + w_{t-1} x_{t-1} + \cdots + w_{t-n+1} x_{t-n+1}}{\sum_{i=t-n+1}^{t} w_i}$$

式中,x_{n+1} 表示加权移动平均预测值;x_t 表示时间序列中第 t 期的观察值;w_t 表示移动平均的权数;n 表示跨越期。

【例 10-3】 现仍引用简单移动平均中所举的例子(见例 10-2),令 $n=3$,权数由远到近分别为 0.1、0.2、0.7,计算结果见表 10-2。

$$x_4 = \frac{w_3 x_3 + w_2 x_2 + w_1 x_1}{w_3 + w_2 + w_1} = \frac{0.7 \times 32 + 0.2 \times 29 + 0.1 \times 26}{0.7 + 0.2 + 0.1} = 30.8$$

$$\vdots$$

$$x_7 = \frac{w_3 x_6 + w_2 x_5 + w_1 x_4}{w_3 + w_2 + w_1} = \frac{0.7 \times 41 + 0.2 \times 38 + 0.1 \times 35}{0.7 + 0.2 + 0.1} = 39.8$$

将计算结果与例 10-2 对比可见,其误差小于简单移动平均法的计算结果,说明对于这个问题,用加权移动平均法预测更接近实际。

另外,用加权移动平均法求预测值,对近期的趋势反应较敏感,但如果一组数据有明显的季节性影响时,用加权移动平均法所得到的预测值可能会出现偏差。因此,有明显的季节性变化因素存在时,最好不要加权。

10.1.3 指数平滑法

指数平滑法(exponential smoothing,ES)是布朗(Robert G.Brown)提出的。他认为,时间序列的态势具有稳定性或规则性,所以时间序列可被合理地顺势推延;他认为最近的过去态势,在某种程度上会持续到未来,所以将较大的权数放在最近的资料。

指数平滑法是生产预测中常用的一种方法,也用于中短期经济发展趋势预测。在所有预测方法中,指数平滑法是用得最多的一种。简单的全期平均法是对时间数列的过去数据一个不漏地全部加以同等利用;移动平均法则不考虑较远期的数据,并在加权移动平均法中给予近期资料更大的权重;而指数平滑法则兼容了全期平均法和移动平均法所长,不舍弃过去的数据,而是仅给予逐渐减弱的影响程度,即随着数据的远离,赋予逐渐收敛为零的权数。

也就是说,指数平滑法是在移动平均法的基础上发展起来的一种时间序列分析预测法,它通过计算指数平滑值,配合一定的时间序列预测模型,对现象的未来进行预测。其原理是任一期的指数平滑值都是本期实际观察值与前一期指数平滑值的加权平均。

指数平滑法在实际应用中可分为一次指数平滑法和多次指数平滑法。在此介绍一次指数平滑法和二次指数平滑法。

1. 一次指数平滑法

一次指数平滑法是指计算时间序列的一次指数平滑值,以当前观察期的一次指数平滑值为基础,确定下期的预测值。当时间数列无明显的趋势变化时,可用一次指数平滑预测。

一次指数平滑法中平滑值的计算公式为

$$S_{t+1}^{(1)} = S_t^{(1)} + \alpha(x_t - S_t^{(1)})$$

式中,$S_{t+1}^{(1)}$ 表示第 $t+1$ 期时间序列的预测值;$S_t^{(1)}$ 表示第 t 期的一次指数平滑值;x_t 表示第 t 期的实际观察值;α 表示平滑常数($0 \leq \alpha \leq 1$)。

一次指数平滑法公式的实际意义是,被研究市场现象某一期的预测值等于它前一期的一次指数平滑值加上以平滑系数调整后的市场现象前一期的实际观察值与一次平滑值的离差。

在实际应用中,为了简化计算过程,常常将一次指数平滑值计算公式变形为一次指数平滑的预测模型。其公式为

$$\hat{x}_{t+1} = S_{t+1}^{(1)} = \alpha x_t + (1-\alpha)S_t^{(1)}$$

一次指数平滑预测模型的实际意义是,某期市场现象预测值即这一期的一次指数平滑值,等于以权数 α 调整的前一期市场现象实际观察值加上以剩余权数 $(1-\alpha)$ 调整的前一期市场现象的一次平滑值。

1) 平滑系数 α 的确定

从预测模型中可以看出,当 $\alpha=0$ 时,下期预测值等于本期预测值;当 $\alpha=1$ 时,下期预测值等于本期实际观察值;当 $0<\alpha<1$ 时,下期预测值等于本期观察值乘以平滑系数,加上本期预测值乘以 $(1-\alpha)$ 的和。在运用一次指数平滑法进行预测时,α 的确定非常重要。α 的值越小,说明第 t 期的实际值对新预测值的贡献越小,以往的历史数据的作用就越大;α 的值越大,反映预测值对近期数据的重视程度越高。在实际预测过程中,平滑系数 α 的取值应根据时间序列的特点和经验来考虑,可取多个不同的 α 值进行预测,比较它们的平均误差,然后选择误差最小的 α。

2) 初始值的确定

对于第一个指数平滑值 $S_1^{(1)}$(即初始值),一般采用两种方法来确定:一是令 $S_1^{(1)} = x_1$,即采用市场现象的第一期实际观察值作为第一个指数平滑值;二是取观察值前几期的平均值作为初始值。

【例 10-4】 某企业要进行软件销售量预测,现有 2019 年 1—12 月的数据资料(见

表10-3),试用一次指数平滑法预测2020年1月的销售量。取平滑系数分别为0.1和0.3。

表 10-3　某企业软件销售量

月份	销售量	指数平滑值		月份	销售量	指数平滑值	
		$\alpha=0.1$	$\alpha=0.3$			$\alpha=0.1$	$\alpha=0.3$
1	50	50	50	8	68	53.9	58.3
2	52	50	50	9	72	55.3	61.2
3	62	50.2	50.6	10	69	57.0	64.4
4	51	51.4	54.0	11	75	58.2	65.8
5	64	51.4	53.1	12	80	59.9	68.6
6	50	52.7	56.4	预测值		61.9	72.0
7	67	52.4	54.5	MAE		10.3	7.7

不同 α 值的平滑值、预测值及误差分析如表 10-3 所示。经过比较,$\alpha=0.3$ 时的平均绝对误差(MAE)比 $\alpha=0.1$ 的小,相应的 2020 年 1 月的预测值为 72.0,预测精度相对较高。

2. 二次指数平滑法

二次指数平滑法是指对市场现象实际观察值计算两次平滑值,并在此基础上建立预测模型,对市场现象进行预测的方法。二次指数平滑必须在一次指数平滑的基础上进行计算。二次指数平滑是在对时间序列作一次指数平滑后,对由一次平滑形成的新序列再作一次指数平滑。其计算公式为

$$S_t^{(1)} = \alpha x_t + (1-\alpha)S_{t-1}^{(1)}$$
$$S_t^{(2)} = \alpha S_t^{(1)} + (1-\alpha)S_{t-1}^{(2)}$$

式中,$S_t^{(1)}$ 表示第 t 期的一次指数平滑值;$S_t^{(2)}$ 表示第 t 期的二次指数平滑值;α 表示平滑常数。

当时间序列数值具有线性趋势时,二次指数平滑法直线趋势的预测模型为

$$\hat{x}_{t+T} = a_t + b_t T$$

式中,$\hat{x}_{t+T}$ 表示第 $t+T$ 期的预测值;T 表示向未来预测的期数;a_t、b_t 分别表示模型参数。

a_t、b_t 在这里是用一次指数平滑法、二次指数平滑法确定的,计算公式为

$$a_t = 2S_t^{(1)} - S_t^{(2)}$$
$$b_t = \frac{\alpha}{1-\alpha}(S_t^{(1)} - S_t^{(2)})$$

二次指数平滑的这种线性平滑模型,在市场现象观察期内,第 t 期的模型参数 a_t、b_t 是随着观察值 x_t 和一次指数平滑值、二次指数平滑值的变动而变动的,由此保留了市场

现象的一些波动。而在预测期内，a_t、b_t 是固定的，即观察期内最后一期的 a_t、b_t 值。根据二次指数平滑预测模型，不仅可以向未来预测一期，还可以根据需要对市场现象向未来预测两期或两期以上。显然，二次指数平滑模型克服了一次指数平滑模型的不足，适用于具有明显趋势变动的市场现象的预测，可对市场现象向后预测多期，它不但可用于短期市场预测，也可以用于近期或中期市场预测。

应用二次指数平滑法预测时，其平滑初始值和平滑常数的确定原则与一次指数平滑法一致。

10.1.4 趋势延伸法

趋势延伸法是市场预测的一种常用方法，又被称为趋势外推法，是根据市场发展的连续资料，寻求市场发展与时间之间的长期趋势变动规律，用恰当方法找出长期变动趋势增长规律的函数表达式，据此预测市场未来发展的可能水平。

趋势延伸法研究的是事物发展与时间的长期变化关系。

应用趋势延伸法时有两个假设前提：一是决定过去预测目标发展的因素，在很大程度上仍将决定其未来的发展；二是预测目标发展过程一般是渐进变化，而不是跳跃式变化。在满足上述假设前提后去掌握时间序列长期趋势发展的变化轨迹，最常见的轨迹有直线、二次曲线、指数曲线等，然后建立对应的函数模型描述，据此进行延伸预测。

正确掌握时间序列长期趋势发展的规律性变化轨迹是正确选择模型的关键。简单的方法是画出时间序列的散点图，通过目估判断而定。此外，从数学分析角度，可利用时间序列的差分变化情况作出判断。判断认识预测目标时间序列趋势线的数学模型后，要设法确定数学模型中的参数，才能进行外推预测。

趋势延伸法可分为直线趋势延伸法、曲线趋势延伸法和龚伯兹曲线趋势延伸法等。这里只介绍直线趋势延伸法。

直线趋势延伸法是指对有线性变动趋势的时间序列，拟合成直线方程进行外推预测的方法。直线趋势延伸法的预测模型为

$$\hat{Y}_t = a + bt$$

式中，$\hat{Y}_t$ 表示第 t 期的预测值；t 表示已知时间序列 Y_t 的时间变量；a、b 表示待定参数，a 表示截距，b 表示直线斜率，代表单位时间观察值的增（减）量估计值。

t 为自变量，表现为按自然数顺序编号的时间序数，当 t 发生变化时，$\hat{Y}$ 的变化如表 10-4 所示。

表 10-4　时间序列数值变化表

时间序数 t	时间序列数值 $\hat{Y}$	一次阶差 $\Delta\hat{Y}$	时间序数 t	时间序列数值 $\hat{Y}$	一次阶差 $\Delta\hat{Y}$
1	$a+b$	—	4	$a+4b$	b
2	$a+2b$	b	⋮	⋮	⋮
3	$a+3b$	b			

从表 10-4 中可以看出，t 每增加 1，$\hat{Y}$ 值就相应地增加（或减少）一个 b 值，即一次阶差是一个常数。因此，具有直线趋势的时间序列，都可以采用直线方程来计算预测值。当然，时间序列中的实际数据与直线上的数据可能有所偏差，但只要偏差较小，拟合的直线对时间序列就有较强的代表性。实际上，有时不必找到拟合直线的方程，只要符合直线趋势延伸法的原理，直接用一些简便的方法就能得到预测值。

（1）增减量预测法。这种方法是以上一期的实际观察值与上两期之间的增减量之和作为本期预测值的一种预测方法。其计算公式为

$$\hat{Y}_t = Y_{t-1} + (Y_{t-1} - Y_{t-2})$$

（2）平均增减量预测法。这种方法是先计算出整个时间序列逐期增减量的平均数，再与上期实际数相加，从而确定预测值的方法，其计算公式为

$$\hat{Y}_t = Y_{t-1} + \frac{(Y_{t-1} - Y_{t-2}) + (Y_{t-2} - Y_{t-3}) + \cdots + (Y_{t-n} - Y_{t-n-1})}{n}$$

直线趋势延伸法一般是通过直线预测模型来计算预测值，这就需要先估计出模型参数 a、b 的值。求取 a、b 的方法与二次移动平均法、二次指数平滑法和回归分析中的最小二乘法相同，这里不再作介绍。

10.1.5　季节指数预测法

季节指数预测法是指对某些受季节影响而呈现季节性变动规律的商品进行市场预测的一种方法。它根据预测目标各个日历年度按月（或季）编制的时间数列历史资料，以统计方法测定出反映季节变动规律的季节指数，并利用季节指数进行近期预测。

季节变动是指价格由于自然条件、生产条件和生活习惯等因素的影响，随着季节的转变而呈现的周期性变动。这种周期通常为 1 年。季节变动的特点是有规律性的，每年重复出现，其表现为逐年同月（或季）有相同的变化方向和大致相同的变化幅度。一些商品如电风扇、冷饮、四季服装等往往受季节影响而出现销售的淡季和旺季之分的季节性变动规律。掌握了季节变动规律，就可以利用它来对季节性商品进行市场预测。

利用季节指数预测法进行预测时，时间序列的时间单位是季或月，变动循环周期为四季或是 12 个月。运用季节指数进行预测，首先，要利用统计方法计算出预测目标的季节指数，以测定季节变动的规律性；然后，在已知季度的平均值的条件下，预测未来某个月

(季)的预测值。

所谓季节指数是指某产品的平均销售水平受季节变化的影响程度。其计算公式为

$$某季度季节指数 = \frac{该季度平均销售量}{每个季度平均销售量} \times 100\%$$

利用季节指数法进行预测的步骤是：

(1) 收集以往各季实际数据资料；

(2) 计算以往各季数据的平均值；

(3) 计算各季同期数据的平均值；

(4) 计算各季季节指数，以各季同期平均值除以总平均值；

(5) 计算各季预测值，以实际数据最后一年的各季值乘以各季季节指数，将所得的数值作为预测值。

10.2 回归分析预测法

客观现象总是普遍联系和相互依存的，它们之间常常存在着某种因果联系，还有可能存在着一定的数量关系。这一现象也存在于社会经济现象中。例如，消费者需求的多变性、多样性，促使企业运用新技术开发新产品，满足市场需求；而企业的产品质量、促销方式、定价水平又会影响市场需求。我们把市场研究中的研究目标和影响其变化的各种因素统称为市场变量。那么，市场经济活动中现象与现象间彼此关联而构成的依存关系称为市场变量因果关系。回归分析就是一种寻找这种因果关系和变化规律的方法。

10.2.1 回归分析预测法概述

回归分析预测法是在分析市场现象自变量和因变量之间相关关系的基础上，建立变量之间的回归方程，并将回归方程作为预测模型，根据自变量在预测期的数量变化来预测因变量，关系大多表现为相关关系，因此，回归分析预测法是一种重要的市场预测方法。当我们在对市场现象未来发展状况和水平进行预测时，如果能将影响市场预测对象的主要因素找到，并且能够取得其数量资料，就可以采用回归分析预测法进行预测。它是一种具体的、行之有效的、实用价值很高的常用市场预测方法。

回归分析预测法有多种类型。依据相关关系中自变量的个数不同分类，可分为一元回归分析预测法和多元回归分析预测法。在一元回归分析预测法中，自变量只有一个，而在多元回归分析预测法中，自变量有两个以上。依据自变量和因变量之间的相关关系不同，可分为线性回归预测和非线性回归预测。

回归分析的预测步骤如下：

(1) 根据预测目标，确定自变量和因变量。明确预测的具体目标，也就确定了因变

量。如预测具体目标是下一年度的销售量,那么销售量 Y 就是因变量。通过市场调查和查阅资料,寻找与预测目标的相关影响因素,即自变量,并从中选出主要的影响因素。

(2) 建立回归预测模型。依据自变量和因变量的历史统计资料进行计算,在此基础上建立回归分析方程,即回归分析预测模型。

(3) 进行相关分析。回归分析是对具有因果关系的影响因素(自变量)和预测对象(因变量)所进行的数理统计分析处理。只有当自变量与因变量确实存在某种关系时,建立的回归方程才有意义。因此,作为自变量的因素与作为因变量的预测对象是否有关,相关程度如何,以及判断这种相关程度的把握性多大,就成为进行回归分析必须要解决的问题。进行相关分析,一般要求出相关关系,以相关系数的大小来判断自变量和因变量相关的程度。

(4) 检验回归预测模型,计算预测误差。回归预测模型是否可用于实际预测,取决于对回归预测模型的检验和对预测误差的计算。回归方程只有通过各种检验,且预测误差较小,才能将回归方程作为预测模型进行预测。

(5) 计算并确定预测值。利用回归预测模型计算预测值,并对预测值进行综合分析,确定最后的预测值。

10.2.2 一元线性回归分析预测法

一元线性回归分析是在考虑预测对象发展变化本质的基础上,分析因变量随一个自变量变化而变化的关联形态,借助回归分析建立它们之间因果关系的回归方程,描述它们之间的平均变化数量关系,据此进行预测或控制。

确定直线的方法是最小二乘法。最小二乘法的基本思想是:最有代表性的直线应该是直线到各点的距离最近,然后用这条直线进行预测。

一元线性回归分析预测法是根据自变量 X 和因变量 Y 的相关关系,建立 X 与 Y 的线性回归方程进行预测的方法。由于市场现象一般是受多种因素的影响,而并不是仅仅受一个因素的影响,所以应用一元线性回归分析预测法,必须对影响市场现象的多种因素作全面分析。只有当诸多的影响因素中,确实存在一个对因变量影响作用明显高于其他因素的变量时,才能将它作为自变量,应用一元线性回归分析预测法进行预测。

一元线性回归分析的预测模型为

$$\hat{Y} = a + bX$$

式中,X 表示自变量;$\hat{Y}$ 表示回归估计值;a 表示回归直线在纵轴上的截距;b 表示直线回归方程的斜率,在实际应用中表示自变量 X 每变动一个单位时因变量 Y 的平均变动数量。

对应于每一个 X_t,根据回归直线方程可以计算出一个因变量的估计值 $\hat{Y}_t$。实际观察

值与 Y_t 与其回归估计值 $\hat{Y}_t$ 的离差记为 $e_t = Y_t - \hat{Y}_t$。显然，两者的离差越小越好。综合考虑 n 个离差值，定义离差平方和为

$$Q(a,b) = \sum_{t=1}^{n} e_t^2 = \sum_{t=1}^{n}(Y_t - a - bX_t)$$

使用普通最小二乘法估计回归参数 a 和 b 的理想估计值，使 $Q(a,b)$ 达到最小。

根据微积分中的极值原理，使 Q 最小时，a 和 b 必须满足下列方程组：

$$\begin{cases} \sum_{t=1}^{n} Y_t = na + b\sum_{t=1}^{n} X_t \\ \sum_{t=1}^{n} X_t Y_t = a\sum_{t=1}^{n} X_t + b\sum_{t=1}^{n} X_t^2 \end{cases}$$

式中，$\sum_{t=1}^{n} Y_t$、$\sum_{t=1}^{n} X_t$、$\sum_{t=1}^{n} X_t Y_t$、$\sum_{t=1}^{n} X_t^2$ 依据已知 X 和 Y 的观察值计算可得。求解上面关于 a 和 b 的线性方程组，得到 a 和 b 的值。即

$$a = \frac{\sum_{t=1}^{n} Y_t}{n} - b\frac{\sum_{t=1}^{n} X_t}{n}$$

$$b = \frac{n\sum_{t=1}^{n} X_t Y_t - \sum_{t=1}^{n} X_t \sum_{t=1}^{n} Y_t}{n\sum_{t=1}^{n} X_t^2 - \left(\sum_{t=1}^{n} X_t\right)^2}$$

为了计算方便，一般定义

$$S_{XX} = \sum_{t=1}^{n}(X_t - \overline{X})^2 = \sum_{t=1}^{n} X_t^2 - n(\overline{X})^2$$

$$S_{YY} = \sum_{t=1}^{n}(Y_t - \overline{Y})^2 = \sum_{t=1}^{n} Y_t^2 - n(\overline{Y})^2$$

$$S_{XY} = \sum_{t=1}^{n}(X_t - \overline{X})(Y_t - \overline{Y}) = \sum_{t=1}^{n} X_t Y_t - n(\overline{X}\,\overline{Y})$$

$$\overline{X} = \frac{1}{n}\sum_{t=1}^{n} X_t, \quad \overline{Y} = \frac{1}{n}\sum_{t=1}^{n} Y_t$$

这样，方程组的解可记为

$$\begin{cases} a = \overline{Y} - b\overline{X} \\ b = \dfrac{S_{XY}}{S_{XX}} \end{cases}$$

将求出的 a 和 b 代入 $\hat{Y} = a + bX$ 就可得到回归直线，那么，只要给定 X_t 的值，就可以

用 $\hat{Y}_t$ 作为因变量 Y_t 的预测值。

10.2.3 多元线性回归分析预测法

在市场的经济活动中,经常会遇到某一市场现象的发展和变化取决于几个影响因素的情况,也就是一个因变量和几个自变量有依存关系的情况。而且有时几个影响因素主次难以区分,或者有的因素虽属次要,但也不能略去其作用。例如,某一商品的销售量既与人口的增长变化有关,又与商品价格变化有关。这时采用一元回归分析预测法进行预测是难以奏效的,需要采用多元回归分析预测法。

多元线性回归分析法是选择说明预测目标的变量为因变量,影响预测目标的多种主要因素为多个自变量,同时探讨两个或两个以上自变量与因变量之间的线性因果关系,建立线性回归预测模型,据此进行预测。

多元线性回归分析的基本原理同一元线性回归分析一样,也是用最小二乘法使回归预测值与实际值之间的总偏差平方和最小,求出多元线性回归预测模型回归参数,达到多元线性回归方程与实际观察数据点的最佳拟合。

$\hat{Y}$ 为因变量,$X_i(1 \leq i \leq m)$ 为自变量,并且自变量与因变量之间为线性关系时,则多元线性回归模型为

$$\hat{Y} = b_0 + b_1 X_1 + b_2 X_2 + \cdots + b_m X_m$$

式中,b_0 表示常数项;$b_i(1 \leq i \leq m)$ 表示斜率回归系数,统称待定回归系数。

在多元回归分析中,Y 为对某一自变量的斜率回归系数,表示当其他自变量不变时,该自变量变动一个单位量时 Y 的平均变动量。

按最小二乘法原理,对于已知 m 个自变量和因变量 Y 组成的 n 个观察值,可以证明它们之间多元线性回归方程的回归系数 $b_1, b_2, \cdots, b_m$ 一定是下列线性方程组的唯一解。

$$\begin{cases} L_{11}b_1 + L_{12}b_2 + \cdots + L_{1m}b_m = L_{1y} \\ L_{21}b_1 + L_{22}b_2 + \cdots + L_{2m}b_m = L_{2y} \\ \vdots \\ L_{m1}b_1 + L_{m2}b_2 + \cdots + L_{mm}b_m = L_{my} \end{cases}$$

而且,

$$b_0 = \overline{Y} - \sum_{i=1}^{m} b_i \overline{X}_i$$

$$\overline{Y} = \frac{1}{n} \sum_{j=1}^{n} Y_j, \quad \overline{X}_i = \frac{1}{n} \sum_{j=1}^{n} X_{ij}, \quad 1 \leq i \leq m$$

$$L_{iy} = \sum_{j=1}^{n}(X_{ij} - \overline{X}_i)(Y_j - \overline{Y}), \quad 1 \leq i \leq m$$

$$L_{ik} = L_{ki} = \sum_{j=1}^{n}(X_{ij} - \overline{X}_i)(X_{kj} - \overline{X}_k), \quad i=1,2,\cdots,m; k=1,2,\cdots,m$$

也就是说，由收集的自变量、因变量的 n 个观察值，按上式计算，L_{iy}、L_{ik}（$i=1,2,\cdots,m;k=1,2,\cdots,m$）均为可知，代入简化的线性方程组，便可求得 $b_1,b_2,\cdots,b_m$ 回归系数，再利用 $b_0 = \overline{Y} - \sum_{i=1}^{m} b_i \overline{X}_i$ 又可求得 b_0。

多元线性回归模型与一元线性回归模型一样，在计算出回归模型之后，要对模型进行各种检验。

多元线性回归模型的检验方法有判定系数检验（R 检验）、回归系数显著性检验（T 检验）和回归方程显著性检验（F 检验）。

本章小结

（1）时间序列预测法和回归分析预测法是常用的定量预测方法。

（2）时间序列预测法包括平均预测法、指数平滑法、趋势延伸法、季节指数预测法等多种方法。

（3）回归分析预测法又可分为一元线性回归分析预测法、多元线性回归分析预测法等方法。掌握市场预测的定量方法，结合定性分析，能够在一定程度上提高市场预测的准确度。

复习思考题

（1）简述时间序列法的预测步骤。

（2）平均预测法又可细分为哪几种方法？

（3）什么叫回归分析法？其预测过程如何？

课堂实训

实训主题：移动平均法。

实训目的：通过实训，使学生理解并掌握移动平均法进行市场预测的过程。

时间：8 分钟。

组织：利用课堂时间，即时练习移动平均法，巩固相关内容。

某企业 2020 年上半年的销售量见表 10-5。请用移动平均法预测该企业 2020 年 7 月份的销售量(假设 $n=3$,权重系数由远到近分别为 0.1、0.3、0.6)。

表 10-5　某企业 2010 年上半年各月份销售量

月份	销售量/千箱	简单移动平均法	加权移动平均法
1	210		
2	270		
3	360		
4	390		
5	450		
6	520		
7			

课外实训

任务:预测方法拓展。

目的:了解除教材介绍之外的一些常用预测方法。

要求:每位同学利用课余时间查阅相关资料,了解其他的一些定量预测方法,并进行总结,形成文字。

考核点:通过课外实训,加深对课堂学习内容的理解和掌握;同时,扩大知识面,了解更多的有关市场预测的知识。

案例分析

全球广告投放大趋势

根据阳狮媒体最新发布的《广告支出预测报告》显示,中国的广告支出 2016 年预计增长 9%,总额达到 800 亿美元。这与该报告在 2016 年 5 月份的预测基本持平。整体广告市场在 2017 年将增长 8%。数字广告支出的增长仍为最大的媒介趋势,预计 2016 年超过一半(53%)的整体支出将投放于这一媒介,同时这一比例将在 2017 年增至 57%。香港和台湾地区 2016 年的广告支出预计与 2015 年持平,分别为 27 亿美元和 19 亿美元,同比分别上涨 1% 和下降 3%。这也是受到中国内地经济整体放缓影响的结果。然而,这两个市场均预期能在 2017 年看到积极的势头,分别增长 2% 和 1%。数字广告再一次将在 2016 年及 2017 年为两个市场贡献最大的广告投放增长份额。

移动端广告取代 PC 的步伐超出预期。在中国内地,数字渠道将继续促进整体广告市场增长。从细分广告类型来看,PC端广告2016年预计下降2%,而移动端广告将增长63%。移动端广告支出将超越PC端,二者的广告支出份额分别为56%和44%。2017年移动端将继续保持领先并进一步与PC端拉开距离,二者广告支出份额预期扩大至67%比33%。

电子商务及数字媒介整合推动各类数字广告形式增长。不可否认的是,电子商务广告支出持续增加,2016年增长率将高达30%。而搜索和在线视频等数字广告投放也表现出类似的增长,分别为30%和31%。网络媒体使用率的持续增长仍然是这一趋势的主要原因,而数字媒介整合的重要性则提供了进一步的动力。

电视仍为媒介计划的重要组成部分,然而其地位逐渐被网络视频取代。虽然电视广告不再是内地广告支出的主要媒介,2016年约四分之一(26%)的广告份额预期仍将来自电视广告。2017年其广告支出份额预计将进一步下降两个百分点。在香港和台湾地区,电视广告仍占据较大的广告支出份额(分别为31%和36%),然而它们在2017年均将有所下降。

报纸和杂志的广告支出继续遭受大幅度削减。在中国内地,2016年报纸和杂志的广告支出将遭遇最大幅度的削减,分别为下降41%和29%。2017年预计仍将走低。"虽然在内地某些特定市场中仍有着相对稳定的杂志和报纸的读者群,然而不断的数字化创新才是大多数出版社至关重要的目标。"阳狮媒体分析、调研和洞察部门董事总经理Chris Maier说。

中国的数字广告份额超过全球平均水平。2015年,数字广告占全球广告支出的30%,高于2014年的26%。数字广告预计将在2017年超越电视成为全球最大的广告类型,预计到2018年数字广告份额将增加到39%。相比之下,2016年中国数字广告支出占比超过一半(53%),预计在2018年达到60%。全球广告支出预计将从非数字媒体和网络展示广告转移到搜索、在线视频和电商广告。

全球移动端广告支出在2015年高达530亿美元,占数字广告支出的35%和广告支出总额的10%(这个数字不包括一些尚未细分媒介类型的市场)。移动端广告预计2017年将超过PC端,并在2018年增长到1 340亿美元,远远超过PC端的总额880亿美元。在全球范围内,电视仍是目前占主导地位的广告媒介,吸引了2015年广告支出总额的37%。数字广告预计将在2017年取代电视成为最大的媒介。主要市场的广告支出预测,在电视网络恢复温和增长和社交媒体支出增加之后,美国预期将在2015年到2018年间成为全球市场新增广告支出的主要贡献者,超过中国广告支出33亿美元。在此期间,全球广告市场预计增长730亿美元,美国将贡献30%的新增广告支出,中国将贡献26%,紧随其后的是印尼的6%及英国的5%。十大增长贡献的市场中有五个为新兴市场,它们将在未来三年贡献41%的新增广告支出。总体来说,新兴市场预期在2015—2018年间贡献54%的新增广告支出,并将其在全球市场的份额从37%提高至39%。

资料来源:《新营销》2016年第12期　作者:阳狮媒体 2016-12-30

问题:

1. 数字广告份额逐年增加的原因是什么?
2. 你会采用什么预测法预测下一年广告支出总额?

第11章 市场调查报告的撰写

学习要点

知识点
1. 了解市场调查报告的特点及作用；
2. 做好市场调查报告的准备；
3. 掌握市场调查报告的格式。

技能点
1. 熟悉口头调查报告的技巧；
2. 掌握撰写市场调查报告的技巧；
3. 掌握撰写市场调查报告时应注意的问题。

导入案例

决策者究竟想要什么？

市场调查员李楠曾接受一家方便食品生产企业的委托，调查研究我国方便面市场现状及发展前景。李楠带领他的团队，经过为期一年的艰苦调研，取得了大量珍贵的一手资料。最后，李楠精心准备了一份近500页的调查报告，内含大量统计数据和复杂图表，包括很多待开发的细分市场和渠道管理方面的建议，准备向该企业负责经营的副总裁汇报。

一个半小时翔实的口头汇报后，副总裁起身说道："李楠，我看得出你的用心，但这么多枯燥无味的数字、表格把我完全搞糊涂了，听来听去我都不知道你给我的核心材料是什么，我更没有时间去自己归纳整理。所以，请你务必于明天前，整理出一份不超过5页的调查结果放到我的办公桌上。"李楠一头雾水，突然反思起来，决策者究竟想要什么？

案例解读：从案例中可以看出，清晰、简明、扼要的市场调查报告是调研者与决策者进行有效沟通的重要依据。撰写市场调查报告之前，一定要了解决策者和用户的需求。

资料来源：www.doc88.com，自编整理

市场调查报告是用于向决策者或用户反映市场调查过程和调查结果的一种分析报告,是市场调查成果的集中体现。市场调查报告可以作为书面材料呈送决策者或用户,也可以作为口头汇报和沟通调研结果的依据。

实践证明,无论调研设计、调查问卷、样本抽取和数据整理分析等环节如何周密、科学,如果不能将诸多调研资料整理撰写成一份清晰的高质量的市场调查报告,就不能与决策者或用户进行有效的信息沟通,更不能指导决策者或用户有效地采取行动。

11.1 市场调查报告的含义、特点及作用

11.1.1 市场调查报告的含义及形式

1. 市场调查报告的含义

市场调查报告就是指用书面表达的方式反映市场调查、收集、记录、整理和分析结果的一种报告,它是通过文字、图表等形式将调查研究成果表现出来,以使客户和后来的研究者对所调查的市场现象和所关心的问题有全面系统的认识。它是市场调查结果和预测的一种集中表现形式。

换句话说就是用市场经济规律去分析,进行深入细致的调查研究,透过市场现状,揭示市场运行的规律、本质。市场调查报告是市场调查人员以书面或口头形式,反映市场调查内容及工作过程,并提供调查结论和建议的报告。市场调查报告是市场调查研究成果的集中体现,其撰写的好坏将直接影响到整个市场调查研究工作的成果质量。一份好的市场调查报告,能给企业的市场经营活动提供有效的导向作用,能为企业的决策提供客观依据。

2. 市场调查报告的形式

市场调查报告可以是书面报告形式,也可以是口头报告形式,或者是这两种形式的结合,但无论是何种形式,只不过是在报告的表达方式上有相应的差别,都需要掌握有关的技术、方法和要求,才能取得较好的效果。

1)书面报告

书面调查报告是调查人员对某种事物或某个问题进行深入细致的调查后,经过认真分析研究而形成的一种报告形式。

功能体现在以下三点:

(1)调查报告是市场调查工作的最终成果。

(2)调查报告是从感性认识到理性认识飞跃过程的反映。

(3)调查报告是为各部门管理者、为社会、为企业服务的一种重要形式。

书面报告有技术性报告和一般性报告之分,如表11-1所示。

技术性报告：读者主要是了解相关技术、方法的专家型人员，因此报告书内容要着重强调调查所用的资料搜集方法、分析方法，要求详细描述研究发现。

一般性报告：读者主要是不具备相关专业知识的决策者及非技术人员，因此，应重点对关键部分和结论部分进行说明，并多辅以统计图，少用统计表和相关公式，以便于其理解。

表11-1　两种书面报告的比较

	技术性报告	一般性报告
读者	懂得调查研究方法的专家技术人员	决策者或其他不懂研究技术的非专业人员
特点	重点是资料收集和分析方法、抽样技术等，详细描述研究的发现。附录中列出有关表格及其他补充性资料	说明调查的重点和结论，技术细节和方法尽量简略。多用标题、图片和统计图，少用表格

2) 口头报告

调查者可能被要求向决策者或调研的委托方以口头方式报告调研结果。有效的口头报告应以听众为核心展开，即汇报者要充分考虑听众的教育背景、职位、时间限制等特点，不能将书面报告的全部内容呈现给听众。

口头报告可以用最短的时间使决策者或用户掌握报告的全部内容。这样如果市场调查者当时在场，很多问题就可以当面解决。与书面报告相比，口头调查报告具有以下几个特点：

(1) 简明扼要，能用较短的时间说明所需研究的问题。
(2) 生动直接、具有感染力，能给听众留下深刻印象。
(3) 可与听众互动，增加双方沟通，避免传达信息上的误解。
(4) 市场调查口头报告具有一定的灵活性，一般可根据具体情况对报告内容、时间作出必要的调整。

11.1.2　市场调查报告的特点

市场调查报告是对调查对象某一方面问题进行调查研究后撰写出来的报告，是针对市场状况进行的综合分析，因而有着不同于其他报告的特点。

1. 真实性

真实性是市场调查报告最重要的特点。也就是说，市场调查报告必须遵循客观事实，要与调查结果保持一致。撰写调查报告的最终目的是为了给决策者或用户提供真实信息和决策支持，因此保持调查报告的真实可信对决策者或用户来说至关重要，这就要求调研人员树立科学严谨和实事求是的工作作风。

2. 针对性

一项市场调查工作是针对企业较为迫切的实际情况，解决市场营销中的实际问题而进行的。因此，市场调查报告具有很强的针对性，要明确市场调研目的，有针对性地分析问题症结所在，提出具体可行的建议和对策。

3. 系统性

市场调查报告得出的结论是调查人员在大量市场调查资料的基础上，经过整理、计算、分析、汇总而来的，市场调查报告不能只罗列结论，而是要完整、系统地把调查情况交代清楚。

4. 时效性

市场调查要体现时效性，调查报告更要抓住市场和经济现象的新问题、新走势，从而提出新颖的观点。所谓新颖，是指调查报告论述问题的角度应该是全新的，见解应该是从前没有提出过的。

5. 典型性

市场调查报告不论是书面报告还是口头报告，报告内容都应具有典型性，即报告中调查的对象、研究的问题、搜集的材料、得出的结论要具有代表性，并能揭示市场运行的本质规律，用以指导其他单位、个人的生活与工作。

11.1.3 市场调查报告的作用

市场调查是市场营销活动的开端，通过市场调查获取原始资料，整理分析后，将调查结果进行总结，从而形成调查报告。调查报告对市场营销活动具有如下作用。

1. 结果展示作用

市场调查报告可以向决策者或用户清晰地展现市场调查活动背景和调查原因，介绍市场调查的内容、主要项目以及调查方式、调查方法和数据分析方法等，以便决策者和用户了解市场调查过程，并考虑在多大程度上依靠调查结果。市场调查报告能够把调查结果层次分明、条理清晰地展示出来，帮助决策者和用户从调研结果中获得结论与启示，思考如何采取营销或管理行动。

2. 决策导向作用

市场调查是决策者决策的重要依据。管理者不一定亲自参与市场调查过程，但他们会利用调查结果进行业务决策。因此，一份好的调查报告能对决策者和用户提供有效的导向作用。

3. 情况收集作用

市场调查报告的主要作用是收集情况，并通过对调查所得情况的深入研究，提出一定的见解。除为决策者提供决策导向外,还可以对各部门管理者了解情况、分析问题、编制计划以及控制、协调等方面起到积极作用。

11.2 市场调查报告的结构

11.2.1 市场调查报告撰写的原则

一份完整的市场调查报告应该包含三种表达方式:文字、图表和数据,以便将调查结果有效、充分地展示给决策者和用户。市场调查报告的撰写应符合以下原则。

1. 客观真实

市场调查报告应该秉承客观真实的科学态度,准确而又全面地总结和反映研究成果。客观真实表现在不能存在主观臆断,所有结论和观点都应该以具体的数字资料为依据。另外,所有市场调查资料也需要经过仔细审核,数据精确才能正确支持论点。实事求是和遵从客观规律是市场调查的基本原则。

2. 满足需求

经营决策是由决策者指定的,市场调查的最终目的是为决策者和用户提供决策依据,因此调查报告必须满足决策者和用户的需求。撰写调查报告时,撰写人应努力了解决策者或用户的阅读兴趣和思维模式,以便提交的报告在最大程度上符合决策者的需求。

3. 结构完整

市场调查报告应做到中心明确、主题突出、结构完整、层次清晰、逻辑严密、材料与观点相统一,并且要体现调查目标和任务中提出的所有问题。

4. 语言精练

内容表达上的含混不清往往会导致错误决策或大量失误,撰写者应该考虑到决策者和用户可能为非专家。为此,在撰写报告时,应该反复推敲,尽量少使用冗长烦琐语句和晦涩难懂的专业术语,保持语句通俗流畅,报告篇幅以能够达到研究目的为准。

11.2.2 市场调查报告的写作步骤

1. 准备工作

在调查报告撰写前,撰写者应该经过构思、选材和列出提纲的过程。

1)构思

报告的构思过程主要是将收集到的资料,经过判断推理,确立主题思想,并在此基础上列出论点、论据,安排文章层次结构,编写详细提纲。

2）选材

市场调查获取的信息资料很多,在撰写调查报告时,仅仅罗列所有信息是不行的,必须将各种材料进行去粗取精、去伪存真、由此及彼、由表及里的分析研究,再把选好的资料按照逻辑顺序进行排列,分清主次。数据资料有助于支撑论点,观点与数据资料协调统一能够更好地突出主题。

3）列出提纲

撰写者应该在构思和选材的基础上形成自己的观点,要遵从数据资料的客观真实性,从而确立撰写框架,列出撰写提纲。这一环节是对前面工作的总结,也为接下来正式撰写打好基础。

2. 拟订初稿

根据准备阶段列出的写作提纲,由单人或多人分工撰写初稿。初稿各部分的写作格式、文字数量、图表和数据要协调统一。初稿完成后,就要对其进行修改,先检查各部分内容和主题是否具有一致性,有无修改和增减,顺序安排是否得当,然后整理成完整的全文,提交审阅。

3. 确定终稿

确定终稿之前,应将初稿提交给决策者和用户以征求意见,修改完毕后才可以定稿。定稿阶段,不能随意修改数据和结果,要秉承公正客观的工作态度,使最终报告完善、准确地反映社会经济活动的客观规律。

11.2.3 市场调查报告的格式

市场调查报告的结构体系包括五大内容:扉页、摘要、目录、正文和附录,如表11-2所示。一份合格的调查报告,应该有明确、清晰的构架以及简洁、清晰的数据分析结果。

表11-2 书面市场调查报告的格式

1	扉页	1.1 调查报告的标题 1.2 调查报告的提交对象(调查项目的委托方) 1.3 调查报告的撰写者及所属单位或调查公司 1.4 完成和呈报报告日期
2	摘要	
3	目录	3.1 文字目录 3.2 图表目录

续表

4	正文	4.1 调查研究的目的 4.2 市场调查背景资料介绍 4.3 调查方法和分析的说明 4.4 提出结论 4.5 局限性 4.6 意见与建议
5	附录	

1. 扉页

1）格式

扉页上包含三项内容：报告标题、调查人员姓名及所属单位或调查公司、完成和呈送报告日期。扉页应该是一份市场调查报告的首页，其格式如图11-1所示。

```
关于××大学生网购现状调查报告




                        调查人员：×××
                        所属单位：××大学经济管理学院
```

图11-1 市场调查报告的扉页示例

2）标题

一般来讲，市场调查报告的标题分为五种形式。

（1）直叙式标题

这种标题直接标明调查的主要内容和调查对象。图11-1中列举的标题《关于××大学生网购现状调查报告》就是直叙式标题。再如《××大学就业情况的调查》《××市环境污染状况调查报告》。

（2）总结式标题

这种标题阐述了调查报告所持观点和对调查资料的总结评价，如《××市百姓更注重教育消费》《餐饮业竞争日趋激烈》。总结式标题能够帮助用户和决策者在阅读报告内容之前就对调查结论有一个初步了解。

(3) 提问式标题

这种标题以设问或反问形式表达了调查报告要解决的中心问题,提问的形式有助于吸引阅读者的兴趣。如《积极的财政政策发挥了多大作用》《公益广告能减少烟民数量吗》。

(4) 公文式标题

单位名称+事由+文种,单位名称通常省略,例如:《关于企业负担过重的调查》《大学生就业状况调查报告》《关于大学生的手机消费行为状况调查报告》。

(5) 文章式标题

标题中不用"调查""调查报告"等文种名称,突出主题。例如:《20世纪80年代中国的物价》《新新人类,新在哪里》《质量比品牌更重要》。

公文式标题和文章式标题是按标题中是否有文种来划分的。文章式标题又可分为单标题和双标题,单标题就是调查报告只有一行的标题,双标题就是调查报告有两行的标题,采用正、副标题形式。单行标题如:《天津自行车在国内外市场地位的调查报告》,双标题式标题:主标题(提出问题式或结论式),副标题则以直叙式,如:《"皇帝的女儿"也"愁嫁"——关于舟山鱼滞销情况调查》。

以上五种标题经常被市场调查报告所采用,具体采用哪种形式应该根据调查内容的不同来选择。例如,专题报告较适合选择提问式和总结式标题,因为专题报告是针对某一问题而特别展开的,涉及的其他方面状况较少;而综合性市场调查,特别是涉及宏观经济或市场经济某一领域,调查范围广泛的时候,就更适合使用直叙式标题。

2. 摘要

摘要是报告中的内容提要,是全文精华的浓缩,主要阐述课题的基本情况,按照市场调查课题的顺序将问题展开,包括调研目的、调研对象和调研内容的简要介绍、处理问题的途径和所采用的方案设计、主要的发现等几个方面的内容,最后,还要得出结论、提出建议。摘要主要包括以下三方面内容。

(1) 简要说明调查的目的,即简要说明调查的由来和委托调查的原因。

(2) 简要介绍调查对象和调查内容,包括调查时间、地点、对象、范围、调查要点及所要解答的问题。

(3) 简要介绍调查研究的方法。介绍调查研究的方法,有助于使人确信调查结果的可靠性,因此对所用的方法要进行简短叙述,并说明选用方法的原因。

摘要写作时,应注意以下事项:

(1) 语言简洁,只提示主要内容;

(2) 内容精练,分段落、用小标题标示清楚;

(3) 应该引起阅读者的兴趣去进一步阅读报告的其余部分。

例如,《关于女性内衣市场的调查报告》的摘要部分是这样写的:

中国女性内衣市场是一个具有良好增长规模和前景的市场,在中国国内是现阶段新的经济增长点。目前中国女性内衣市场上的品牌主要以合资、进口、国产为主,其中,国外品牌开始进入内地市场,并逐渐占领高端市场。合资产品占有中高档市场相当份额,成为各商场销售的中坚主打商品。国产低档品牌内衣主要靠价格促进销售,竞争异常激烈。在品牌战略、策略和产品设计创新方面,国内女性内衣制作企业与国外品牌和企业相比还有很大差距,国内的内衣销售渠道也存在进一步改善渠道结构的空间。面对女性内衣市场上需求的增长和国际内衣市场竞争的日益激烈,国内内衣制作企业必须在生产和营销两个方面下更多的功夫。

3. 目录

目录是调查报告各项内容的索引。当报告篇幅较长、承载信息量较大时,为了方便用户阅读,就需要使用目录。除了按顺序标注章节和页码外,如果报告含有很多的图和(或)表,那么需要制作图表目录,目的是为了帮助读者很快找到对一些信息的形象解释,如图11-2所示。

```
目录

摘要 ......................................................... 2
一、前言 ..................................................... 4
二、调查方案与结果 ........................................... 4
  (一)调查方案 .............................................. 4
    1、调查目的 .............................................. 4
    2、调查对象 .............................................. 4
    3、调查时间 .............................................. 4
    4、调查方法 .............................................. 4
    5、分析方法 .............................................. 4
  (二)调查结果分析 .......................................... 5
三、结论与建议 ............................................... 6
  (一)结论 .................................................. 6
  (二)建议 .................................................. 6
四、附表一:问卷调查 ......................................... 8
```

图 11-2　目录页的一般格式

4. 正文

市场调查报告的正文部分占篇幅最长,内容也最多,因此,在结构上必须精心安排。正文部分一般需要包括本次调查的背景资料、市场调查中使用的调查方法和调查过程、数据分析方法、分析结论和本次调查的总结。

1) 背景资料介绍

背景资料介绍也称作引言。在这一部分报告内容中,撰写者要对本次调查的由来或受委托展开调查的原因进行说明。引言的形式一般有以下几种:

(1) 开门见山、揭示主题。正文开始先交代调查与预测的目的或动机,揭示主题。例如,"我公司受××商业集团的委托,对市中心五区消费者进行一项有关购物环境满意度的调查,了解消费者对商场购物环境的满意和不满意因素,为××商业集团改善购物环境提供决策依据"。

(2) 结论先行、逐步论证。先将结论写出来,然后再逐步论证,这种引言的特点是观点明确、一目了然。例如,一项对唐装未来消费趋势的调查报告可以这样开头:"近年来,穿着唐装成为一种仿古时尚,经过对消费者的抽样调查,我们认为唐装未来的销售潜力是巨大的,原因主要从如下几个方面反映……"

(3) 交代情况、逐层分析。先交代背景情况,然后逐层分析,得出结论。例如,天极网长城计算机杯 2005 年度中国 IT 网络调查,是由中国互联网协会网销营销工作委员会和天极网发起的第四届 IT 市场消费调查,是目前国内唯一的也是最大的侧重 IT 产品市场和消费者的综合性调查。本次调查采用了"网上调研、平面问卷和行业分析"三条线结合的方法。

(4) 提出问题、引入正题。例如,自 2010 年下半年以来,我国各地 CPI 均持续走高,特别是食品价格更是居高不下。面对食品原材料价格的持续上涨,我国餐饮业面临很大的成本挑战,行业竞争也趋近于白热化。如何在成本走高的整体环境下保持原有产品和服务不缩水?如何在激烈的竞争中立于不败之地?带着这些问题,我公司对××市餐饮企业进行了有关情况调查。

2) 调查和分析方法说明

市场调查报告的正文部分需要说明市场调查和分析时使用的方法,并解释选择这些方法的理由,同时还要说明使用这些方法存在的缺陷,并且用统计调查进一步交代最后结果的置信度。在这一部分,需要说明的内容包括:

(1) 调查地区。即调查活动是在哪个地区或区域进行的。

(2) 样本情况。即样本是在什么样的对象中,用什么样的抽样方法选取出来的。

(3) 访问完成情况。即调查之初拟订样本含量多少,实际获得有效结果的被调查者有多少。同时还要说明,对于丢失或数据有误的问卷,是如何采取补救措施的。

(4) 数据采集。说明用什么方法来收集资料,是电话访问还是现场访问,是观察法还是实验法。

(5) 数据处理方法。主要介绍用何种方法、何种工具对数据进行处理和统计分析。

3) 研究主题的具体分析说明

这部分占报告篇幅最多,主要是指围绕研究主题对所获取的资料进行统计分析说明,对主要指标进行描述、解释和预测。

所获取的资料不仅包括调查问卷,而且整个市场调查过程中积累的信息资料都应该作为分析对象。通过报告中的信息展示,阅读者可以根据这部分内容进行再思考和再分析,分析结果也会因人而异。因此,对研究主题的具体分析是书面调查报告中最有价值的部分。

4) 结尾部分

结尾部分是调查报告的结束语,也是对前文分析的进一步总结,用来帮助读者和用户明确主旨、加深认识、启发读者的思考和联想。一般来说,市场调查报告的结尾包括如下四部分内容:

(1) 概括全文。经过前文的具体分析后,概括总结本次调查和调研报告的主旨,深化报告主题。

(2) 形成结论。前文的具体分析过程已得到一些结论,但都是分散的,结尾就是要将前文的零散结论进行综合说明。

(3) 提出建议。建议的内容必须紧紧围绕本次市场调研的主题。例如,本次调查是为了了解广告对某产品销售促进的效果,那么建议的内容就应该是选择哪种广告媒体、制作怎样的广告文案等。

(4) 调研工作总结。这部分内容是总结市场调查全过程的得与失,即成功之处在哪里,有哪些经验值得积累,不足之处是什么,产生的原因是什么,调查结果的信度和效度如何,今后还有哪些结论可以随时间的改变而改变,等等。

5. 附录

市场调查报告的附录是对报告主体部分的补充,用以附加说明本次调查分析的相关问题。附录内容的多少由具体情况决定,可能包括各种表格、图表、图示或插图说明等,应该将其按顺序编号,排列在报告正文之后。一般来说,附录中会包括如下一项或几项:

(1) 调查问卷副本、访问提纲、量表等;

(2) 调查对象的名单或名称表;

(3) 文献资料的出处;

(4) 某种特殊调查方法和分析方法的介绍;

(5) 已经在正文汇总的统计表和统计数字列表及其详细计算;

(6) 认为有价值却无法在正文中反映的调查资料。

【小资料 11-1】

11.2.4 撰写市场调查报告的要求

1. 市场调查报告的编写要求

1）行文立场

调查人员要有严格的职业操守，尊重事实、反映事实。无论是介绍调查方法，还是做出调查结论和建议、提出问题，都要体现客观性。要做到不歪曲调查事实，不迎合他人意志。同时，在书写报告之前或是书写过程中，调查人员要始终围绕自己的调查目标，做到调查报告有的放矢。

2）语言要求

调查报告的语言应该精确、凝练，提倡使用能够加强文章可读性的写作方法和技巧，杜绝晦涩难懂的语句。

3）文法要求

市场调查报告常用的叙述技巧有：概括叙述、按时间顺序叙述、叙述主体的省略。市场调查报告的叙述主体是写报告的单位，叙述中用"我们"第一人称。

市场调查报告常用的说明方法有：数字说明、分类说明、对比说明、举例说明等。数字说明可以增强调查报告的精确性和可信度；分类说明可以将市场调查中所获材料规范化；对比说明可以在同标准的前提下，将事物作出切合实际的比较；举例说明可以生动形象地说明市场发展变化情况。市场调查报告常用的议论方法有：归纳论证和局部论证。

4）形式要求

在报告中可适当地插入图、表、画片及其他可视性较强的表现形式，但数量不应过多。

5）逻辑要求

调查报告应该结构合理、逻辑性强、环环相扣、前后呼应。有必要恰当地设立标题、副标题或小标题，并且明示项目等级的符号。

6）外观要求

报告中所用字体、字号、颜色、字间距等应该细心地选择和设计；文章的编排要大方、美观、有助于阅读。报告应该使用质地好的纸张打印、装订，封面应选择专门的封面用纸。印刷格式应有变化，字体的大小、空白位置的应用等对报告的外观及可读性都会有很大的影响。

2. 市场调查报告的写作技巧

写好调查报告就要掌握报告的特点,并按照一定格式进行,并且要有一定的写作技巧。

1) 叙述技巧

叙述主要用在市场调查报告的开头,用以叙述本次调查的目的、依据、过程和结果等。市场调查报告的叙述技巧包括以下几点。

(1) 概括叙述

市场调查报告不需要对事件的全部细节进行叙述,而是主要采用概括叙述方法,即概括地将调查过程加以陈述,用以体现整体感和全面感。

(2) 顺时叙述

市场调查报告的开头需要交代调查的目的、对象、时间、前因后果等,因此需要按时间顺序进行叙述,依次展开。

(3) 叙述主体的省略

同撰写学术论文一样,市场调查报告不是将撰写者的观点强加于人,更不能表现出力图说服读者同意某种观点和看法的倾向。因此,调查报告的叙述中尽量不要使用"我认为……""我发现……"等第一人称语句,取而代之的应该是第三人称和非人称代词引导的语句,如"以上数据说明……""这一结果表明……"。

2) 说明技巧

市场调查报告中常用的说明方法有数字说明、分类说明、对比说明和举例说明。

(1) 数字说明

管理学是一门科学,离不开数据资料的支撑。撰写市场调查报告时要运用数字说明以增强调查报告的精确性和可信度。

(2) 分类说明

市场调查资料是杂乱无章的,撰写者可以根据报告主旨,将这些资料按照一定标准分为几类,分别说明。例如,将调查获得的基本情况,按问题性质或不同层次分门别类,每类冠以小标题,按提要句的形式表达。

(3) 对比说明

采用数据的对比说明可以清楚地反映市场变化情况。值得注意的是,在对比时使用的数据要具有可比性。例如,比较某经济区两年以来的 GDP 变化时,要考虑到 CPI 的变化;再例如,比较某产品在两座城市的销售额时,要注意到两座城市的市场容量是否具有可比性。

(4) 举例说明

为说明市场发展变化情况,举出具体、典型的事例也是常用的说明方法。使用该方法时要注意所选例子的典型性和代表性。

3) 议论技巧

市场调查报告中常用的议论方法是归纳论证和局部论证。

(1) 归纳论证

市场调查报告是对市场调查资料的归纳和总结,因此需要运用归纳论证技巧。

(2) 局部论证

市场调查报告不可能形成全篇论证,只能作情况分析或是对未来预测作局部论证。例如,对市场情况从几个方面作分析,每一方面形成一个论证过程,用数据和具体情况等作论据去证明其结论,形成局部论证。

4) 语言技巧

前文提到了调查报告的语言要准确精练,在用词和用句方面也是有一定技巧的。

(1) 用词技巧

调查报告中会使用大量的介词,主要用于交代调查目的、对象、依据等,如"为了、对、根据、从、在"等介词。

撰写者也需要掌握一些常用的专业词汇,如"商品流通、经营机制、市场竞争"等与市场经济有关的专业术语。

(2) 用句技巧

市场调查报告多使用陈述句,在报告结尾的建议部分也会使用祈使句。

5) 图表技巧

运用图表技术来说明市场调查资料能够起到直观、清楚和吸引人的效果。在总结调查结果和调查报告正文中使用图表,要体现明确的目的性,而且相关介绍文字应该简明扼要。详细复杂的图表应该归入报告附录部分。此外,使用图表说明还必须考虑图表的设计和格式,设计不当有可能导致读者对事实真相的曲解。

附录中的图表信息要力求完整,撰写者要力求资料的完整和准确,一般要提供绝对数值的资料,而不仅仅是百分比或指数。

正文中的图表要突出某方面资料,或强调某种关系和变化趋势,因此,选取的资料要有较大的选择性。为了方便阅读,图表中的数值尽量选用整数,或者用百分比和指数来进行补充说明。

3. 撰写书面报告的注意事项

1) 调查报告的针对性

包括两方面:

第一,撰写调查报告必须明确调查的目的,撰写报告时必须做到目的明确、有的放矢,围绕主题展开论述。

第二,调查报告必须明确阅读对象。

2）调查报告的新颖性

抓住社会经济活动的新动向、新问题,引用一些人们未知的通过调查研究得到的新发现,提出新观点、形成新结论。

3）调查报告的可读性

应观点鲜明、突出;组织安排有序;行文流畅、通俗易懂。

4）调查报告的公正性

调查报告要反映调查对象的真实情况,要具有一定的客观公正性。

11.3 市场调查报告的准备

11.3.1 访问委托人

撰写市场调查报告前,要拜访市场调查的委托方,将市场调查的相关情况告知委托人,同时了解委托人希望从调研中获得哪些方面的内容。

1. 让委托人了解市场调查的能力和局限

市场调查能够为市场营销决策者提供决策依据,但不能提供解决方案。尽管调查报告的结尾会向委托方提出建议,但建议不是解决方案,解决方案要由决策者自己判断形成。

2. 明确委托人希望从调研中获得什么

委托方的决策者可能会因为工作繁忙的原因而无暇与报告撰写者见面,从而安排其他人代为会见,但其他人传递信息可能会带来信息的失真。因此,无论遇到什么困难,一定要与主要决策者直接沟通。

主要决策者更关心营销过程中出现的问题,而对问题产生的原因却少有关注。调研人员要明确地向决策者咨询问题的原因所在,使决策者说出对原因的认识和分析。

拜访前要准备简单的问题框架,以免遗漏重要的内容。但在具体提问过程中,不能被框架所限制,因为在谈话深入的过程中,调研者可能会获得意想不到的收获。同时,访问时应带好纸笔或其他录音设备。

3. 访问行业专家

调查结果的准确性和调研报告的完整性会受调研人员专业知识水平的限制,同时,报告呈现的结果也很可能存在调研人员个人观点的偏见。为此,调研人员需要了解行业知识,要与多位行业专家沟通,听取不同的见解和意见。这些行业专家可以来自科研机构,也可以来自企业内部。

11.3.2 了解读者

调查报告的最终目的是为读者服务的,决策者和用户凭借报告来制定决策。因此,撰写者必须了解读者的特征和需要,考虑他们的背景和兴趣,从而决定使用什么样的语言,达到什么样的深度。撰写报告时,应该注意如下事件:

(1) 大多数阅读者职级较高,工作繁忙可能无暇阅读大量资料;

(2) 阅读者不一定精通所从事领域的专业技术和术语;

(3) 阅读者可能不止一位,他们之间存在需求和兴趣方面的差异;

(4) 决策者不喜欢冗长、复杂、乏味的文字。

11.4 口头调查报告

通常,市场调查报告可分为书面报告和口头报告两种。调查者可能被要求向决策者或调研的委托方以口头方式报告调研结果。有效的口头报告应以听众为核心展开,即汇报者要充分考虑听众的教育背景、职位、时间限制等特点,不能将书面报告的全部内容呈现给听众。上一节所讲的调查报告的结构和格式多用于书面报告,而口头报告有着自身特点以及形式和内容的不同。

11.4.1 口头调查报告的重要性及特点

口头报告可以用最短的时间使决策者或用户掌握报告的全部内容。如果市场调查者当时在场,很多问题就可以当面解决。与书面报告相比,口头调查报告具有以下几个特点:

(1) 简明扼要,能用较短的时间说明所需研究的问题;

(2) 生动直接,能给听众留下深刻印象;

(3) 可与听众互动,增加双方沟通,避免传达信息上的误解。

11.4.2 口头调查报告材料的准备

在进行口头报告时,单纯进行纯语言的叙述是不够的。因此,一些辅助材料的准备是必不可少的。

1. 报告提要

在进行口头汇报前,汇报者应给每位听众一份关于报告的流程和主要结论提纲。在报告提要中,应力求语言简练,不展示复杂的统计资料和图表。

2. PowerPoint 投影等辅助设备

为使得口头汇报易于理解,汇报者应该提前准备一些辅助工具来配合表述。通常的辅助设备包括PowerPoint幻灯片或实物展台投影等工具。借助这些辅助设备,汇报者的讲述会具有更强的吸引力。

3. 书面报告

尽管在口头汇报中,听众可以直观地了解市场调查内容,但很多细节是容易被遗忘和忽略的。因此,作为对口头报告的补充,汇报者应该为听众准备一份书面报告,以便听众在听取报告时找出所需信息。

4. 执行性摘要

汇报者应该在口头报告的几天前,将书面的执行性摘要提交给每一名听众,可以方便听众提前思考需要提出的问题,使报告会的讨论更有成效。

11.4.3 口头调查报告的主要内容

口头调查报告与书面报告的主要内容基本一致,在此不再赘述。对于一些难以用语言讲述的图表、数据等内容,可以配合视觉辅助工具展示。例如,"我公司于2009年10月15日接到××公司委托,并于2009年11月1日至2010年4月30日期间,对我市30家大型综合性超市的消费者进行了××方面的问卷调查。期间,共有××位消费者参与了调查,被调查者的年龄结构可以通过PowerPoint幻灯片提供的图表看到……"

11.4.4 口头调查报告成功的基本要素

口头报告具有简明扼要、生动直接等优点,但是否能使口头报告发挥优势,还取决于一些因素。

1. 按照书面报告格式准备好详细的汇报提纲

口头汇报也要按照基本框架来进行,这就需要汇报者精心准备提纲和汇报内容,提纲和内容应该与听众需要的情况相吻合,即需要了解他们的职位、教育背景和兴趣等。

2. 汇报前的准备练习

为了减少在公开演讲时的紧张和不适应,汇报者应在正式汇报前进行多次准备练习,为减少心理障碍,尤其要注意练习报告的开头部分。但值得注意的是,多次练习可能会使汇报显得生硬和程式化,练习时要注意形成自己的风格。

3. 尽量借助图表来增加效果

图表可以用来辅助和支持汇报效果,需要注意的事项包括:第一,图表要显得重要和权威;第二,图表要清晰易懂,不要有太多内容;第三,PowerPoint幻灯片的设计要清新明快,保证所有听众都能看清。

4. 注意汇报中的沟通

为使听众集中精力，汇报者需要时刻保持语速适中和语气生动，尽量使用通俗易懂、简洁有力的语言，运用声音、眼神和手势的变化来加深听众的印象。说话时要与听众保持目光接触，有助于把握听众对汇报的喜欢和厌烦状况以及对内容的理解程度。汇报时要把握节奏，在规定时限内结束报告。在结束语时要感谢听众参与，语言精通熟练，不必过分堆砌华丽辞藻。

5. 把握回答问题的时机

报告过程中尽量不要回答提问，以免思路被打断。在报告开始前可告知听众，口头报告结束后可对相关问题进行个别交流，注意不要忘记这一承诺。

【小资料 11-2】

本章小结

（1）市场调查报告是用于向决策者或用户反映市场调查过程和调查结果的一种分析报告，是市场调查成果的集中体现。市场调查报告要体现真实性、针对性、系统性和新颖性等特点。市场调查报告具有结果展示作用、决策导向作用和情况收集作用。

（2）市场调查报告的结构体系包括五大内容：扉页、目录、摘要、正文和附录。

（3）撰写市场调查报告时应尽量避免如下错误：重篇幅而轻质量，解释不充分，过度使用定量技术，使用没有意义的图表。写好市场调查报告，要掌握叙述技巧、说明技巧、议论技巧、语言技巧和图表技巧。

（4）口头报告作为书面调查报告的补充，可以用最短的时间使决策者或用户掌握报告的全部内容。在进行口头报告时，单纯进行纯语言的叙述是不够的。因此，一些辅助材料的准备是必不可少的，包括报告提要、投影等辅助设备、书面报告和执行性摘要。

复习思考题

（1）市场调查报告的概念是什么？它的作用有哪些？有什么特点？

（2）市场调查报告的格式是什么样的？

(3) 撰写市场调查报告时应注意哪些问题？有哪些技巧可以运用？

(4) 口头调查报告的作用是什么？应怎样做好口头汇报的事前准备？有哪些技巧可以运用？

课堂实训

实训主题：口头报告。

实训目的：简单调查班级同学手机品牌，通过简短的口头汇报，掌握口头调查报告的相关知识。

时间：每人 2~3 分钟。

组织：每 5 名学生组成一个小组，调查本班同学使用的手机品牌，就此分析大学生对手机品牌的偏爱程度。每组选出一名代表在全班同学面前作口头汇报。

环境与设备：可使用教室投影仪。

课外实训

任务：撰写一份本校同学对食堂满意度的调查报告并作口头汇报。

目的：全面掌握市场调查过程和市场调查报告的格式及内容，学会作口头调查报告。

要求：每 5 名同学组成一个小组，自行设计调查问卷，利用一周时间随机对 200~300 名在校生进行调查，并形成调查报告。每组选派一名成员在全班面前作口头汇报。

考核点：调查问卷是否合理，样本是否具有代表性，书面报告是否完整，口头汇报能否实现与听众的交流。

案例分析

某地区洗发水市场调查报告

一、调查目的

本次调研旨在了解目前洗发水市场的基本情况，对消费群体做一个基本分析，为生产企业提供合理建议。

二、调查方法

采用网上问卷针对不同人群进行抽样调查。

三、调查内容

1. 了解个人情况。

2. 个人消费能力。

3. 了解消费者购买洗发水的渠道。

4. 购买频率。

5. 包装、价格、功能、宣传等对洗发水销售的影响。

6. 对于各种品牌尝试的意愿。

四、调查结果

1. 本次调查群体男性 30 人,女性 22 人,24 岁以下青少年为主体,占比 67.31%,其余群体分别是 25~40 岁占比 19.23%;41~50 岁占比 5.77%;50 岁以上占比 7.69%。

2. 受访人群中 500~1 500 元月消费额占多数,达到 61.54%,其余群体 500 元以下占比 1.92%;1 500~2 500 元占比 21.15%;2 500 元以上占比 15.38%。

3. 本次调查对象了解洗发水品牌渠道主要来源于超市促销、网络、电视广告。购买渠道主要源自商场占比 61.54%;专卖店占比 26.92%;零售店占比 11.54%。

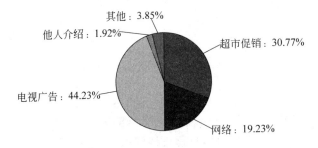

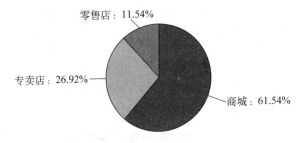

4. 消费群体对于洗发水购买频率三月一次为主,占比 71.15%。

5. 消费者能接受的价格区间集中于 20~40 元,占本次调查人数的全部;而对于产品的包装受访群体更喜欢不透明、光滑、防滑磨砂材质;打折、赠品、抽奖等宣传手段更受消费者喜爱。

6. 而对于同一种洗发水持续使用只有 3.85% 的比例,更多的人愿意尝试其他品种,一种新品种的推出更是有 48.08% 的消费群体愿意尝试。

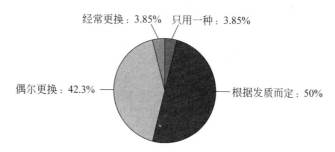

五、调查结果分析

1. 月生活费与洗发水价格区的关系

由于参与调查者大部分为青少年群体,缺乏收入来源,月生活费主要在500~1 500元。

消费者月生活费在很大程度上决定消费者对洗发水价格区间的选择。结合数据可以看出:月生活费在500~1 500元的消费者,选择洗发水价格区间主要集中在20~40元。

2. 洗发水规格分析

根据数据显示,绝大部分消费者选择购买不透明光滑材质的洗发水,出于消费者心理隐私、个人实用、自我欣赏,此种品类更受欢迎。

3. 购买地点分析

由于目前市场上洗发水产品良莠不齐,大部分消费者为了购买到真品,更愿意在质量有保障的超市购买。部分消费者选择在专卖店购买,一方面是作为专卖店会员可以享受到更多优惠;另一方面也是为了确保产品质量。当然也有一部分消费者选择零售店,可能是急用,或者距离较近,方便购买。

4. 促销方式分析

绝大部分消费者更倾向于现场打折的促销方式。这说明消费者能够接受适当地降低价格,来满足消费者的求实心理,更愿意购买到价廉的产品。企业更倾向于赠送或者家庭套装的方式进行促销,因为这样有助于提高企业产品销量,甚至帮助企业处理一些滞销品。部分消费者也喜欢这种方式,可以减少不同产品间的选择,提高购物效率。

5. 洗发水满意程度

根据调查数据显示:柔顺丝滑满意度最高,其次是清洁控油、去屑止痒,防干燥产品满意度最低。绝大部分消费者为油性发质,而且油性发质不容易护理,很多消费者对洗发水的控油效果不满意。随着生活节奏的提高,人们来自各方面的压力不断增加,发质受损严重,护发需求提高。因此这几类洗发水有很大的市场发展空间。

6. 消费者获取信息渠道分析

绝大部分消费者通过广告获得产品信息,其次是超市促销和网络。由于大部分消费者为非理性消费,很容易受到外界因素的影响,因此很多企业都投放各种广告,增加消费者对品牌的认知度。大型商场、超市、导购点都聘用导购来引导消费者进行消费。

六、对企业的建议

1. 消费者购买某种产品同时受到多种因素的影响。在产品销售方面,任何单一的销售手段都不可能达到最佳效果。企业要对产品进行准确的品牌、目标消费群定位,综合利用广告手段、公关手段、促销手段、服务手段、价格手段等进行产品销售。

2. 根据消费者喜欢的质感光滑、不透明、防滑、磨砂等特征,企业应根据消费者需求情况按比例进行生产销售。

3. 目前,洗发水市场格局已经基本形成。针对实力较弱的企业,应当加强同实力较强的企业的合作,和实力较强的企业进行合作,有助于提高企业的竞争力。

4. 完善的销售网络是一个企业产品能够迅速和消费者见面的保障。一方面,企业要建立多元化销售渠道;另一方面,零售终端尤其是大型连锁超市越来越成为重要的销售渠道,企业必须注重这方面的销售。

5. 就目前的洗发水市场而言,生产企业不仅需要保持原有消费者的品牌,同时也要对目前的消费市场进行进一步的调研,把重点放在消费者新的需求上,增强自主研发,确保生产适合消费者需求的产品。

七、附录

1. 您的年龄段是
    A. 24 岁以下　　　B. 25～40 岁　　　C. 41～50 岁　　　D. 51 岁以上
2. 您的性别是?
    A. 男　　　B. 女
3. 您的月消费额大概是多少?
    A. 500 元以下　　　B. 500～1 500 元
    C. 1 500～2 500 元　　　D. 2 500 元以上
4. 您购买洗发水的频率是多少?
    A. 半月一次　　　B. 一月一次　　　C. 两月一次　　　D. 三月一次
5. 您是从哪种渠道了解洗发水相关信息的?
    A. 超市促销　　　B. 网络　　　C. 电视广告　　　D. 他人介绍
    E. 其他
6. 您经常购买洗发水的地方?
    A. 商城　　　B. 专卖店　　　C. 零售店
7. 您对青睐的洗发水所能接受的价格大概是多少?
    A. 20 元以下　　B. 20～30 元　　C. 30～40 元　　D. 40 元以上
8. 以下洗发水促销方式您最喜欢哪种?
    A. 现场打折　　　B. 有赠品　　　C. 家庭套装　　　D. 抽奖活动

E. 其他

9. 您喜欢怎样的洗发水外形包装？
   A. 透明　　　　　B. 不透明　　　　　C. 光滑材质　　　　D. 防滑磨砂材质
10. 您一般更换洗发水品牌的频率？
    A. 只用一种　　　B. 根据发质而定　　C. 偶尔更换　　　　D. 经常更换
11. 对于洗发水的购买您更青睐于哪种功能？
    A. 去屑止痒　　　B. 清洁控油　　　　C. 柔顺丝滑　　　　D. 防干燥
12. 您喜欢洗发水的哪种打开方式？
    A. 挤压　　　　　B. 揭盖　　　　　　C. 扭曲
13. 您购买洗发水最注重的因素？
    A. 外形　　　　　B. 质量　　　　　　C. 价格　　　　　　D. 功能
    E. 品牌　　　　　F. 是洗发水就行
14. 您对现在的洗发水使用满意吗？
    A. 非常满意　　　B. 比较满意　　　　C. 一般　　　　　　D. 不满意
15. 如果有一新品牌上市，您是否会进行尝试？
    A. 会　　　　　　B. 不会　　　　　　C. 不确定

资料来源：淘豆网 https://www.taodocs.com/作者未知

问题：这是2017年某大学社会实践小组做的一项市场调查，根据所学对该案例进行点评，找出问题并加以改进。

综合练习

综合练习一

产品经理对用户的理解

产品经理要从群众中来，到群众中去。我只能做到第一步，把自己当作产品的用户，而不是用户的产品。今年尝试做了用户调研的工作，原型测试、电话回访、当面拜访、线上交流、问卷调查等，更多的是为了做，而没有形成系统的解决方案。通过这些手段，虽未知结果怎样，但是对用户的理解也得出了一些结论。

用户是很多的，但是用户是沉默的，你需要去刺激他们；

用户是会自然流失的，因为缺乏新鲜感或是懒惰，产品用户增长，但功能用户会流失；

用户的感知是有限的，他只会关注自己需要的，如何给他们想要的，才是产品经理该做的；

用户不仅需要客服、运营、销售去维护，产品经理也需要去关注他们的诉求；

产品经理不要一味满足用户，要先给产品定位，不符合定位的用户要明确拒绝，即使被骂。

资料来源：人人都是产品经理（woshipm.com）作者：朴老师 2019-01-21

问题：

1. 谈谈如果你是联想笔记本产品经理，你将如何对你的用户展开调研工作？
2. 为了解联想笔记本市场定位情况，请设计切实可行的市场调查方案。

综合练习二

移动端营销变得越来越复杂

根据市场调研公司 eMarketer 预测，移动广告投入将在 2016 年突破 1 000 亿美元大关，占所有数字广告投入的比例将首次超过 50%。这表明广告主对移动端的青睐。显然，消费者在哪里，市场就在哪里。"2014 年，连接互联网的移动设备数量首次超过了全球人口数量，当时连接设备的数量是 74 亿，而人口是 73 亿。"Google 全球工程总监 Bod Musketeer 说。

2016 年 7 月，谷歌母公司 Alphabet 发布 2016 年第二季度财报。财报显示，Alphabet 第二季度营收为 215.0 亿美元，同比增长 21.3%；净利润为 48.8 亿美元，同比增长 24%。Alphabet 首席财务官 Ruth Porat 表示："这表明我们多年来在移动和视频等快速成长领域的成功投资。我们将继续在这些充满机遇的领域大力投资。"风云乍起的移动广告市场，正在成为群雄逐鹿之地。

尽管广告平台对移动广告市场规模持乐观态度，但是对于广告主来说，他们的真实感受又是怎样的？"1000 亿美元的市场规模，对于客户来说是太少还是太多？广告主是否跟上了消费者行为改变的脚步？或者，在这样的广告生态环境中，缺少哪些可以让移动更加迅速发展的元素？"Google 中国销售副总裁林妤真认为，要解答广告主的疑问，首先要回归消费者本身。而真实情况显然比广告主想象得要复杂得多。

首先，消费者的媒介消费行为呈现多元化特征。截至 2016 年 9 月，全球 64% 以上的消费者同时使用笔记本电脑和移动设备上网，这样就对广告主形成了很大的复杂性。"如何深度了解消费者怎样在移动和 PC 上交互？如何与消费者建立更好的关联？这些对营销人员来说是最大的课题。如果无法明确消费者行为，就很难找到消费者。"林妤真说。

其次，消费者在移动端的行为更加碎片化，并呈现出与 PC 端不同的喜好和需求。"过去可能比较简单，把 PC 素材或者做法直接移植到移动端，但现在已经不能符合消费者需求了。"林妤真表示，这意味着需要有更聪明或更能洞察和衡量这些行为的工具，否则就无法用更加科学的方式衡量移动营销在广告主媒介计划中扮演的角色。

最后，媒介更新换代加速，考验着广告主的营销运作机制。林妤真说："以前，广告主大部分预算投放到电视和户外媒体上，近几年转移到互联网，刚开始熟悉互联网广告怎么运作，现在媒介又变了，而且一直都在发生变化。那么，对于广告主来说，到底怎样才能找到一个最有效的营销运作机制？"

好在移动端的突飞猛进使广告主增强了主动尝试移动营销的意愿。"以往因为摸不清楚就会相对于保守,但今年因为已经明显体验到消费者的时间和行为集中在移动端,所以,对于广告主来说,问题已经不是到底要不要投移动,而是用什么样的模式投放更有效。"林妤真举了个例子,"有些客户已经开始在移动端寻找新的用户,但同时也会考虑如何利用移动端让老用户活跃起来。他们考虑在移动端用什么方法激励消费者,从而产生更大的效益。"

正是基于广告主在移动时代产生的诸多痛点,Google 提出了新的解决方案。"我们希望能够倡导广告主,不要用传统 PC 的衡量基础或者指标衡量移动端,因为移动端更复杂,消费者使用移动端行为的切入点也是不同。这就需要广告主站在一个更完善的生态角度,审视移动端在其营销战略中扮演的角色。"林妤真说。

林妤真认为,在与此相关的解决方案中,主要分为两个部分——消费者洞察营销解决方案和生态移动营销体系。"首先,我们希望能够告诉广告主不同媒体扮演的不同角色,起码有数据作为判断指标;其次,这个行业需要更多的发布商、广告主等参与进来,把广告和产品更好地结合,这样才能提供更好的使用体验,形成一个移动闭环。这也是为什么 Google 一直致力于创建这样一个生态。"

目前,移动端产品主要包括移动应用和移动网页。林妤真不同意"取舍"的说法,虽然 Google 的技术优势更偏向于开放式的网页搜索,但是林妤真认为不同产品满足不同的用户需求和客户需求,各自扮演着不同的角色。而 Google 要做的事情是帮助客户和合作伙伴在移动网页上解决他们遇到的技术挑战,有更好的使用,发挥应有的价值。

"不是取舍,不是只做移动 APP 就要忽略移动网页。"林妤真一再强调说,"这是我们过去观察到的一个很有趣的趋势——移动网页在过去几年被严重忽略了,因为大家太专注于移动 APP。"

所以,Google 将借助开放的移动网页在移动端发挥其技术优势,帮助广告主的移动网页营销获得更好的效果。林妤真在调研中发现,用户在移动屏幕上的耐心与 PC 上是不一样的,"如果移动网页下载时间超过 3 秒,大概有一半左右的人没有耐心。所以,Google 发布了两个技术——Progressive Web Apps(PWA)与 Accelerated Mobile Pages(AMP)。PWA 目的在于在移动网页上提供类似 APP 使用的体验,可以更好地提高使用者黏度。AMP 是通过技术让移动网页速度更快,效益更高。"

林妤真认为,广告主和发布商没必要再纠结到底应该做移动网页还是移动 APP,因为答案是两个都需要。"移动 APP 更有利于维护忠实用户,但是随着你的业务不断升级,就需要一些新用户来拓展市场,所以移动网页也是你不可忽视的渠道。"

"中国移动广告市场会继续高速增长,这是毋庸置疑的,而且增速会更快。移动正在不同的平台上发酵,并且 PC 和移动会交互发酵。更高的复杂度将出现,对于广告主来说,已经不再是追求增粉等短期利益,更多的是关注后续行为以及是否可以延续增长。"林好真说。

资料来源:《新营销》2016 年第 10 期 作者:周再宇 2016-12-06

问题:

1. 如果你是广告主将如何明确移动端消费者行为?
2. 选择适合进行消费者行为调查的方法,并设计调查方案。

参 考 文 献

一、图书、杂志、报纸

[1] 王秀娥.市场调查与预测.北京:清华大学出版社,2008
[2] 杨凤荣.市场调查方法与实务.北京:科学出版社,2009
[3] 欧阳卓飞.市场营销调查.北京:清华大学出版社,2006
[4] 魏玉芝.市场调查与分析.大连:东北财经大学出版社,2007
[5] 景奉杰.市场营销调查.北京:高等教育出版社,2005
[6] 柯惠新,丁立宏.市场调查.北京:高等教育出版社,2007
[7] 延静.调查技能与分析.北京:清华大学出版社,2006
[8] 陈启杰.市场调查与预测习题与实例.上海:上海财经大学出版社,2010
[9] 徐超丽,綦建红.市场调查与预测习题集.北京:经济科学出版社,2007
[10] 邓羊格等.品牌延伸是娃哈哈与太子奶的出路吗.中外管理,2003(3)
[11] 刘善仕.德尔菲法在企业人力资源预测中的运用.企业经济,2003(2)
[12] 徐国祥.统计预测与决策(第二版).上海:上海财经大学出版社,2005
[13] 简明,胡玉立.市场预测与管理决策.北京:中国人民大学出版社,2009
[14] 魏颖,岁磊.市场调查与预测.北京:经济科学出版社,2010
[15] 张灿鹏,郭砚常.市场调查与分析预测.北京:清华大学出版社,2008
[16] 庄贵军.市场调查与预测.北京:北京大学出版社,2007
[17] 李世杰,于飞.市场调查与预测.北京:清华大学出版社,2010
[18] 陈晓慧.市场预测与决策.武汉:武汉理工大学出版社,2008
[19] (美)拉里·帕西.市场调查.北京:机械工业出版社,1999
[20] (美)乔尔·埃文斯,巴里·伯曼.市场营销教程.北京:华夏出版社,2001
[21] 田百洲,史书良,全洪臣.市场调查与预测.北京:清华大学出版社,2009
[22] 龚曙明.市场调查与预测.北京:清华大学出版社,2005
[23] 刘德寰.市场调查教程.北京:经济管理出版社,2005
[24] 钟立群.市场调查与预测.沈阳:辽宁大学出版社,2007
[25] 姚小远.市场调查原理与方法(第2版).上海:立信会计出版社,2009
[26] 张明立.市场调查与预测.哈尔滨:哈尔滨工业大学出版社,2003
[27] 苏卫国.市场调查与预测.武汉:华中科技大学出版社,2004
[28] 王若军.市场调查与预测.北京:清华大学出版社,2006
[29] 魏炳麒.市场调查与预测.大连:东北财经大学出版社,2006
[30] 刘逸萱.浅析大数据时代企业如何进行市场调查.中国市场,2016(40)
[31] 陈艳庆.基于大数据背景的市场调查研究.湖南邮电职业技术学院学报,2016(2)
[32] 刘德寰,李雪莲.现代传播(中国传媒大学学报),2016(1)
[33] 刘青.试论大数据背景下市场调查设计之变.企业科技与发展,2015(13)

[34] 王迪,何知非,韦薇.大数据时代的市场调查——刍议.《新闻传播》,2015(22)

[35] 周再宇.新营销,2016(10)

[36] 谷虹,区瑞麟.销售与市场,2014(11)

[37] 宇见.洞察力:让营销从此直指人心.北京:电子工业出版社,2018

[38] 文聪.(金羊网)羊城晚报 版次:A06 2017-02-16

[39] 佳和.2018年夏季快消饮品消费行为调查.销售与市场,2018(9)

[40] 朴老师.人人都是产品经理(woshipm.com)2019-01-21

[41] 阳狮媒体.新营销,2016(12)

[42] 杨雪洁,赵姝,张燕平.计算机应用研究,2008(10)

[43] 冯辰.自媒体读者行为洞察报告.新营销,2016(10)

二、推荐网站

[1] 中国市场调研在线 http://www.cninfo360.com

[2] 第一营销网 http://www.cm mo.cn

[3] 经管之家 http://bbs.pinggu.org/thread-3873586-1-1.html

[4] 金诺信公司 http://www.sinothink.cn/c86306.php2017.9.8

[5] 中国经济导报北国网 http://www.ceh.com.cn/syzx/1078553.shtml2018-09

[6] 博纳国际咨询 http://www.chinapgc.com

[7] 中国基金网华西新闻 http://news.huaxi100.com/yeti/it

[8] 中国营销传播网 http://www.emkt.com.cn

[9] 中国网上超市购消费者行为专题研究报告(2016)易观国际:https://www.analysys.cn/article/detail/1000257

[10] 张凡.中国交通新闻网.中国智能出行2015大数据报告.http://www.zgjtb.com/youzheng/2016-01/21/content_70574.htm

[11] 夏前坤.淘宝"叫板"国家工商总局假货率调查报告取样不准确.网易新闻 http://news.163.com/15/0128/00/AH0OTLKN00014Q4P.htm2015-01-28 部分内容删减

[12] 谢剑超.赛立信竞争情报网 http://www.sinoci.com.cn/? thread-16232-1.html 2013-10-21

[13] 凯恩斯咨询 http://www.kns-china.com/index.asp 2019-2-18

[14] 青年创业网 http://www.qncye.com/kaidian/xuanzhi/02223308.htm 创业选址:8个考察市场的简单方法 2013-02-22

[15] 崔自三.第一营销网 http://www.cmmo.cn 上海营销策划有限公司——劲释咨询

[16] 邦阅网 https://yue.52wmb.com/article/2665 2016-12-27

[17] 谢付亮.搜狐财经 http://www.sohu.com/a/67461478_194706 2016-04-03

[18] 市场部网 http://www.shichangbu.com 营销技术 2019-04-03

[19] 中国加盟网 http://www.jmw.com.cn/rdgz/17586251.html 2018-08-20

[20] Mark Deng.世界经理人 http://www.ceconline.com/sales_marketing/ma/ 2013-11-27

[21] 严俊挥.赛立信竞争情报网 http://www.sinoci.com.cn/,2016-06-02

[22] 如何做好销售客户回访满意度调查.新高度调研 http://xingaodu.com.cn

［23］ 某洗发水市场调查.淘豆网 https://www.taodocs.com
［24］ 服装店市场现状调查报告.百度文库 https://wenku.baidu.com 如何提高神秘顾客调查质量.CSDN 网 https://me.csdn.net/qq_27072151　2015-04-08
［25］ 定性预测方法在建筑中是如何应用 CBI 建筑网 http://www.cbi360.net
［26］ 农村住户固定资产投资抽样调查方案.国家统计局 http://www.stats.gov.cn/tjsj/tjzd/gjtjzd/ 2017-01-09
［27］ MBA 智库 https://wiki.mbalib.com/wiki/头脑风暴法

教学支持说明

▶▶ **课件申请**

尊敬的老师：

您好！感谢您选用清华大学出版社的教材！为更好地服务教学，我们为采用本书作为教材的老师提供教学辅助资源。该部分资源仅提供给授课教师使用，请您直接用手机扫描下方二维码完成认证及申请。

任课教师扫描二维码
可获取教学辅助资源

▶▶ **样书申请**

为方便教师选用教材，我们为您提供免费赠送样书服务。授课教师扫描下方二维码即可获取清华大学出版社教材电子书目。在线填写个人信息，经审核认证后即可获取所选教材。我们会第一时间为您寄送样书。

任课教师扫描二维码
可获取教材电子书目

清华大学出版社

E-mail: tupfuwu@163.com	网址：http://www.tup.com.cn/
电话：8610-83470332 / 83470142	传真：8610-83470107
地址：北京市海淀区双清路学研大厦B座509室	邮编：100084